淬铁成钢

洛阳市考古研究院铁质文物保护修复

洛阳市考古研究院　编

陈谊　孟晨　主编

陕西新华出版　三秦出版社

图书在版编目（CIP）数据

淬铁成钢：洛阳市考古研究院铁质文物保护修复 / 洛阳市考古研究院编；陈谊, 孟晨主编. — 西安：三秦出版社，2024.5
ISBN 978-7-5518-3132-1

Ⅰ. ①淬⋯ Ⅱ. ①洛⋯ ②陈⋯ ③孟⋯ Ⅲ. ①铁器(考古) – 文物保护 – 洛阳②铁器(考古) – 器物修复 – 洛阳 Ⅳ. ①K876.42②G264.3

中国国家版本馆CIP数据核字(2024)第084738号

淬铁成钢：洛阳市考古研究院铁质文物保护修复

洛阳市考古研究院 编
陈谊　孟晨 主编

出版发行 三秦出版社
社　　　址 西安市雁塔区曲江新区登高路 1388 号
电　　　话 （029）81205236
邮政编码 710061
印　　　刷 洛阳康宇印刷有限公司
开　　　本 880 ㎜ × 1230 ㎜　1/16
印　　　张 25.5
字　　　数 311 千字
版　　　次 2024 年 5 月第 1 版
印　　　次 2024 年 5 月第 1 次印刷
标准书号 ISBN 978-7-5518-3132-1
定　　　价 369.00 元

网　　　址 http://www.sqcbs.cn

内容简介

本书是对洛阳市考古研究院铁器文物保护修复项目实施情况的汇总，主要介绍了铁器的保护修复流程及相关研究工作，并展示了最终修复成果。

此项目包含铁器116件，这批铁器数量多，种类丰富，从铁器的形制看，年代应该从汉到宋，多数属于两汉时期。虽然略有锈蚀，但是保存相对完好，具有较高的历史价值和文物保护价值。工作人员根据铁器外部病害表现，提取样品进行分析，并结合X射线探伤、拉曼光谱仪等科技检测手段，确定病害种类，进一步确定修复材料及修复流程，采用传统工艺结合现代科技方法基本恢复了铁器的原有形貌，为铁器修复提供了经验。与郑州大学合作完成的"铁质文物新型含氟疏水封护材料的技术研究"也被河南省科学技术厅确认为科学技术成果。

作者简介

陈谊，男，1974年10月生，副研究馆员，现任洛阳市考古研究院文物修复中心主任，主管文物保护与修复工作。任中国古迹遗址保护协会责任工程师，河南省考古协会会员，中国文物学会丝织品修复委员会委员，中国文物学会修复专业委员会委员。主持参与完成项目20余项，出版学术专著5部，发表学术文章7篇。

孟晨，男，1972年生，河南新安人，南京大学在职研究生，曾从事大量文物保护工作，历任二里头夏都遗址博物馆副馆长、洛阳市隋唐城遗址管理处处长，现任洛阳市考古研究院党委书记。

淬铁成钢——洛阳市考古研究院铁质文物保护修复

主　　　编　陈　谊　孟　晨

副 主 编　常　娜　方　盾　李巧霞　胡　冰　胡　楠　郭海龙
　　　　　　刘高琛　杨　琦　王昱元

执 行 主 编　李巧霞　胡　冰

目录

第一编　铁器文物保护与修复　　　　　　　　　　　　　　　1

　　第一节　概况　　　　　　　　　　　　　　　　　　　　　1

　　第二节　基本信息和价值评估　　　　　　　　　　　　　　2
　　　一、文物基本信息　　　　　　　　　　　　　　　　　　2
　　　二、价值评估　　　　　　　　　　　　　　　　　　　　8

　　第三节　保存现状调查与评估　　　　　　　　　　　　　　9
　　　一、文物现状调查　　　　　　　　　　　　　　　　　　9
　　　二、铁器病害分析方法　　　　　　　　　　　　　　　　12

　　第四节　铁器检测分析　　　　　　　　　　　　　　　　　12
　　　一、X荧光光谱分析　　　　　　　　　　　　　　　　　12
　　　二、超景深三维显微镜分析　　　　　　　　　　　　　　14
　　　三、激光拉曼光谱仪　　　　　　　　　　　　　　　　　15
　　　四、X射线探伤机　　　　　　　　　　　　　　　　　　17
　　　五、金相组织分析　　　　　　　　　　　　　　　　　　18
　　　六、结论　　　　　　　　　　　　　　　　　　　　　　21

　　第五节　保护修复工作原则及目标　　　　　　　　　　　　22
　　　一、保护修复工作原则　　　　　　　　　　　　　　　　22
　　　二、保护修复工作目标　　　　　　　　　　　　　　　　22

　　第六节　保护修复技术路线　　　　　　　　　　　　　　　23
　　　一、保护修复设计技术路线图　　　　　　　　　　　　　23
　　　二、保护修复所用工具及材料　　　　　　　　　　　　　23

第七节　保护修复实施步骤 24

　　一、文物信息资料的收集 24

　　二、清洗 24

　　三、除锈 24

　　四、脱盐 25

　　五、粘接加固 25

　　六、补配 26

　　七、打磨 26

　　八、做旧 26

　　九、缓蚀 27

　　十、封护 27

　　十一、完善修复保护档案 27

第八节　保护修复效果评估 28

第九节　保护修复后的保存环境 47

第二编　文物保护修复档案 48

后记 400

第一编　铁器文物保护与修复

第一节　概况

我国是世界上最早发明冶铁技术的国家，在春秋战国时期就已出现了由生铁制成的农具和兵器。由于铁器比青铜器更加坚硬和锋利，因此铁器出现后很快就取代了青铜器，人类社会跨入了更先进的铁器时代，这对世界农业和人口分布、经济和政治发展产生了重要的影响。然而，由于铁本身是较活泼的金属，易被腐蚀，加上铁器成分、结构及制作工艺的影响，极易锈蚀甚至消失，所以，完整保存下来的铁器文物很少。另外，民以食为天，中国古代发达的农业文明是以铁器生产作为支撑的。

洛阳市考古研究院的这批铁器全部来自洛阳嵩县的一个窖藏。因为是采集品，没有共存的其他器物，铁器窖藏的年代并不确切。从铁器的形制看，多数器物的年代应属于两汉时期。由于器型比较丰富，这些器物的年代可能跨度比较大，例如铁釜至少有三种以上的类型，说明延续的时间比较长。个别器物的年代可能有所偏差，有些器物的年代可能偏晚。

这批铁器在我院文物库房受到空气中的氧分子、水分子和文物本身携带的有害锈层中氯离子的共同作用，加重腐蚀。因此，器物表面普遍锈体发黄、疏松，体积膨胀或脆裂成片块状，矿化严重，外形也有不同程度的变形、裂隙和残缺。由于铁的性质非常活泼，且目前的锈蚀状况已经非常严重，故对这批文物进行保护修复是刻不容缓的。如不及时保护修复会直接影响文物的寿命。在前期调研和检测分析基础上，精心挑选出116件（套）铁质文物，依照中国国家文物局发布的《中华人民共和国文物保护法》《中华人民共和国文物保护法实施条例》，参照《馆藏铁质文物病害与图示》（WW/T0005-2007）、《馆藏金属文物保护修复方案编写规范》（WW/T0009-2007）的要求，确定保护修复目标和技术路线，编制了保护修复方案。

通过该方案的实施，去除了铁器文物的表面污染物，脆弱部分得到加固，断裂处得到粘接和修复，残缺处得以合理的补配、做旧处理，并进行了缓蚀封护，该批文物可以达到安全稳定状态。同时，我们通过对保存环境的控制使得该批文物得到最好的保护和展存。

第二节 基本信息和价值评估

一、文物基本信息

此次急需开展修复保护工作的是馆藏的铁质文物共116件（套），基本信息见下表。

文物简要信息统计表

序号	文物名称	年代	病害描述	文物编号
1	铁斧	汉	残缺、表面硬结物、瘤状物、全面腐蚀	ZJ0001
2	铁斧	汉	残缺、表面硬结物、瘤状物、全面腐蚀、层状堆积	ZJ0002
3	铁斧	汉	表面硬结物、瘤状物、全面腐蚀、层状堆积	ZJ0003
4	铁斧	汉	表面硬结物、瘤状物、全面腐蚀、通体矿化	ZJ0004
5	铁斧	汉	表面硬结物、瘤状物、通体矿化、层状堆积、裂隙	ZJ0005
6	铁斧	汉	表面硬结物、瘤状物、通体矿化、层状堆积、裂隙、全面腐蚀	ZJ0006
7	铁斧	汉	表面硬结物、瘤状物、通体矿化、层状堆积	ZJ0007
8	铁斧	汉	表面硬结物、通体矿化、层状堆积	ZJ0008
9	铁斧	汉	表面硬结物、通体矿化、层状堆积、瘤状物、残缺	ZJ0009
10	铁铲	汉	表面硬结物、通体矿化、层状堆积、残缺、变形	ZJ0010
11	铁犁	汉	表面硬结物、通体矿化、层状堆积、残缺、变形	ZJ0011
12	铁锄	汉	表面硬结物、通体矿化、全面腐蚀、变形	ZJ0012
13	铁斧	汉	表面硬结物、层状堆积、全面腐蚀、瘤状物、变形	ZJ0013
14	铁斧	汉	表面硬结物、瘤状物、层状堆积、全面腐蚀、残缺	ZJ0014
15	铁犁	唐	表面硬结物、层状堆积、全面腐蚀	ZJ0015

续表 1

序号	文物名称	年代	病害描述	文物编号
16	铁犁	汉	表面硬结物、全面腐蚀、变形	ZJ0016
17	铁瓦	汉	表面硬结物、全面腐蚀、孔洞、通体矿化、瘤状物	ZJ0017
18	铁镢	汉	表面硬结物、层状堆积、全面腐蚀	ZJ0018
19	铁镢	汉	表面硬结物、层状堆积、全面腐蚀、瘤状物、残缺	ZJ0019
20	铁犁	唐	表面硬结物、层状堆积、瘤状物	ZJ0021
21	铁犁	汉	表面硬结物、层状堆积、瘤状物、全面腐蚀	ZJ0022
22	铁犁	汉	表面硬结物、层状堆积、全面腐蚀	ZJ0023
23	铁犁	汉	表面硬结物、层状堆积、全面腐蚀	ZJ0024
24	铁犁	汉	表面硬结物、层状堆积、全面腐蚀、瘤状物	ZJ0025
25	铁犁	汉	表面硬结物、层状堆积、全面腐蚀、瘤状物	ZJ0026
26	铁斧	汉	表面硬结物、层状堆积、全面腐蚀、残缺	ZJ0027
27	铁斧	汉	表面硬结物、层状堆积、全面腐蚀、残缺	ZJ0028
28	铁斧	汉	表面硬结物、层状堆积、全面腐蚀、残缺、瘤状物	ZJ0029
29	铁斧	汉	表面硬结物、层状堆积、通体矿化、瘤状物、孔洞	ZJ0030
30	铁铲	汉	表面硬结物、层状堆积、全面腐蚀、瘤状物、残缺	ZJ0031
31	铁铲	汉	表面硬结物、层状堆积、全面腐蚀、瘤状物、残缺	ZJ0032
32	铁铲	汉	表面硬结物、层状堆积、全面腐蚀、瘤状物、残缺	ZJ0033
33	铁铲	汉	表面硬结物、层状堆积、全面腐蚀、瘤状物、残缺	ZJ0034

续表 2

序号	文物名称	年代	病害描述	文物编号
34	铁铲	汉	表面硬结物、层状堆积、全面腐蚀、通体矿化	ZJ0035
35	铁铲	汉	表面硬结物、层状堆积、全面腐蚀	ZJ0036
36	铁铲	汉	表面硬结物、层状堆积、全面腐蚀、变形	ZJ0037
37	铁镢	汉	表面硬结物、层状堆积、全面腐蚀、瘤状物	ZJ0039
38	铁柄	汉	表面硬结物、层状堆积、全面腐蚀、瘤状物	ZJ0040
39	铁镢	汉	表面硬结物、全面腐蚀	ZJ0041
40	铁镢	汉	表面硬结物、层状堆积、全面腐蚀、瘤状物	ZJ0042
41	铁凿	汉	表面硬结物、层状堆积、全面腐蚀、瘤状物	ZJ0044
42	铁斧	汉	表面硬结物、层状堆积、全面腐蚀、残缺	ZJ0045
43	铁锛	汉	表面硬结物、层状堆积、全面腐蚀	ZJ0046
44	铁镢	汉	表面硬结物、层状堆积、全面腐蚀、通体矿化	ZJ0047
45	铁器	汉	表面硬结物、层状堆积、全面腐蚀、残缺	ZJ0048
46	铁器	汉	表面硬结物、层状堆积、全面腐蚀、残缺、瘤状物	ZJ0049
47	铁器	汉	表面硬结物、层状堆积、全面腐蚀、残缺、瘤状物	ZJ0050
48	铁锸	汉	表面硬结物、层状堆积、全面腐蚀、残缺、瘤状物	ZJ0051
49	铁犁	汉	表面硬结物、层状堆积、全面腐蚀、瘤状物、残缺	ZJ0052
50	铁锸	汉	表面硬结物、层状堆积、全面腐蚀、瘤状物、残缺	ZJ0058
51	铁锸	汉	表面硬结物、层状堆积、全面腐蚀、瘤状物、残缺	ZJ0059

续表 3

序号	文物名称	年代	病害描述	文物编号
52	铁犁	汉	表面硬结物、层状堆积、全面腐蚀、通体矿化	ZJ0060
53	铁犁	汉	表面硬结物、层状堆积、全面腐蚀	ZJ0001
54	铁锸	汉	表面硬结物、层状堆积、全面腐蚀、瘤状物、残缺	ZJ0062
55	铁犁	汉	表面硬结物、层状堆积、全面腐蚀、瘤状物	ZJ0063
56	铁锸	汉	表面硬结物、层状堆积、全面腐蚀、瘤状物	ZJ0064
57	铁斧	汉	表面硬结物、层状堆积、全面腐蚀、通体矿化	ZJ0065
58	铁刀	宋	表面硬结物、层状堆积、全面腐蚀、瘤状物、裂隙	ZJ0066
59	铁刀	宋	表面硬结物、层状堆积、全面腐蚀	ZJ0067
60	铁瓦	宋	表面硬结物、层状堆积、全面腐蚀、孔洞、瘤状物	ZJ0068
61	铁犁	汉	表面硬结物、层状堆积、全面腐蚀、残缺	ZJ0069
62	铁锸	汉	表面硬结物、层状堆积、全面腐蚀、瘤状物	ZJ0070
63	铁锄	宋	表面硬结物、层状堆积、全面腐蚀、残缺	ZJ0071
64	铁箍	唐	表面硬结物、层状堆积、全面腐蚀、瘤状物	ZJ0072
65	铁箍	唐	表面硬结物、层状堆积、全面腐蚀、瘤状物	ZJ0073
66	铁箍	唐	表面硬结物、层状堆积、全面腐蚀、残缺、孔洞	ZJ0074
67	铁箍	唐	表面硬结物、层状堆积、全面腐蚀、瘤状物	ZJ0075
68	铁箍	唐	表面硬结物、层状堆积、全面腐蚀、变形、残缺	ZJ0076
69	铁齿轮	唐	表面硬结物、层状堆积、全面腐蚀	ZJ0077

续表 4

序号	文物名称	年代	病害描述	文物编号
70	铁齿轮	唐	表面硬结物、层状堆积、全面腐蚀、瘤状物	ZJ0078
71	铁齿轮	唐	表面硬结物、层状堆积、全面腐蚀、残缺、孔洞	ZJ0079
72	铁箍	唐	表面硬结物、层状堆积、全面腐蚀、瘤状物、残缺	ZJ0080
73	铁齿轮	唐	表面硬结物、层状堆积、全面腐蚀、残缺	ZJ0081
74	铁齿轮	唐	表面硬结物、层状堆积、全面腐蚀、瘤状物	ZJ0082
75	铁齿轮	唐	表面硬结物、层状堆积、全面腐蚀、瘤状物	ZJ0083
76	铁刀	唐	表面硬结物、层状堆积、通体矿化、残缺	ZJ0097
77	铁帐杆	魏晋	表面硬结物、层状堆积、全面腐蚀、瘤状物、残缺	ZJ0098
78	铁片	汉	表面硬结物、层状堆积、全面腐蚀、残缺、变形	ZJ0099
79	铁帐杆	魏晋	表面硬结物、层状堆积、全面腐蚀、瘤状物、残缺	ZJ0100
80	铁帐杆	魏晋	表面硬结物、层状堆积、全面腐蚀、瘤状物、残缺	ZJ0101
81	铁钳	唐	表面硬结物、层状堆积、全面腐蚀	ZJ0118
82	铁剪	唐	表面硬结物、层状堆积、全面腐蚀、通体矿化	ZJ0119
83	铁匕	唐	表面硬结物、层状堆积、全面腐蚀、变形	ZJ0120
84	铁钉	唐	表面硬结物、层状堆积、全面腐蚀、残缺	ZJ0123
85	铁筷	唐	表面硬结物、层状堆积、全面腐蚀、残缺、瘤状物	ZJ0126
86	铁锤	唐	表面硬结物、层状堆积、全面腐蚀、瘤状物	ZJ0127
87	铁灯	唐	表面硬结物、层状堆积、全面腐蚀、瘤状物、残缺、通体矿化	ZJ0130

续表 5

序号	文物名称	年代	病害描述	文物编号
88	铁漏勺	唐	表面硬结物、层状堆积、全面腐蚀、残缺	ZJ0133
89	铁铲	唐	表面硬结物、层状堆积、全面腐蚀、残缺、瘤状物	ZJ0135
90	铁锤	唐	表面硬结物、层状堆积、全面腐蚀、瘤状物	ZJ0137
91	铁剪	唐	表面硬结物、层状堆积、全面腐蚀、瘤状物、残缺	ZJ0138
92	铁支架	唐	表面硬结物、层状堆积、全面腐蚀、瘤状物、残缺	ZJ0139
93	铁刀	唐	表面硬结物、层状堆积、全面腐蚀、瘤状物	ZJ0140
94	铁铲	唐	表面硬结物、层状堆积、全面腐蚀、瘤状物、残缺	ZJ0141
95	铁钩	唐	表面硬结物、层状堆积、全面腐蚀、瘤状物、残缺	ZJ0142
96	铁灯	汉	表面硬结物、层状堆积、全面腐蚀、残缺	ZJ0146
97	铁剑	唐	表面硬结物、层状堆积、全面腐蚀、通体矿化	ZJ0147
98	铁支架	唐	表面硬结物、层状堆积、全面腐蚀、瘤状物	ZJ0148
99	铁器	唐	表面硬结物、层状堆积、全面腐蚀、瘤状物、残缺	ZJ0182
100	铁链	宋	表面硬结物、层状堆积、全面腐蚀、瘤状物、裂隙	ZJ0184
101	铁箍	宋	表面硬结物、层状堆积、全面腐蚀、瘤状物、残缺	ZJ0185
102	铁箍	宋	表面硬结物、层状堆积、全面腐蚀、瘤状物	ZJ0186
103	铁三足炉	汉	表面硬结物、层状堆积、全面腐蚀、瘤状物、残缺	ZJ0250
104	铁鼎	汉	表面硬结物、层状堆积、全面腐蚀、瘤状物	ZJ0251
105	铁鼎	汉	表面硬结物、层状堆积、全面腐蚀、瘤状物	ZJ0252

续表 6

序号	文物名称	年代	病害描述	文物编号
106	铁瓦形器	汉	表面硬结物、层状堆积、全面腐蚀、残缺	ZJ0253
107	铁瓦形器	汉	表面硬结物、层状堆积、全面腐蚀、瘤状物	ZJ0254
108	铁炭盆	汉	表面硬结物、层状堆积、全面腐蚀、瘤状物	ZJ0255
109	铁鏊	汉	表面硬结物、层状堆积、全面腐蚀、裂隙、残缺	ZJ0256
110	铁鏊	汉	表面硬结物、层状堆积、全面腐蚀、裂隙、残缺	ZJ0257
111	铁砚形器	汉	表面硬结物、层状堆积、全面腐蚀	ZJ0258
112	铁双系釜	汉	表面硬结物、层状堆积、全面腐蚀、裂隙、瘤状物	ZJ0259
113	铁釜	汉	表面硬结物、层状堆积、全面腐蚀、瘤状物	ZJ0260
114	铁釜	汉	表面硬结物、层状堆积、全面腐蚀	ZJ0261
115	铁釜	汉	表面硬结物、层状堆积、全面腐蚀、孔洞、瘤状物	ZJ0262
116	铁釜	汉	表面硬结物、层状堆积、全面腐蚀、残缺、瘤状物	ZJ0263

二、价值评估

　　这批铁器主要有农具、手工工具、生活用具，未见有兵器类的器物，少数器物尚无法辨别器型。农具中有犁、锸、铲、锄等，其中犁的数量和类型最多；手工工具有锛、剪刀、钳、斧、锤等，种类相当丰富；生活用具有鼎、釜、鏊、钩、箍、漏勺等。生活用具中钩、箍数量比较多。另外还有齿轮等构件，造型精美，过去曾在洛阳邙山东汉帝陵陵园遗址有过出土。

　　这批铁器数量多，种类丰富，虽然略有锈蚀，但是保存相对完好，具有较高的历史价值和文物保护价值。冶铁技术经过春秋战国时期的发展，到了汉代达到一个高峰。通常我们在墓葬或者遗址中发现的铁器，出土的数量有限，且锈蚀严重，不能全面地反映这一时期的冶铁技术成果。此次发现的铁器数量之多、保存之完好实属罕见，是我们研究汉代冶铁技术和社会生产的重要资料。例如，在对部分铁器进行金相分析时，发现其中一件铁器为炒钢制品。炒钢是用生铁炼钢的一种新技术，出现于西汉晚期，是炼钢史上的一个里程碑。它是将生铁加热至液态或者是半液态，并不停地进行搅拌，该过程中生铁里的碳及杂质不断被氧化，进而得到钢或者熟铁。之前炼钢是用块炼铁，但是块炼铁的产量小，制约了炼钢产业的发展，而生铁的生产成本低且产量大，用生铁炒制成钢技术的出现提高了钢的质量及生产效率。

第三节 保存现状调查与评估

一、文物现状调查

这批铁器文物暂存于洛阳市考古研究院库房中，保护修复前，根据工作需要，修复人员对这批铁器的来源、病害状况、保护修复历史等作了详细的调查，并对文物基本信息进行登记，对完残情况进行观察、统计、测量、拍照，并绘制病害图。

铁器文物大多是铁和碳的合金，其主要成分铁的性质比较活泼，结构多带有微孔和腐蚀通道，铁器表面不同的金相组织也会引起电化学腐蚀，因此铁器文物极易被锈蚀。很多铁器文物埋于地下，年代久远，出土时已经腐蚀严重，甚至千疮百孔。且出土之后由于环境的改变，其腐蚀情况不但没有停止，反而呈现出加速发展的趋势。

受保存环境因素的影响，其中部分铁器表面形成坚硬致密难以去除的氧化铁类凝结物，有些器物有严重的残缺和破损状况；而保存环境中温湿度波动、空气污染物和存放空间不足等因素，可能会诱发新的病害或者使已有病害进一步恶化。这批铁器的主要病害有：

1. 残缺：指受物理和化学作用导致的器物基体缺失。

铁灯（ZJ0146）

铁箍（ZJ0073）

2. 裂隙：指铁质文物表面或内部开裂形成的裂缝。

铁斧（ZJ0005）

铁斧（ZJ0005）

3. 变形：指铁质文物受外力作用导致形状发生改变。

铁斧（ZJ0013）

铁铲（ZJ0037）

4. 全面腐蚀：指腐蚀分布在整个金属表面上。

铁斧（ZJ0006）

铁三足炉（ZJ0250）

5. 通体矿化：指铁质文物因腐蚀程度过重而导致器物整体呈酥松发脆状态。

铁灯（ZJ0130）

铁剪（ZJ0119）

6. 表面硬结物：指铁质文物表面覆盖铭文和花纹的硬质覆盖层。

铁鼎（ZJ0251）

铁瓦形器（ZJ0254）

7. 层状堆积：指铁质文物因发生层状腐蚀而导致其腐蚀产物分层堆积的现象。

铁锸（ZJ0064）

铁锸（ZJ0062）

8. 瘤状物：指铁质文物表面的瘤状凸起物。

铁釜（ZJ0260）

铁双系釜（ZJ0259）

二、铁器病害分析方法

为修复这批铁器在埋藏、保存、使用过程中由于物理、机械原因造成的损伤，以及因化学、生物因素导致的侵蚀，并揭示这批铁器的保存状况，以便为铁器修复保护方案的制定提供依据，工作人员选择这批铁器典型病害及部分器物残片作为分析观察样品，综合利用直接观察法、超景深三维显微镜观察法、探伤、拉曼光谱分析和X射线荧光（XRF）无损检测分析方法对器物的病害进行了分析观察，根据分析结果对库房铁器保存现状和病害情况进行了简要分析。

观察分析方法：依据"不改变文物原状"与"最小干预"原则，采用直接观察法和超景深三维显微镜观察法识别病害种类。将这批铁器逐个置于适当光线下进行目视检查，观察有无残缺、裂隙、变形、层状堆积、孔洞、瘤状物、表面硬结物、点腐蚀、缝隙腐蚀、全面腐蚀等病害现象。观察分析、区分并记录病害类型，检测过程拍照记录。对个别器物进行超景深三维显微镜观察，观察文物表面及内表面肉眼不易观察的病害信息。用超景深三维显微镜观察可进行三维观测、数码放大，同时还能在计算机上进行图像拍摄记录。

科学检测分析法：包括超景深三维显微镜观察法、拉曼光谱分析和X射线荧光（XRF）检测分析等，主要是进行铁器凝结物的结构成分分析、分类及含盐量的定量分析，初步捋清铁器本体与凝结物的材质与含盐量、病害情况。为后期修复工作提供科学依据，根据检测出的附着物不同成分选用不同方法，采取有效的物理、化学手段去除这些凝结物。

第四节　铁器检测分析

一、X荧光光谱分析

使用便携式X荧光光谱仪现场检测。将待检测部位表面用乙醇溶液擦拭清洗，然后使用仪器检测这批铁器主体的成分。

实验采用德国BRUKER公司生产的S1 TITAN型便携式能量色散型X荧光光谱仪。该仪器配有铑靶X光管，X射线管最大电压50千伏，真空光路。有可选的集成摄像头和小点聚焦功能。

铁器基体金属成分表

实验编号	文物名称	金属成分（wt%）					
		铁	铜	钴	钛	锰	未测出
1	铁斧（ZJ0004）	98.44	0.4	0.53	0.29	0.14	0.2
2	铁犁（ZJ0015）	97.86	0.59	0.54	0.4	0.23	0.38
3	铁镢（ZJ0018）	98.76	0.13	0.46	0.18	0.08	0.39
4	铁锸（ZJ0058）	98.79	0.22	0.53	0.17	0.07	0.22
5	铁犁（ZJ0061）	98.31	0.1	0.46	0.2	0.25	0.68

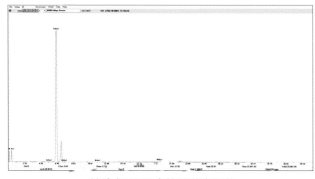

铁斧 (ZJ0004) 的 X 荧光图谱

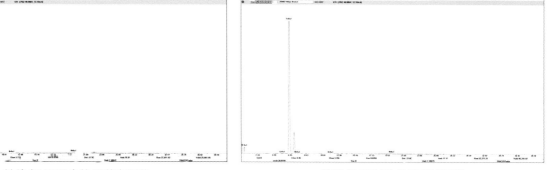

铁犁 (ZJ0015) 的 X 荧光图谱

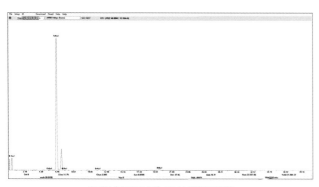

铁镢 (ZJ0018) 的 X 荧光图谱

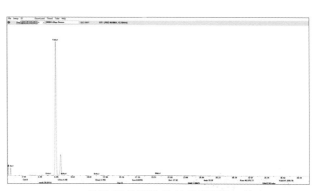

铁锸 (ZJ0058) 的 X 荧光图谱

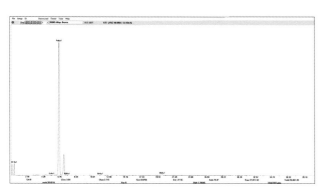

铁犁 (ZJ0061) 的 X 荧光图谱

1. 结果分析

测定时采用的是合金模式，由于手持式X荧光不能测出微量的氧、氢、碳等元素，各个元素含量仅具有相对比较意义。铁器基体金属成分表（表见第12页）中的数据为测得的5件铁器金属成分结果。

从所测样品的X荧光图谱可知：该批铁器中金属元素的主要成分均为铁，并含有少量的铜、钴、钛、锰这几种元素。对于特殊的铁器，首先需要判断是陨铁还是人工冶铁，若检测结果中含有镍、钴元素，则为陨铁；若无镍、钴元素则可以排除陨铁使用；若X荧光检测结果中含有铝、镁、锰、铜等元素，并不同时含有镍元素，说明其为人工冶铁制品。

二、超景深三维显微镜分析

采用基恩士KEYENCE公司VHX-5000型超景深三维显微镜。倍率×20—×200。

1.锈蚀特征考察和取样

方案制定前期对铁器群整体锈蚀产物特征进行初步考察，对器物表面典型锈蚀产物进行显微形貌分析，选取其中典型锈蚀产物，采用手术刀轻轻刮剥的方法，剥落至取样纸，制作为6个样品，对其进行成分、物相分析以确定腐蚀产物对文物的危害性，决定腐蚀产物的去除或保留。

2.结果分析

锈蚀产物超景深三维显微形貌如下图所示，从超景深三维显微镜得到的照片可以看出：该批铁器的锈蚀产物微观形貌存在很大不同，主要表现在锈蚀组织结构的疏密上。铁器制作时产生的缺陷如疏松、缩孔、夹杂物集中处等，是腐蚀易发区。

一般情况下，对于同期铁器而言，铸铁器因为表面有一层较为致密的组织，比较耐腐蚀，锻打成型且没有退火处理的铁器，因为存在着变形能力，腐蚀会相对严重一些。从超景深三维显微镜各图可以看出，锈蚀严重的地方多为铁器的接缝处，且由于保存环境不能做到除湿无氧，铁器生锈较为严重，产生了孔洞、点腐蚀、缝隙腐蚀等病害，铁器表面依然存在瘤状物、表面硬结物等顽固病害。

铁犁 (ZJ0015) 倍率 ×200

铁斧 (ZJ0004) 倍率 ×200

铁锸 (ZJ0058) 倍率 ×200

铁锸 (ZJ0058) 倍率 ×200

铁镢 (ZJ0018) 倍率 ×200

铁斧 (ZJ0004) 倍率 ×200

铁斧 (ZJ0004) 倍率 ×200

铁斧 (ZJ0004) 倍率 ×200

铁犁 (ZJ0061) 倍率 ×200

铁犁 (ZJ0061) 倍率 ×200

三、激光拉曼光谱仪

采用必达泰克公司BWS475-532S形光谱仪。激光器为532纳米，大于40兆瓦，1%—100%线性可调，激光线宽小于0.3纳米。

1. 铁斧 (ZJ0004) 锈蚀产物的拉曼光谱图如下图。通过图谱分析，锈蚀物主要物质可能为纤铁矿。

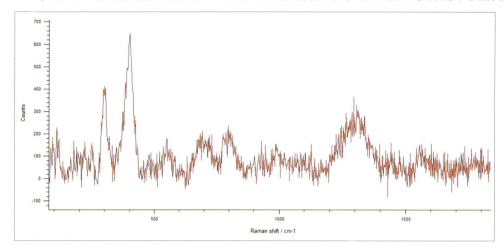

2. 铁犁 (ZJ0015) 锈蚀产物的拉曼光谱图见下图。通过图谱分析，锈蚀物主要物质为磁黄铁矿。

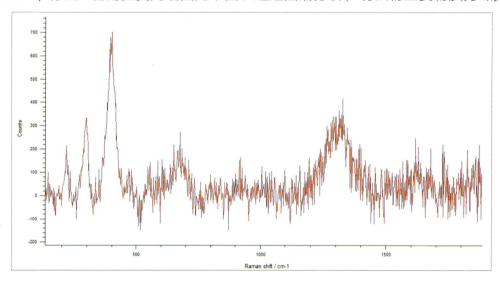

3. 铁镢 (ZJ0018) 锈蚀产物的拉曼光谱图见下图。通过图谱分析，锈蚀物主要物质为纤铁矿。

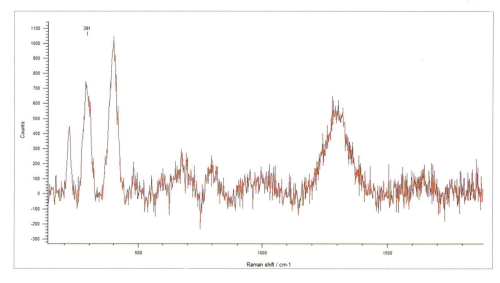

四、X射线探伤机

基体形貌用X射线探伤机进行检测，X射线探伤不仅可以观察铁器的形貌，也可以观察铁器内部被掩盖的信息、潜在的裂隙，反映文物的保存状况，是一种无损的检测方式。其还可以提供器物制作工艺方面的信息，如器物的部件连接方式、器壁均匀状况，为讨论器物的制作工艺提供参考。

实验采用德国YXLON公司生产的SMARTEVO200D便携式定向X射线探伤机，最大功率：750瓦；输出电压180千伏；辐射角度40°×60°。

对这批116件铁质文物进行探伤检测，并挑选15件具有代表性的器物进行分析。下图为铁斧（ZJ0004）、铁犁（ZJ0015）、铁镢（ZJ0018）、铁犁（ZJ0061）、铁砚形器（ZJ0258）、铁三足炉（ZJ0250）、铁犁（ZJ0016）、铁锄（ZJ0071）、铁斧（ZJ0008）、铁斧（ZJ0009）、铁灯（ZJ0146）、铁灯（ZJ0130）、铁瓦（ZJ0068）、铁犁（ZJ0021）、铁犁（ZJ0022）的X射线探伤图。

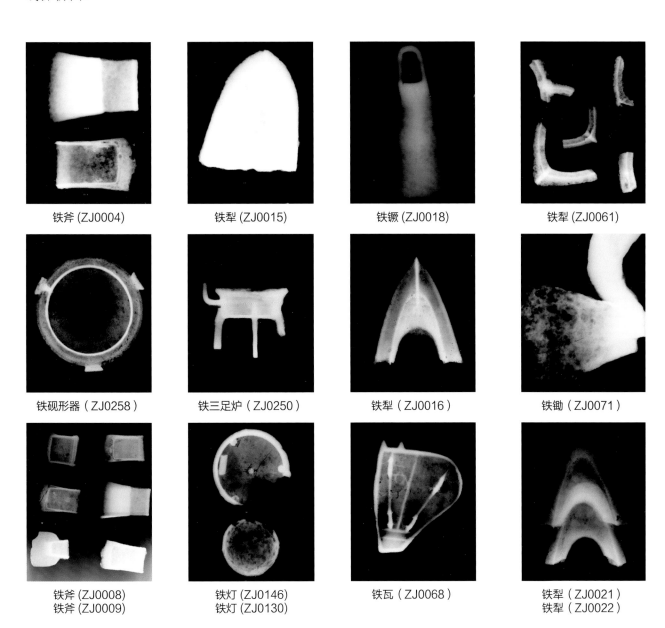

铁斧 (ZJ0004)	铁犁 (ZJ0015)	铁镢 (ZJ0018)	铁犁 (ZJ0061)
铁砚形器（ZJ0258）	铁三足炉（ZJ0250）	铁犁（ZJ0016）	铁锄（ZJ0071）
铁斧 (ZJ0008) 铁斧 (ZJ0009)	铁灯 (ZJ0146) 铁灯 (ZJ0130)	铁瓦（ZJ0068）	铁犁（ZJ0021） 铁犁（ZJ0022）

从X射线探伤图中可知铁器的器壁薄厚程度，结构是否完整，有无较大的铸造缺陷，以及器物的锈蚀情况。此次116件样品均为均匀锈蚀。其中铁斧（ZJ0004）、铁犁（ZJ0015）、铁镢（ZJ0018）、铁犁（ZJ0061）、铁砚形器（ZJ0258）、铁三足炉（ZJ0250）、铁犁（ZJ0016）、铁锄（ZJ0071）、铁斧（ZJ0008）、铁斧（ZJ0009）、铁瓦（ZJ0068）、铁犁（ZJ0021）、铁犁（ZJ0022）几件样品基本完整，结构规整，但是器壁上均有不规则锈蚀的存在；铁锄（ZJ0071）锄刃处腐蚀严重，器物腹部结构已经不甚完整，并存在铸造缩孔；铁斧（ZJ0009）和铁灯（ZJ0146）有肉眼看不到的裂隙；铁灯（ZJ0130）腐蚀严重；铁斧（ZJ0008）和铁犁（ZJ0022）有较大的铸造缩孔。结合X射线探伤图与实际情况，了解铁器的腐蚀程度、纹饰造型及缺损情况后，才能针对该批铁器做出更精确的保护修复方案。

五、金相组织分析

金相分析是金属材料试验研究的重要手段之一，采用定量金相学原理，由二维金相试样磨面或薄膜的金相显微组织的测量和计算来确定合金组织的三维空间形貌，从而建立合金成分、组织和性能间的定量关系。

使用金相组织分析时，首先用样品夹固定铁质样品，置入样品杯中，加入现调配的亚克力树脂，待亚克力树脂凝固后进行打磨与抛光，使样品表面无明显划痕，使用质量分数3.4%的硝酸酒精溶液浸蚀后，使用LEICA DM4000M金相显微镜进行金相组织观察。

选取铁镢（ZJ0019）、铁铲（ZJ0036）、铁柄（ZJ0040）、铁器残块（ZJ0050）、铁锄（ZJ0071）和铁錾（ZJ0256）六件铁器作为样品进行分析。

1. 铁镢（ZJ0019）的金相组织分析

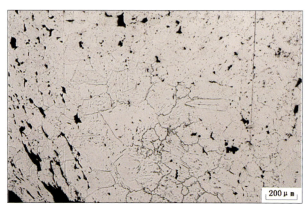

50 倍金相组织

100 倍金相组织

200 倍金相组织

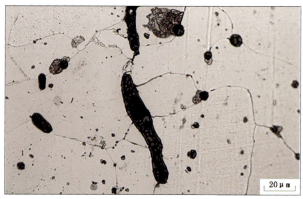

500 倍金相组织

经分析可知，铁镢（ZJ0019）有铁素体组织，局部有少量珠光体，不同区域晶粒大小不均匀，夹杂物较多，以复相夹杂为主，且沿加工方向排列现象明显。根据以上金相组织可推断该铁镢（ZJ0019）材质为炒钢。

2. 铁铲（ZJ0036）的金相组织分析

刃部 200 倍金相组织

刃部 500 倍金相组织

背部 200 倍金相组织

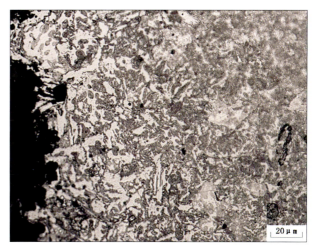

背部 500 倍金相组织

经分析可知，铁铲（ZJ0036）刃部与背部组织差异较大，刃部可见高碳钢淬火形成的片状马氏体，刃部组织极为细小，由刃部至背部含碳量逐渐降低。背部组织以珠光体为主，成分接近共析点，含碳量不均匀，局部可见过共析组织和魏氏组织。根据以上金相组织可推断该铁铲（ZJ0036）经过铸铁脱碳、局部渗碳及淬火工序。

3. 铁柄（ZJ0040）的金相组织分析

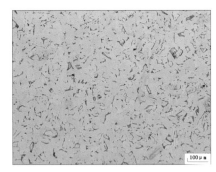 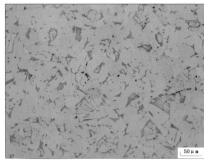

100 倍金相组织   200 倍金相组织

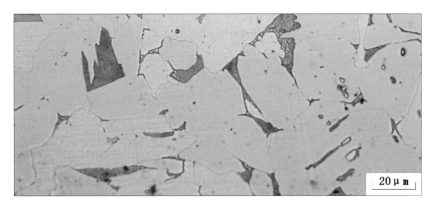

500 倍金相组织

经金相组织分析可知，该样品为低碳钢，可见铁素体和珠光体，晶粒大小较为均匀，夹杂物少见。根据以上金相组织可推断该铁柄（ZJ0040）材质为铸铁脱碳钢。

4. 铁器残块（ZJ0050）的金相组织分析

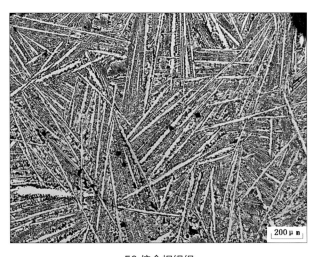 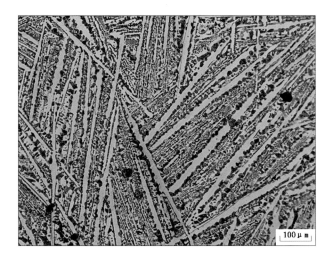

50 倍金相组织   100 倍金相组织

经分析可知，该样品为一次渗碳体和莱氏体组织，根据以上金相组织可推断该铁器残块（ZJ0050）材质为过共晶白口铁。

5. 铁锄（ZJ0071）的金相组织分析

 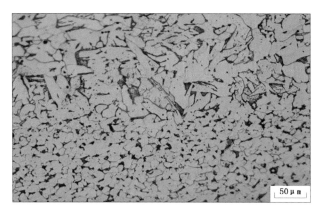

100 倍金相组织   200 倍金相组织

经金相组织分析可知，该样品为铁素体加珠光体组织，晶粒大小不均匀，外侧晶粒较小，夹杂物少见。根据以上金相组织可推断该铁锄（ZJ0071）材质为经锻打的铸铁脱碳钢。

6. 铁錾（ZJ0256）的金相组织分析

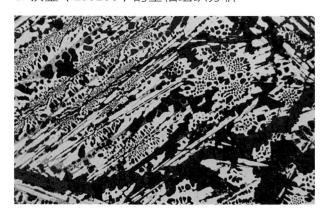 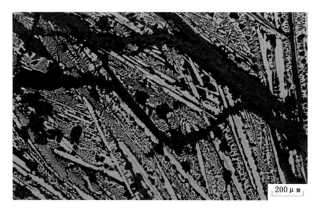

100 倍金相组织   50 倍金相组织

经金相组织分析可知，该样品腐蚀严重，残余一次渗碳体加莱氏体组织。根据以上金相组织可推断该铁錾（ZJ0256）材质为过共晶白口铁。

经以上六件铁器样品金相组织分析情况综合分析可知，该批洛阳出土铁器样品：铁镢（ZJ0019）材质为炒钢；铁铲（ZJ0036）经过铸铁脱碳、局部渗碳及淬火工序；铁柄（ZJ0040）材质为铸铁脱碳钢；铁器残块（ZJ0050）材质为过共晶白口铁；铁锄（ZJ0071）材质为经锻打的铸铁脱碳钢；铁錾（ZJ0256）材质为过共晶白口铁。

六、结论

本次检测综合利用超景深三维显微镜、拉曼光谱仪、X荧光光谱仪、X射线探伤仪、金相显微镜等手段对铁器的合金成分、基体形貌、锈蚀产物形貌及物相结构进行了分析验证及定性，得出以下结论：

该批铁器存在的病害类型，主要是残缺、裂隙、孔洞、瘤状物、表面硬结物、点腐蚀等。从超景深三维显微镜各图可知，锈蚀严重的地方多为铁器的接缝处，且由于保存环境不能做到除湿无氧，铁器生锈较为严重，产生了孔洞、点腐蚀、缝隙腐蚀等病害，铁器表面依然存在瘤状物、表面硬结物等顽固病害。

从拉曼光谱分析谱图可知，该批铁器腐蚀物主要成分可能为纤铁矿和黄磁铁矿。

从所测样品的X荧光图谱可知，该批铁器中金属元素的主要成分均为铁，并含有少量铜、钴、钛、锰这几种元素，并未检测出镍元素，则基本可以排除其为陨铁制品，应为人工冶铁制品。

从X射线探伤图谱中可知，此次116件样品均为均匀锈蚀。其中铁斧（ZJ0004）、铁犁（ZJ0015）、铁镢（ZJ0018）、铁犁（ZJ0061）、铁砚形器（ZJ0258）、铁三足炉（ZJ0250）、铁犁（ZJ0016）、铁锄（ZJ0071）、铁斧（ZJ0008）、铁斧（ZJ0009）、铁瓦（ZJ0068）、铁犁（ZJ0021）、铁犁（ZJ0022）几件样品基本完整，结构规整，但是器壁上均有不规则锈蚀的存在；铁锄（ZJ0071）锄刃处腐蚀严重，器物腹部结构已经不甚完整，并存在铸造缩孔；铁斧（ZJ0009）和铁灯（ZJ0146）有肉眼看不到的裂隙；铁灯（ZJ0130）腐蚀严重；铁斧（ZJ0008）和铁犁（ZJ0022）有较大的铸造缩孔。结合X射线探伤图谱与实际情况，了解铁器的腐蚀程度、纹饰造型及缺损情况后，才能针对该批铁器做出更精确的保护修复方案。

从金相组织分析可知，该批洛阳出土铁器样品：铁镢（ZJ0019）材质为炒钢；铁铲（ZJ0036）经过铸铁脱碳、局部渗碳及淬火工序；铁柄（ZJ0040）材质为铸铁脱碳钢；铁器残块（ZJ0050）材质为过共晶白口铁；铁锄（ZJ0071）材质为经锻打的铸铁脱碳钢；铁錾（ZJ0256）材质为过共晶白口铁。

第五节 保护修复工作原则及目标

一、保护修复工作原则

1.不改变文物原貌原则：保持文物原貌，保持原来的功能、形状，保存原来的结构、制作材料。

2.最小干预原则：尽可能采取预防性保护措施，针对文物病害进行保护处理，在病害处理过程中尽量减少对文物本身材质和形状的干预。

3.可再处理性原则：保护处理材料使用后应具有可再处理性，以备将来科技发展有更新更好的材料加以替换。

4.稳定性原则：保护修复所用材料的性质和保护效果应具有长期的稳定性。

5.修复材料相兼容性原则：用于保护处理的材料，经过反复地实验对比证明与本体材料相兼容，不应出现"保护修复性"损害，修复后文物不留隐患；修复所用的材料，既能消除影响文物寿命的病害，又能防止或延缓病害的发生。

6.可操作性原则：用于文物保护修复的一切材料应尽量选择价格合理、制造工艺简单、环保无污染、易于治理、保护方法简单可操作且符合经济条件的。

二、保护修复工作目标

在充分调查文物历史资料、考古资料及文物保存现状的基础上，借助X射线荧光光谱仪等科学手段分析文物病害与信息，并根据检测结果与文物的具体病害特征，制订合理的保护修复方案，严格按照馆藏国家标准，建立档案。依据文物保护基本原则，尽可能减少干预、不改变文物原状，采用的保护措施以延续现状为主要目标，通过清洗、除锈、脱盐、粘接加固、补配、打磨、做旧、缓蚀、封护等物理和化学相结合的方法，对文物进行不同程度的处理，改善文物保存环境，达到该项目的预期目标。

第六节　保护修复技术路线

一、保护修复设计技术路线图

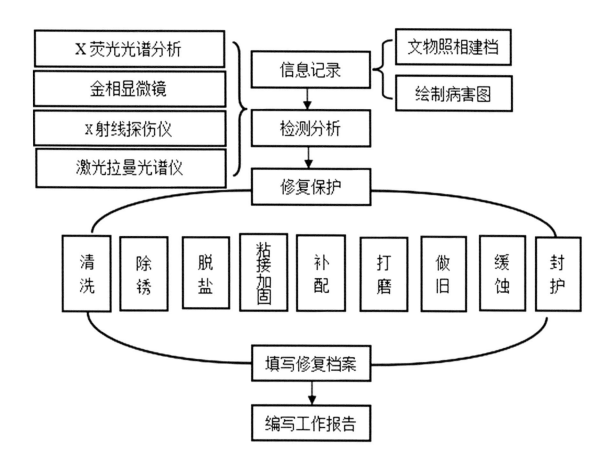

二、保护修复所用工具及材料

1.清洗：去离子水、手术刀、铜丝刷、毛刷、乙醇、储物箱等；

2.除锈：手术刀、锤子、洁牙机、超声波清洗机等；

3.脱盐：去离子水，稀碱、还原剂、渗透剂共同配成的脱盐材料，文物清洗机等；

4.粘接加固：环氧树脂胶粘剂等；

5.补配：914环氧树脂胶、金属补漏胶、手术刀、镊子、竹签等；

6.打磨：各种型号的砂纸、各种锉刀、电动打磨机；

7.做旧：各种狼毫毛笔、网刷、镊子、金相砂纸、颜料等；

8.缓蚀：BTA乙醇溶液、毛刷等；

9.封护：3%的B72丙酮溶液、纳米材料防护剂、毛刷等。

第七节 保护修复实施步骤

一、文物信息资料的收集

信息资料的收集内容包括：①铁质文物的照片及文物信息；②裂隙、局部残缺、孔洞、点腐蚀、瘤状物、表面硬结物的病害照片、线图等；③使用超景深显微镜、X射线探伤仪、金相显微镜观察采集的文物锈蚀和形貌信息；④通过激光拉曼光谱仪等手段分析的文物本体的元素成分及锈蚀结构。

二、清洗

把器物残片或体积较小的器物放置于尺寸合适的清洗塑料箱中，用去离子水浸泡，大型器物可置于盛有去离子水的清洗池中浸泡，待器物表面附着物完全浸润后，用棕毛刷轻轻刷洗。

三、除锈

先手动除锈。用刻刀、锤子等工具，剔除铁器表面厚重的泥土、硬结物、较疏松锈蚀层等，较顽固的锈蚀可以用洁牙机清洗。将手动除锈后的铁器放入超声波清洗机，加入去离子水后加热进行超声清洗，完成后用去离子水再对铁器表面反复冲洗。

将铁器浸泡在盛有去离子水的清洗池中

将铁器放入超声波清洗机除锈

用刻刀和锤子剔除表面泥土及硬结物

用洁牙机去除较顽固的锈蚀

四、脱盐

就是将文物表面及内部的盐类去除。盐类有一定的吸水作用，可以在文物表面及内部形成电解液，加速文物的腐蚀，对文物的危害很大。其中危害最大的是氯盐，因为氯离子的离子半径很小，很容易渗透到文物内部形成电解质。所以铁器文物要进行脱盐清洗。

小型铁器使用文物清洗机进行脱盐除氯。将用稀碱、还原剂、渗透剂共同配成的脱盐材料和去离子水加入文物清洗机，根据每件器物含盐量的不同调整超声波的强度，浸泡一段时间后更换溶液。还可以适当加热，以促进脱盐处理的速度。大型铁器则使用郑州大学研发的文物自动脱氯清洗机。脱盐后的器物用去离子水反复清洗。将脱盐后的铁器放入干燥箱烘干。加热至110摄氏度，烘干两小时以上。

小型铁器使用文物清洗机脱盐除氯

大型铁器使用文物自动脱氯清洗机

五、粘接加固

如果文物有比较糟朽的部分，需要使用环氧树脂胶粘剂对其进行粘接加固，避免文物在修复过程中进一步损坏。

用环氧树脂胶粘剂粘接加固

六、补配

对于铁质文物器身的残缺部分，需进行补配。根据器物缺失范围的大小和部位的不同情况，缺失部分较小的用914环氧树脂胶和脱盐后的铁锈调和，填补裂缝及残缺处。缺失部分较大的用金属补漏胶对缺失部分塑形补全，以达到器物的完整。

用环氧树脂胶和铁锈调和填补残缺处

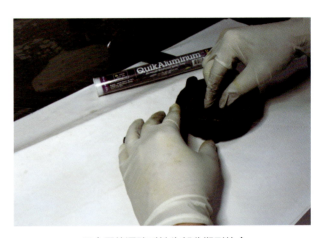

用金属补漏胶对缺失部分塑形补全

七、打磨

为了更好地呈现器物的特点，打磨是一个不可缺少的重要环节，用金属打磨机配以旋转锉头打磨比较突出的部位，并用粗细砂纸打磨随型，特别在纹饰、边角位置要注意不要磨损纹饰，随后用手来回感觉有没有凸凹感，以达到器面平整。

用金属打磨机打磨随型

八、做旧

补配打磨和上过胶的地方与原来表面颜色有所差异，影响美观。可采用不同的方法根据锈层锈色分布实际情况进行做锈，选用有可逆性且环保的虫胶漆调和矿物颜料进行做色。用毛笔、油画笔、脱脂棉、牙刷等作为工具，运用挑、弹、拨、点等方法熟练操作，在做锈过程中焊缝及边缘要有意识打乱锈色，目的是使边缘连接处的锈色不形成一条明显的线，达到同原器物颜色近似的效果，使器物更加和谐。

用虫胶漆调和矿物颜料做色

九、缓蚀

为了阻止腐蚀反应的进一步发生，需要在铁器表面涂刷缓蚀剂形成稳定的保护屏障。缓蚀剂采用2%BTA乙醇溶液。将铁器浸泡在溶液中，或在铁器表面涂刷缓蚀剂来进行缓蚀，之后待铁器自然干燥。

将铁器浸泡在 2%BTA 乙醇溶液中

十、封护

修复后的文物要对其表面进行封护，以降低空气中水蒸气、氧气及各类污染物对文物的不利影响。根据器物表面状况，使用3%B72丙酮溶液或者有机氟硅纳米材料封护剂进行刷涂或喷涂封护处理。需要注意的是刷涂封护后表面颜色不应有明显变化，也不应有眩光。

将铁器浸泡在 3%B72 丙酮溶液中

在铁器表面喷涂氟硅材料封护剂

十一、完善修复保护档案

详细记录器物的编号、名称、质地、时代、来源、尺寸及器物现状，对修复过程中各个阶段拍摄图片资料，包括录像资料和照片资料。填写修复档案，将修复所采用的方法、使用的化学试剂、药品等做详细的文字记录。

第八节 保护修复效果评估

此项目的116件铁器，存在明显的锈蚀、断裂、裂隙、变形、矿化、点腐蚀、层状堆积等严重病害，急需科学的保护修复。

本次修复严格遵守《中华人民共和国文物保护法》及有关法规，采用传统工艺结合现代科技方法，基本恢复和保持了铁器文物原有形貌，加固了铁器的强度，消除了铁器内在裂隙、孔洞等不稳定因素，同时了解了该批铁器文物的科技价值，展现了其历史与艺术价值，有利于收藏保管及发挥陈列展览等文化交流作用。

文物修复前后对比图

序号	文物编号	文物名称	修复前	修复后
1	ZJ0001	铁斧		
2	ZJ0002	铁斧		
3	ZJ0003	铁斧		
4	ZJ0004	铁斧		

续表 1

序号	文物编号	文物名称	修复前	修复后
5	ZJ0005	铁斧		
6	ZJ0006	铁斧		
7	ZJ0007	铁斧		
8	ZJ0008	铁斧		
9	ZJ0009	铁斧		
10	ZJ0010	铁铲		

续表 2

序号	文物编号	文物名称	修复前	修复后
11	ZJ0011	铁犁		
12	ZJ0012	铁锄		
13	ZJ0013	铁斧		
14	ZJ0014	铁斧		
15	ZJ0015	铁犁		
16	ZJ0016	铁犁		

续表 3

序号	文物编号	文物名称	修复前	修复后
17	ZJ0017	铁瓦		
18	ZJ0018	铁锸		
19	ZJ0019	铁锸		
20	ZJ0021	铁犁		
21	ZJ0022	铁犁		
22	ZJ0023	铁犁		

续表 4

序号	文物编号	文物名称	修复前	修复后
23	ZJ0024	铁犁		
24	ZJ0025	铁犁		
25	ZJ0026	铁犁		
26	ZJ0027	铁斧		
27	ZJ0028	铁斧		
28	ZJ0029	铁斧		

续表 5

序号	文物编号	文物名称	修复前	修复后
29	ZJ0030	铁斧		
30	ZJ0031	铁铲		
31	ZJ0032	铁铲		
32	ZJ0033	铁铲		
33	ZJ0034	铁铲		
34	ZJ0035	铁铲		

续表6

序号	文物编号	文物名称	修复前	修复后
35	ZJ0036	铁铲		
36	ZJ0037	铁铲		
37	ZJ0039	铁镢		
38	ZJ0040	铁柄		
39	ZJ0041	铁镢		
40	ZJ0042	铁镢		

续表 7

序号	文物编号	文物名称	修复前	修复后
41	ZJ0044	铁凿		
42	ZJ0045	铁斧		
43	ZJ0046	铁锛		
44	ZJ0047	铁锸		
45	ZJ0048	铁器		
46	ZJ0049	铁器		

续表 8

序号	文物编号	文物名称	修复前	修复后
47	ZJ0050	铁器		
48	ZJ0051	铁锸		
49	ZJ0052	铁犁		
50	ZJ0058	铁锸		
51	ZJ0059	铁锸		
52	ZJ0060	铁犁		

续表 9

序号	文物编号	文物名称	修复前	修复后
53	ZJ0061	铁犁		
54	ZJ0062	铁锸		
55	ZJ0063	铁犁		
56	ZJ0064	铁锸		
57	ZJ0065	铁斧		
58	ZJ0066	铁刀		

续表 10

序号	文物编号	文物名称	修复前	修复后
59	ZJ0067	铁刀		
60	ZJ0068	铁瓦		
61	ZJ0069	铁犁		
62	ZJ0070	铁锸		
63	ZJ0071	铁锄		
64	ZJ0072	铁箍		

续表 11

序号	文物编号	文物名称	修复前	修复后
65	ZJ0073	铁箍		
66	ZJ0074	铁箍		
67	ZJ0075	铁箍		
68	ZJ0076	铁箍		
69	ZJ0077	铁齿轮		
70	ZJ0078	铁齿轮		

续表 12

序号	文物编号	文物名称	修复前	修复后
71	ZJ0079	铁齿轮		
72	ZJ0080	铁箍		
73	ZJ0081	铁齿轮		
74	ZJ0082	铁齿轮		
75	ZJ0083	铁齿轮		
76	ZJ0097	铁刀		

续表 13

序号	文物编号	文物名称	修复前	修复后
77	ZJ0098	铁帐杆		
78	ZJ0099	铁片		
79	ZJ0100	铁帐杆		
80	ZJ0101	铁帐杆		
81	ZJ0118	铁钳		
82	ZJ0119	铁剪		

续表 14

序号	文物编号	文物名称	修复前	修复后
83	ZJ0120	铁匕		
84	ZJ0123	铁钉		
85	ZJ0126	铁筷		
86	ZJ0127	铁锤		
87	ZJ0130	铁灯		
88	ZJ0133	铁漏勺		

续表 15

序号	文物编号	文物名称	修复前	修复后
89	ZJ0135	铁铲		
90	ZJ0137	铁锤		
91	ZJ0138	铁剪		
92	ZJ0139	铁支架		
93	ZJ0140	铁刀		
94	ZJ0141	铁铲		

续表 16

序号	文物编号	文物名称	修复前	修复后
95	ZJ0142	铁钩		
96	ZJ0146	铁灯		
97	ZJ0147	铁剑		
98	ZJ0148	铁支架		
99	ZJ0182	铁器		
100	ZJ0184	铁链		

续表 17

序号	文物编号	文物名称	修复前	修复后
101	ZJ0185	铁箍		
102	ZJ0186	铁箍		
103	ZJ0250	铁三足炉		
104	ZJ0251	铁鼎		
105	ZJ0252	铁鼎		
106	ZJ0253	铁瓦形器		

续表 18

序号	文物编号	文物名称	修复前	修复后
107	ZJ0254	铁瓦形器		
108	ZJ0255	铁炭盆		
109	ZJ0256	铁鏊		
110	ZJ0257	铁鏊		
111	ZJ0258	铁砚形器		
112	ZJ0259	铁双系釜		

续表 19

序号	文物编号	文物名称	修复前	修复后
113	ZJ0260	铁釜		
114	ZJ0261	铁釜		
115	ZJ0262	铁釜		
116	ZJ0263	铁釜		

第九节　保护修复后的保存环境

　　文物的保存环境对文物的保护具有直接的影响，尤其是环境的温度、湿度，与文物保护有着极其密切的关系。因此，为了保护好这批文物，其保存环境尤为重要。

　　尽可能将铁质文物存放在无氧、干燥、密闭的环境中，尽量避免二氧化硫、硫化氢等有害气体对铁器的腐蚀。铁质文物的最适宜保存温度为15—20℃，相对湿度为40%以下，且环境的日温差少于5℃、环境湿度差少于5%。定期巡查，发现问题及时处理。

　　另外，在铁器的运输、保存展览过程中，要做好文物的包装、减震等工作，避免因摩擦、震动、碰撞产生的机械性损伤。

第二编 文物保护修复档案

馆藏金属文物修复档案1

文物保存现状表

名称	铁斧		
文物编号	ZJ0001	年代	汉
保护修复前尺寸（厘米）	长 11.2，宽 7.0，高 2.9	保护处理前重量（千克）	0.54
文物保护环境	目前此铁器存于洛阳市文物考古研究院库房中，保存条件有限，很容易发生析氢腐蚀和耗氧腐蚀，加之大部分器物已有通体锈蚀、瘤状物、残缺等病害，随着温湿度变化，文物病害有加重趋势		
病害状况	器壁上有较厚的土质硬结物。刃部残缺一角。器物呈全面腐蚀状态，整体矿化严重，表面有较多瘤状物		
文物病害图			
保护修复前影像资料			

图例：

残缺　　表面硬结物　　瘤状物　　全面腐蚀

绘图单位	洛阳市文物考古研究院		
文物名称	铁斧ZJ0001		
绘制人	胡楠	时间	2018年11月

文物保护修复记录表

文物保护修复情况综述（材料、工艺、步骤及操作条件，附保护修复后影像资料）：
1. 提取文物建立文物修复档案，采集文物信息并照相等。
2. 清理器表污染物。用刻刀、锤子等工具，剔除铁器表面硬结物、较疏松锈蚀层等。
3. 超声波除锈。将初步清理后的铁器放入超声波清洗机中，加入去离子水超声清洗。
4. 脱盐除氯。在文物清洗机中加入稀碱、还原剂、渗透剂共同配成的脱盐材料及去离子水，搅拌均匀，再放入文物进行脱盐除氯。
5. 除锈。对脱盐后的器物，用錾子和锤子等工具，再次剔除器表铁锈。
6. 补配。用914环氧树脂胶和脱盐后的铁锈调和，填补裂缝及残缺处，自然阴干后，用打磨机将多余的914环氧树脂胶打磨掉。
7. 缓蚀。将铁器浸泡在溶液中，或在铁器表面涂刷缓蚀剂来进行缓蚀。
8. 封护。将铁器浸泡在3%B72丙酮溶液中对其进行表面封护

保护修复后尺寸（厘米）	长11.0，宽6.9，高2.8	保护修复后重量（千克）	0.43
修复人员	郭海龙、杨琦	审核人	陈谊
完成日期	2022-07-04		

保护修复后影像资料	

保护修复日志

2022-03-10—2022-03-11 清理器表污染物 用刻刀、锤子等工具，剔除铁器表面硬结物、较疏松锈蚀层等	
2022-03-25 超声波除锈 将手动除锈后的铁器放入超声波清洗机，加入去离子水后加热进行超声清洗，完成后用去离子水再对铁器表面反复冲洗。然后放入烘箱进行干燥	

续表 1

2022-03-28—2022-04-01 使用文物清洗机进行脱盐除氯 将铁器放进清洗箱，加入去离子水和用稀碱、还原剂、渗透剂共同配成的脱盐材料，适当加热，浸泡一段时间后更换溶液，直到氯离子浓度低于 50ppm。脱盐结束后的器物用去离子水反复清洗，之后放入烘箱进行干燥	
2022-04-04—2022-04-05 除锈 对脱盐后的器物，用錾子和锤子等工具，再次剔除器表铁锈	
2022-04-07—2022-04-08 补配 用 914 环氧树脂胶和脱盐后的铁锈调和，填补裂缝及残缺处，自然阴干后，用打磨机将多余的 914 环氧树脂胶打磨掉	
2022-07-04 缓蚀 将铁器浸泡在 2%BTA 乙醇溶液中进行缓蚀，之后待铁器自然干燥	
2022-07-04 封护 将铁器浸泡在 3%B72 丙酮溶液中对其进行表面封护，使铁器表面形成致密保护膜	

馆藏金属文物修复档案2

文物保存现状表

名称	铁斧		
文物编号	ZJ0002	年代	汉
保护修复前尺寸（厘米）	长 12.4，宽 6.9，高 3.0	保护处理前重量（千克）	0.58
文物保护环境	目前此铁器存于洛阳市文物考古研究院库房中，保存条件有限，很容易发生析氢腐蚀和耗氧腐蚀，加之大部分器物已有通体锈蚀、瘤状物、残缺等病害，随着温湿度变化，文物病害有加重趋势		
病害状况	器壁上有较厚的土质硬结物。刃部残缺一角。器物呈全面腐蚀状态，整体矿化严重，表面有较多瘤状物		
文物病害图			
保护修复前影像资料			

图例：

残缺　表面硬结物　瘤状物　全面腐蚀　层状堆积

绘图单位	洛阳市文物考古研究院	
文物名称	铁斧ZJ0002	
绘制人	胡楠	时间　2018年11月

文物保护修复记录表

文物保护修复情况综述（材料、工艺、步骤及操作条件，附保护修复后影像资料）：
1. 提取文物建立文物修复档案，采集文物信息并照相等。
2. 清理器表污染物。用刻刀、锤子等工具，剔除铁器表面硬结物、较疏松锈蚀层等。
3. 超声波除锈。将初步清理后的铁器放入超声波清洗机中，加入去离子水超声清洗。
4. 脱盐除氯。在文物清洗机中加入稀碱、还原剂、渗透剂共同配成的脱盐材料及去离子水，搅拌均匀，再放入文物进行脱盐除氯。
5. 除锈。脱盐后的器物，用錾子和锤子等工具，再次剔除器表铁锈。
6. 补配。用914环氧树脂胶和脱盐后的铁锈调和，填补裂缝及残缺处。
7. 缓蚀。将铁器浸泡在2%BTA乙醇溶液中进行缓蚀。
8. 封护。将铁器浸泡在3%B72丙酮溶液中对其进行表面封护

保护修复后尺寸（厘米）	长12.4，宽7.0，高2.7	保护修复后重量（千克）	0.45
修复人员	郭海龙、王昱元	审核人	陈谊
完成日期	2022-07-04		

保护修复后影像资料

保护修复日志

2022-03-10—2022-03-11 清理器表污染物 用刻刀、锤子等工具，剔除铁器表面硬结物、较疏松锈蚀层等	
2022-03-25 超声波除锈 将手动除锈后的铁器放入超声波清洗机，加入去离子水后加热进行超声清洗，完成后用去离子水再对铁器表面反复冲洗。然后放入烘箱进行干燥	

续表 1

2022-03-28—2022-04-01 使用文物清洗机进行脱盐除氯 将铁器放进清洗箱，加入去离子水和用稀碱、还原剂、渗透剂共同配成的脱盐材料，适当加热，浸泡一段时间后更换溶液，直到氯离子浓度低于50ppm。脱盐结束后的器物用去离子水反复清洗，之后放入烘箱进行干燥	
2022-04-04—2022-04-05 除锈 脱盐后的器物，用錾子和锤子等工具，再次剔除器表铁锈	
2022-04-06—2022-04-08 补配 用914环氧树脂胶和脱盐后的铁锈调和，填补裂缝及残缺处，自然阴干后，用打磨机将多余的914环氧树脂胶打磨掉	
2022-07-04 缓蚀 将铁器浸泡在2%BTA乙醇溶液中缓蚀，之后放在通风处自然干燥	
2022-07-04 封护 将铁器浸泡在3%B72丙酮溶液中对其进行表面封护，使铁器表面形成致密保护膜	

馆藏金属文物修复档案3

文物保存现状表

名称	铁斧		
文物编号	ZJ0003	年代	汉
保护修复前尺寸（厘米）	长11.3，宽7.0，高2.9	保护处理前重量（千克）	0.54
文物保护环境	目前此铁器存于洛阳市文物考古研究院库房中，保存条件有限，很容易发生析氢腐蚀和耗氧腐蚀，加之大部分器物已有通体锈蚀、瘤状物、残缺等病害，随着温湿度变化，文物病害有加重趋势		
病害状况	器壁上有较厚的表面硬结物。器物呈全面腐蚀状态，整体矿化严重，表面有较多瘤状物。刃部有残缺		
文物病害图	 图例：表面硬结物 瘤状物 全面腐蚀 层状堆积		

绘图单位	洛阳市文物考古研究院		
文物名称	铁斧ZJ0003		
绘制人	胡楠	时间	2018年11月

保护修复前影像资料			

文物保护修复记录表

文物保护修复情况综述（材料、工艺、步骤及操作条件，附保护修复后影像资料）：

1. 提取文物建立文物修复档案，采集文物信息并照相等。
2. 清理器表污染物。用刻刀、锤子等工具，剔除铁器表面硬结物、较疏松锈蚀层等。
3. 超声波除锈。将初步清理后的铁器放入超声波清洗机中，加入去离子水超声清洗。
4. 脱盐除氯。在文物清洗机中加入稀碱、还原剂、渗透剂共同配成的脱盐材料及去离子水，搅拌均匀，再放入文物进行脱盐除氯。
5. 补配。用 914 环氧树脂胶和脱盐后的铁锈调和，填补裂缝及残缺处。
6. 缓蚀。将铁器浸泡在 2%BTA 乙醇溶液中进行缓蚀。
7. 封护。将铁器浸泡在 3%B72 丙酮溶液中对其进行表面封护

保护修复后尺寸（厘米）	长 11.2，宽 7.0，高 2.8	保护修复后重量（千克）	0.43
修复人员	刘高琛、杨琦	审核人	陈谊
完成日期	2022-07-04		

保护修复后影像资料	

保护修复日志

2022-3-10—2022-3-11 清理器表污染物 用刻刀、锤子等工具，剔除铁器表面硬结物、较疏松锈蚀层等	
2022-03-25 超声波除锈 将手动除锈后的铁器放入超声波清洗机，加入去离子水后加热进行超声清洗，完成后用去离子水再对铁器表面反复冲洗。然后放入烘箱进行干燥	

续表 1

2022-03-28—2022-04-01 使用文物清洗机进行脱盐除氯 将铁器放进清洗箱，加入去离子水和用稀碱、还原剂、渗透剂共同配成的脱盐材料，适当加热，浸泡一段时间后更换溶液，直到氯离子浓度低于50ppm。脱盐结束后的器物用去离子水反复清洗，之后放入烘箱进行干燥	
2022-04-04—2022-04-05 除锈 脱盐后的器物，用錾子和锤子等工具，再次剔除器表铁锈	
2022-04-07—2022-04-08 补配 用914环氧树脂胶和脱盐后的铁锈调和，填补裂缝及残缺处，自然阴干后，用打磨机将多余的914环氧树脂胶打磨掉	
2022-07-04 缓蚀 将铁器浸泡在2%BTA乙醇溶液中进行缓蚀，之后待铁器自然干燥	
2022-07-04 封护 将铁器浸泡在3%B72丙酮溶液中对其进行表面封护，使铁器表面形成致密保护膜	

馆藏金属文物修复档案4

文物保存现状表

名称	铁斧		
文物编号	ZJ0004	年代	汉
保护修复前尺寸（厘米）	长12.8，宽7.8，高3.4	保护处理前重量（千克）	0.46
文物保护环境	目前此铁器存于洛阳市文物考古研究院库房中，保存条件有限，很容易发生析氢腐蚀和耗氧腐蚀，加之大部分器物已有通体锈蚀、瘤状物、残缺等病害，随着温湿度变化，文物病害有加重趋势		
病害状况	器壁上有较厚的表面硬结物。器物呈全面腐蚀状态，整体矿化严重，表面有层状堆积和较多瘤状物		
文物病害图			
保护修复前影像资料			

文物保护修复记录表

文物保护修复情况综述（材料、工艺、步骤及操作条件，附保护修复后影像资料）：

1. 提取文物建立文物修复档案，采集文物信息并照相等。
2. 清理器表污染物。用刻刀、锤子等工具，剔除铁器表面硬结物、较疏松锈蚀层等。
3. 超声波除锈。将初步清理后的铁器放入超声波清洗机中，加入去离子水超声清洗。
4. 脱盐除氯。在文物清洗机中加入稀碱、还原剂、渗透剂共同配成的脱盐材料及去离子水，搅拌均匀，再放入文物进行脱盐除氯。
5. 补配。用914环氧树脂胶和脱盐后的铁锈调和，填补裂缝及残缺处。
6. 缓蚀。将铁器浸泡在2%BTA乙醇溶液中来进行缓蚀。
7. 封护。将铁器浸泡在3%B72丙酮溶液中对其进行表面封护

保护修复后尺寸（厘米）	长12.5，宽7.8，高3.2	保护修复后重量（千克）	0.39
修复人员	刘高琛、王昱元	审核人	陈谊
完成日期	2022-07-04		

保护修复后影像资料	

保护修复日志

2022-03-11—2022-03-14 清理器表污染物 用刻刀、锤子等工具，剔除铁器表面硬结物、较疏松锈蚀层等	
2022-03-25 超声波除锈 将手动除锈后的铁器放入超声波清洗机，加入去离子水后加热进行超声清洗，完成后用去离子水再对铁器表面反复冲洗。然后放入烘箱进行干燥	

续表 1

2022-03-28—2022-04-01 使用文物清洗机进行脱盐除氯 将铁器放进清洗箱，加入去离子水和用稀碱、还原剂、渗透剂共同配成的脱盐材料，适当加热，浸泡一段时间后更换溶液，直到氯离子浓度低于50ppm。脱盐结束后的器物用去离子水反复清洗，之后放入烘箱进行干燥	
2022-04-05—2022-04-06 除锈 脱盐后的器物，用錾子和锤子等工具，再次剔除器表铁锈	
2022-04-06—2022-04-08 补配 用914环氧树脂胶和脱盐后的铁锈调和，填补裂缝及残缺处，自然阴干后，用打磨机将多余的914环氧树脂胶打磨掉	
2022-07-04 缓蚀 将铁器浸泡在2%BTA乙醇溶液中进行缓蚀，之后待铁器自然干燥	
2022-07-04 封护 将铁器浸泡在3%B72丙酮溶液中对其进行表面封护，使铁器表面形成致密保护膜	

馆藏金属文物修复档案5

文物保存现状表

名称	铁斧		
文物编号	ZJ0005	年代	汉
保护修复前尺寸（厘米）	长12.2，宽7.0，高3.0	保护处理前重量（千克）	0.62
文物保护环境	目前此铁器存于洛阳市文物考古研究院库房中，保存条件有限，很容易发生析氢腐蚀和耗氧腐蚀，加之大部分器物已有通体锈蚀、瘤状物、残缺等病害，随着温湿度变化，文物病害有加重趋势		
病害状况	器壁上有较厚的土质硬结物。器物呈全面腐蚀状态，整体矿化严重，表面有层状堆积和较多瘤状物。两侧均有裂缝		
文物病害图	 图例： 表面硬结物 瘤状物 通体矿化 层状堆积 裂隙　　绘图单位 洛阳市文物考古研究院　文物名称 铁斧ZJ0005　绘制人 胡楠　时间 2018年11月		
保护修复前影像资料			

文物保护修复记录表

文物保护修复情况综述（材料、工艺、步骤及操作条件，附保护修复后影像资料）：
1. 提取文物建立文物修复档案，采集文物信息并照相等。
2. 清理器表污染物。用刻刀、锤子等工具，剔除铁器表面硬结物、较疏松锈蚀层等。
3. 超声波除锈。将初步清理后的铁器放入超声波清洗机中，加入去离子水超声清洗。
4. 脱盐除氯。在文物清洗机中加入稀碱、还原剂、渗透剂共同配成的脱盐材料及去离子水，搅拌均匀，再放入文物进行脱盐除氯。
5. 补配。用914环氧树脂胶和脱盐后的铁锈调和，填补裂缝及残缺处。
6. 缓蚀。将铁器浸泡在2%BTA乙醇溶液中来进行缓蚀。
7. 封护。将铁器浸泡在3%B72丙酮溶液中对其进行表面封护

保护修复后尺寸（厘米）	长12.4，宽7.0，高2.8	保护修复后重量（千克）	0.44
修复人员	郭海龙、杨琦	审核人	陈谊
完成日期	2022-07-04		
保护修复后影像资料			

保护修复日志

2022-03-11 清理器表污染物 用刻刀、锤子等工具，剔除铁器表面硬结物、较疏松锈蚀层等	
2022-03-25 超声波除锈 将手动除锈后的铁器放入超声波清洗机，加入去离子水后加热进行超声清洗，完成后用去离子水再对铁器表面反复冲洗。然后放入烘箱进行干燥	

续表 1

2022-03-28—2022-04-01 使用文物清洗机进行脱盐除氯 将铁器放进清洗箱，加入去离子水和用稀碱、还原剂、渗透剂共同配成的脱盐材料，适当加热，浸泡一段时间后更换溶液，直到氯离子浓度低于 50ppm。脱盐结束后的器物用去离子水反复清洗，之后放入烘箱进行干燥	
2022-04-05—2022-04-06 除锈 脱盐后的器物，用錾子和锤子等工具，再次剔除器表铁锈	
2022-04-08 补配 用 914 环氧树脂胶和脱盐后的铁锈调和，填补裂缝及残缺处，自然阴干后，用打磨机将多余的 914 环氧树脂胶打磨掉	
2022-07-04 缓蚀 将铁器浸泡在 2%BTA 乙醇溶液中进行缓蚀，之后待铁器自然干燥	
2022-07-04 封护 将铁器浸泡在 3%B72 丙酮溶液中对其进行表面封护，使铁器表面形成致密保护膜	

馆藏金属文物修复档案6

文物保存现状表

名称	铁斧		
文物编号	ZJ0006	年代	汉
保护修复前尺寸（厘米）	长 13.0，宽 7.4，高 2.1	保护处理前重量（千克）	0.58
文物保护环境	目前此铁器存于洛阳市文物考古研究院库房中，保存条件有限，很容易发生析氢腐蚀和耗氧腐蚀，加之大部分器物已有通体锈蚀、瘤状物、残缺等病害，随着温湿度变化，文物病害有加重趋势		
病害状况	器壁上有较厚的土质硬结物。器物呈全面腐蚀状态，整体矿化严重，表面有层状堆积和较大的瘤状物。有较深裂缝		
文物病害图			
保护修复前影像资料			

图例：

表面硬结物	瘤状物	通体矿化	层状堆积	裂隙	全面腐蚀

绘图单位	洛阳市文物考古研究院
文物名称	铁斧ZJ0006
绘制人	胡楠
时间	2018年11月

文物保护修复记录表

文物保护修复情况综述（材料、工艺、步骤及操作条件，附保护修复后影像资料）：

1. 提取文物建立文物修复档案，采集文物信息并照相等。
2. 清理器表污染物。用刻刀、锤子等工具，剔除铁器表面硬结物、较疏松锈蚀层等。
3. 超声波除锈。将初步清理后的铁器放入超声波清洗机中，加入去离子水超声清洗。
4. 脱盐除氯。在文物清洗机中加入稀碱、还原剂、渗透剂共同配成的脱盐材料及去离子水，搅拌均匀，再放入文物进行脱盐除氯。
5. 补配。用 914 环氧树脂胶和脱盐后的铁锈调和，填补裂缝及残缺处。
6. 缓蚀。将铁器浸泡在 2%BTA 乙醇溶液中来进行缓蚀。
7. 封护。将铁器浸泡在 3%B72 丙酮溶液中对其进行表面封护

保护修复后尺寸（厘米）	长 13.0，宽 7.5，高 2.0	保护修复后重量（千克）	0.48
修复人员	郭海龙、王昱元	审核人	陈谊
完成日期	2022-07-04		

保护修复后影像资料	

保护修复日志

2022-03-14 清理器表污染物 用刻刀、锤子等工具，剔除铁器表面硬结物、较疏松锈蚀层等	
2022-03-25 超声波除锈 将手动除锈后的铁器放入超声波清洗机，加入去离子水后加热进行超声清洗，完成后用去离子水再对铁器表面反复冲洗。然后放入烘箱进行干燥	

续表 1

2022-03-28—2022-04-01 使用文物清洗机进行脱盐除氯 将铁器放进清洗箱，加入去离子水和用稀碱、还原剂、渗透剂共同配成的脱盐材料，适当加热，浸泡一段时间后更换溶液，直到氯离子浓度低于50ppm。脱盐结束后的器物用去离子水反复清洗，之后放入烘箱进行干燥	
2022-04-06—2022-04-07 除锈 脱盐后的器物，用錾子和锤子等工具，再次剔除器表铁锈	
2022-04-08—2022-04-09 补配 用914环氧树脂胶和脱盐后的铁锈调和，填补裂缝及残缺处，自然阴干后，用打磨机将多余的914环氧树脂胶打磨掉	
2022-07-04 缓蚀 将铁器浸泡在2%BTA乙醇溶液中进行缓蚀，之后待铁器自然干燥	
2022-07-04 封护 将铁器浸泡在3%B72丙酮溶液中对其进行表面封护，使铁器表面形成致密保护膜	

馆藏金属文物修复档案7

文物保存现状表

名称	铁斧		
文物编号	ZJ0007	年代	汉
保护修复前尺寸（厘米）	长14.1，宽8.2，高3.0	保护处理前重量（千克）	1.46
文物保护环境	目前此铁器存于洛阳市文物考古研究院库房中，保存条件有限，很容易发生析氢腐蚀和耗氧腐蚀，加之大部分器物已有通体锈蚀、瘤状物、残缺等病害，随着温湿度变化，文物病害有加重趋势		
病害状况	器壁上有较厚的土质硬结物。器物呈全面腐蚀状态，整体矿化严重，表面有层状堆积，内壁有瘤状物		
文物病害图	 图例： 表面硬结物 瘤状物 通体矿化 通体矿化 层状堆积 全面腐蚀 绘图单位 洛阳市文物考古研究院 文物名称 铁斧ZJ0007 绘制人 胡楠 时间 2018年11月		
保护修复前影像资料			

文物保护修复记录表

文物保护修复情况综述（材料、工艺、步骤及操作条件，附保护修复后影像资料）：

1. 提取文物建立文物修复档案，采集文物信息并照相等。
2. 清理器表污染物。用刻刀、锤子等工具，剔除铁器表面硬结物、较疏松锈蚀层等。
3. 超声波除锈。将初步清理后的铁器放入超声波清洗机中，加入去离子水超声清洗。
4. 脱盐除氯。在文物清洗机中加入稀碱、还原剂、渗透剂共同配成的脱盐材料及去离子水，搅拌均匀，再放入文物进行脱盐除氯。
5. 缓蚀。将铁器浸泡在2%BTA乙醇溶液中来进行缓蚀。
6. 封护。将铁器浸泡在3%B72丙酮溶液中对其进行表面封护

保护修复后尺寸（厘米）	长14.1，宽8.5，高3.2	保护修复后重量（千克）	1.40
修复人员	刘高琛、杨琦	审核人	陈谊
完成日期	2022-07-04		
保护修复后影像资料			

保护修复日志

2022-03-14—2022-03-15 清理器表污染物 用刻刀、锤子等工具，剔除铁器表面硬结物、较疏松锈蚀层等	
2022-03-25 超声波除锈 将手动除锈后的铁器放入超声波清洗机，加入去离子水后加热进行超声清洗，完成后用去离子水再对铁器表面反复冲洗。然后放入烘箱进行干燥	

续表 1

2022-03-28—2022-04-01 **使用文物清洗机进行脱盐除氯** 将铁器放进清洗箱，加入去离子水和用稀碱、还原剂、渗透剂共同配成的脱盐材料，适当加热，浸泡一段时间后更换溶液，直到氯离子浓度低于 50ppm。脱盐结束后的器物用去离子水反复清洗，之后放入烘箱进行干燥	
2022-04-07—2022-04-08 **除锈** 脱盐后的器物，用錾子和锤子等工具，再次剔除器表铁锈	
2022-07-04 **缓蚀** 将铁器浸泡在 2%BTA 乙醇溶液中进行缓蚀，之后待铁器自然干燥	
2022-07-04 **封护** 将铁器浸泡在 3%B72 丙酮溶液中对其进行表面封护，使铁器表面形成致密保护膜	

馆藏金属文物修复档案8

文物保存现状表

名称	铁斧		
文物编号	ZJ0008	年代	汉
保护修复前尺寸（厘米）	长9.7，宽8.3，高3.1	保护处理前重量（千克）	0.48
文物保护环境	目前此铁器存于洛阳市文物考古研究院库房中，保存条件有限，很容易发生析氢腐蚀和耗氧腐蚀，加之大部器物已有通体锈蚀、瘤状物、残缺等病害，随着温湿度变化，文物病害有加重趋势		
病害状况	器壁上有较厚的土质硬结物。器物呈全面腐蚀状态，整体矿化严重，表面有层状堆积和较多瘤状物		
文物病害图			
保护修复前影像资料			

图例：

表面硬结物	通体矿化	层状堆积

绘图单位	洛阳市文物考古研究院	
文物名称	铁斧ZJ0008	
绘制人	胡楠	时间 2018年11月

文物保护修复记录表

文物保护修复情况综述（材料、工艺、步骤及操作条件，附保护修复后影像资料）：
1. 提取文物建立文物修复档案，采集文物信息并照相等。
2. 清理器表污染物。用刻刀、锤子等工具，剔除铁器表面硬结物、较疏松锈蚀层等。
3. 超声波除锈。将初步清理后的铁器放入超声波清洗机中，加入去离子水超声清洗。
4. 脱盐除氯。在文物清洗机中加入稀碱、还原剂、渗透剂共同配成的脱盐材料及去离子水，搅拌均匀，再放入文物进行脱盐除氯。
5. 补配。用914环氧树脂胶和脱盐后的铁锈调和，填补裂缝及残缺处。
6. 缓蚀。将铁器浸泡在2%BTA乙醇溶液中来进行缓蚀。
7. 封护。将铁器浸泡在3%B72丙酮溶液中对其进行表面封护

保护修复后尺寸（厘米）	长10.0，宽8.5，高3.1	保护修复后重量（千克）	0.35
修复人员	刘高琛、王昱元	审核人	陈谊
完成日期	2022-07-04		

保护修复后影像资料

保护修复日志

2022-03-14—2022-03-15 清理器表污染物 用刻刀、锤子等工具，剔除铁器表面硬结物、较疏松锈蚀层等	
2022-03-25 超声波除锈 将手动除锈后的铁器放入超声波清洗机，加入去离子水后加热进行超声清洗，完成后用去离子水再对铁器表面反复冲洗。然后放入烘箱进行干燥	

续表 1

2022-03-28—2022-04-01 使用文物清洗机进行脱盐除氯 将铁器放进清洗箱，加入去离子水和用稀碱、还原剂、渗透剂共同配成的脱盐材料，适当加热，浸泡一段时间后更换溶液，直到氯离子浓度低于50ppm。脱盐结束后的器物用去离子水反复清洗，之后放入烘箱进行干燥	
2022-04-08—2022-04-09 除锈 脱盐后的器物，用錾子和锤子等工具，再次剔除器表铁锈	
2022-04-10 补配 用914环氧树脂胶和脱盐后的铁锈调和，填补裂缝及残缺处，自然阴干后，用打磨机将多余的914环氧树脂胶打磨掉	
2022-07-04 缓蚀 将铁器浸泡在2%BTA乙醇溶液中进行缓蚀，之后待铁器自然干燥	
2022-07-04 封护 将铁器浸泡在3%B72丙酮溶液中对其进行表面封护，使铁器表面形成致密保护膜	

馆藏金属文物修复档案9

文物保存现状表

名称	铁斧		
文物编号	ZJ0009	年代	汉
保护修复前尺寸（厘米）	长 9.7，宽 8.3，高 3.1	保护处理前重量（千克）	0.48
文物保护环境	目前此铁器存于洛阳市文物考古研究院库房中，保存条件有限，很容易发生析氢腐蚀和耗氧腐蚀，加之大部分器物已有通体锈蚀、瘤状物、残缺等病害，随着温湿度变化，文物病害有加重趋势		
病害状况	铁斧表面上有硬结物。器物呈全面腐蚀状态，整体矿化严重，表面有层状堆积和较多瘤状物，质地脆弱		
文物病害图	 图例： 表面硬结物 通体矿化 层状堆积 全面腐蚀 瘤状物 残缺		

绘图单位	洛阳市文物考古研究院
文物名称	铁斧ZJ0009
绘制人	胡楠 时 间 2018年11月

保护修复前影像资料	

文物保护修复记录表

文物保护修复情况综述（材料、工艺、步骤及操作条件，附保护修复后影像资料）：
1. 提取文物建立文物修复档案，采集文物信息并照相等。
2. 清理器表污染物。用刻刀、锤子等工具，剔除铁器表面硬结物、较疏松锈蚀层等。
3. 超声波除锈。将初步清理后的铁器放入超声波清洗机中，加入去离子水超声清洗。
4. 脱盐除氯。在文物清洗机中加入稀碱、还原剂、渗透剂共同配成的脱盐材料及去离子水，搅拌均匀，再放入文物进行脱盐除氯。
5. 补配。用 914 环氧树脂胶和脱盐后的铁锈调和，填补裂缝及残缺处。
6. 缓蚀。将铁器浸泡在 2%BTA 乙醇溶液中来进行缓蚀。
7. 封护。将铁器浸泡在 3%B72 丙酮溶液中对其进行表面封护

保护修复后尺寸（厘米）	长 12.5，宽 7.1，高 3.0	保护修复后重量（千克）	0.48
修复人员	刘高琛、王昱元	审核人	陈谊
完成日期	2022-07-04		

保护修复后影像资料

保护修复日志

2022-03-15 清理器表污染物 用刻刀、锤子等工具，剔除铁器表面硬结物、较疏松锈蚀层等	
2022-03-25 超声波除锈 将手动除锈后的铁器放入超声波清洗机，加入去离子水后加热进行超声清洗，完成后用去离子水再对铁器表面反复冲洗。然后放入烘箱进行干燥	

续表 1

2022-03-28—2022-04-01 **使用文物清洗机进行脱盐除氯** 将铁器放进清洗箱,加入去离子水和用稀碱、还原剂、渗透剂共同配成的脱盐材料,适当加热,浸泡一段时间后更换溶液,直到氯离子浓度低于50ppm。脱盐结束后的器物用去离子水反复清洗,之后放入烘箱进行干燥	
2022-04-10 **除锈** 脱盐后的器物,用錾子和锤子等工具,再次剔除器表铁锈	
2022-04-11—2022-04-12 **补配** 用914环氧树脂胶和脱盐后的铁锈调和,填补裂缝及残缺处,自然阴干后,用打磨机将多余的914环氧树脂胶打磨掉	
2022-07-04 **缓蚀** 将铁器浸泡在2%BTA乙醇溶液中进行缓蚀,之后待铁器自然干燥	
2022-07-04 **封护** 将铁器浸泡在3%B72丙酮溶液中对其进行表面封护,使铁器表面形成致密保护膜	

馆藏金属文物修复档案10

文物保存现状表

名称	铁铲		
文物编号	ZJ0010	年代	汉
保护修复前尺寸（厘米）	长 10.9，宽 9.8，高 2.5	保护处理前重量（千克）	0.30
文物保护环境	目前此铁器存于洛阳市文物考古研究院库房中，保存条件有限，很容易发生析氢腐蚀和耗氧腐蚀，加之大部分器物已有通体锈蚀、瘤状物、残缺等病害，随着温湿度变化，文物病害有加重趋势		
病害状况	器壁上布满较厚的土锈和硬结物。器物呈全面腐蚀状态，整体矿化严重，表面有层状堆积。质地脆弱，有残缺		
文物病害图			
保护修复前影像资料			

图例：

表面硬结物	通体矿化	层状堆积	残缺	变形

绘图单位	洛阳市文物考古研究院
文物名称	铁铲ZJ0010
绘制人	胡楠	时间	2018年11月

文物保护修复记录表

文物保护修复情况综述（材料、工艺、步骤及操作条件，附保护修复后影像资料）：

1. 提取文物建立文物修复档案，采集文物信息并照相等。
2. 清理器表污染物。用刻刀、锤子等工具，剔除铁器表面硬结物、较疏松锈蚀层等。
3. 超声波除锈。将初步清理后的铁器放入超声波清洗机中，加入去离子水超声清洗。
4. 脱盐除氯。在文物清洗机中加入稀碱、还原剂、渗透剂共同配成的脱盐材料及去离子水，搅拌均匀，再放入文物进行脱盐除氯。
5. 补配。用 914 环氧树脂胶和脱盐后的铁锈调和，填补裂缝及残缺处。
6. 缓蚀。将铁器浸泡在 2%BTA 乙醇溶液中来进行缓蚀。
7. 封护。将铁器浸泡在 3%B72 丙酮溶液中对其进行表面封护

保护修复后尺寸（厘米）	长 11.0，宽 10.0，高 2.5	保护修复后重量（千克）	0.28
修复人员	刘高琛、王昱元	审核人	陈谊
完成日期	2022-07-04		

保护修复后影像资料	

保护修复日志

2022-03-15—2022-03-16 清理器表污染物 用刻刀、锤子等工具，剔除铁器表面硬结物、较疏松锈蚀层等	
2022-03-25 超声波除锈 将手动除锈后的铁器放入超声波清洗机，加入去离子水后加热进行超声清洗，完成后用去离子水再对铁器表面反复冲洗。然后放入烘箱进行干燥	

续表 1

2022-03-28—2022-04-01 使用文物清洗机进行脱盐除氯 将铁器放进清洗箱，加入去离子水和用稀碱、还原剂、渗透剂共同配成的脱盐材料，适当加热，浸泡一段时间后更换溶液，直到氯离子浓度低于50ppm。脱盐结束后的器物用去离子水反复清洗，之后放入烘箱进行干燥	
2022-04-10—2022-04-11 除锈 脱盐后的器物，用錾子和锤子等工具，再次剔除器表铁锈	
2022-04-12—2022-04-13 补配 用914环氧树脂胶和脱盐后的铁锈调和，填补裂缝及残缺处，自然阴干后，用打磨机将多余的914环氧树脂胶打磨掉	
2022-07-04 缓蚀 将铁器浸泡在2%BTA乙醇溶液中进行缓蚀，之后待铁器自然干燥	
2022-07-04 封护 将铁器浸泡在3%B72丙酮溶液中对其进行表面封护，使铁器表面形成致密保护膜	

馆藏金属文物修复档案11

文物保存现状表

名称	铁犁		
文物编号	ZJ0011	年代	汉
保护修复前尺寸（厘米）	长15.3，宽5.8，高2	保护处理前重量（千克）	0.24
文物保护环境	目前此铁器存于洛阳市文物考古研究院库房中，保存条件有限，很容易发生析氢腐蚀和耗氧腐蚀，加之大部分器物已有通体锈蚀、瘤状物、残缺等病害，随着温湿度变化，文物病害有加重趋势		
病害状况	器身上有较厚的土质硬结物。器物呈全面腐蚀状态，整体矿化严重，表面有较多瘤状物，轻微变形，一侧有部分残缺		
文物病害图			
保护修复前影像资料			

文物保护修复记录表

文物保护修复情况综述（材料、工艺、步骤及操作条件，附保护修复后影像资料）：

1. 提取文物建立文物修复档案，采集文物信息并照相等。
2. 清理器表污染物。用刻刀、锤子等工具，剔除铁器表面硬结物、较疏松锈蚀层等。
3. 超声波除锈。将初步清理后的铁器放入超声波清洗机中，加入去离子水超声清洗。
4. 脱盐除氯。在文物清洗机中加入稀碱、还原剂、渗透剂共同配成的脱盐材料及去离子水，搅拌均匀，再放入文物进行脱盐除氯。
5. 补配。用914环氧树脂胶和脱盐后的铁锈调和，填补裂缝及残缺处。
6. 缓蚀。将铁器浸泡在2%BTA乙醇溶液中来进行缓蚀。
7. 封护。将铁器浸泡在3%B72丙酮溶液中对其进行表面封护

保护修复后尺寸（厘米）	长15.8，宽5.3，高2.2	保护修复后重量（千克）	0.17
修复人员	郭海龙、杨琦	审核人	陈谊
完成日期	2022-07-04		

保护修复后影像资料	

保护修复日志

2022-03-16 清理器表污染物 用刻刀、锤子等工具，剔除铁器表面硬结物、较疏松锈蚀层等	
2022-03-25 超声波除锈 将手动除锈后的铁器放入超声波清洗机，加入去离子水后加热进行超声清洗，完成后用去离子水再对铁器表面反复冲洗。然后放入烘箱进行干燥	

续表 1

2022-03-28—2022-04-01 **使用文物清洗机进行脱盐除氯** 将铁器放进清洗箱，加入去离子水和用稀碱、还原剂、渗透剂共同配成的脱盐材料，适当加热，浸泡一段时间后更换溶液，直到氯离子浓度低于50ppm。脱盐结束后的器物用去离子水反复清洗，之后放入烘箱进行干燥	
2022-04-11—2022-04-12 **除锈** 脱盐后的器物，用錾子和锤子等工具，再次剔除器表铁锈	
2022-04-13 **补配** 用914环氧树脂胶和脱盐后的铁锈调和，填补裂缝及残缺处，自然阴干后，用打磨机将多余的914环氧树脂胶打磨掉	
2022-07-04 **缓蚀** 将铁器浸泡在2%BTA乙醇溶液中进行缓蚀，之后待铁器自然干燥	
2022-07-04 **封护** 将铁器浸泡在3%B72丙酮溶液中对其进行表面封护，使铁器表面形成致密保护膜	

馆藏金属文物修复档案12

文物保存现状表

名称	铁锄		
文物编号	ZJ0012	年代	汉
保护修复前尺寸（厘米）	长20.5，宽10.6，高3.7	保护处理前重量（千克）	2.06
文物保护环境	目前此铁器存于洛阳市文物考古研究院库房中，保存条件有限，很容易发生析氢腐蚀和耗氧腐蚀，加之大部分器物已有通体锈蚀、瘤状物、残缺等病害，随着温湿度变化，文物病害有加重趋势		
病害状况	器身上有较厚的土质硬结物，呈全面腐蚀状态，整体矿化严重，表面有较多瘤状物。器身有变形		
文物病害图			
保护修复前影像资料			

图例：

表面硬结物	通体矿化	全面腐蚀	变形

绘图单位	洛阳市文物考古研究院
文物名称	铁锄 ZJ0012
绘制人	胡楠	时间	2018年11月

文物保护修复记录表

文物保护修复情况综述（材料、工艺、步骤及操作条件，附保护修复后影像资料）：

1. 提取文物建立文物修复档案，采集文物信息并照相等。
2. 清理器表污染物。用刻刀、锤子等工具，剔除铁器表面硬结物、较疏松锈蚀层等。
3. 超声波除锈。将初步清理后的铁器放入超声波清洗机中，加入去离子水超声清洗。
4. 脱盐除氯。在文物清洗机中加入稀碱、还原剂、渗透剂共同配成的脱盐材料及去离子水，搅拌均匀，再放入文物进行脱盐除氯。
5. 补配。用914环氧树脂胶和脱盐后的铁锈调和，填补裂缝及残缺处。
6. 缓蚀。将铁器浸泡在2%BTA乙醇溶液中来进行缓蚀。
7. 封护。将铁器浸泡在3%B72丙酮溶液中对其进行表面封护

保护修复后尺寸（厘米）	长20.0，宽11.0，高4.0	保护修复后重量（千克）	2.03
修复人员	郭海龙、杨琦	审核人	陈谊
完成日期	2022-07-04		

保护修复后影像资料	

保护修复日志

2022-03-16—2022-03-17 清理器表污染物 用刻刀、锤子等工具，剔除铁器表面硬结物、较疏松锈蚀层等	
2022-03-25 超声波除锈 将手动除锈后的铁器放入超声波清洗机，加入去离子水后加热进行超声清洗，完成后用去离子水再对铁器表面反复冲洗。然后放入烘箱进行干燥	

续表 1

2022-03-28—2022-04-01 **使用文物清洗机进行脱盐除氯** 将铁器放进清洗箱，加入去离子水和用稀碱、还原剂、渗透剂共同配成的脱盐材料，适当加热，浸泡一段时间后更换溶液，直到氯离子浓度低于 50ppm。脱盐结束后的器物用去离子水反复清洗，之后放入烘箱进行干燥	
2022-04-12—2022-04-13 **除锈** 脱盐后的器物，用錾子和锤子及洁牙机等工具，再次剔除器表铁锈	
2022-07-04 **缓蚀** 将铁器浸泡在 2%BTA 乙醇溶液中进行缓蚀，之后待铁器自然干燥	
2022-07-04 **封护** 将铁器浸泡在 3%B72 丙酮溶液中对其进行表面封护，使铁器表面形成致密保护膜	

馆藏金属文物修复档案13

文物保存现状表

名称	铁斧		
文物编号	ZJ0013	年代	汉
保护修复前尺寸（厘米）	长 12.4，宽 7.1，高 3.0	保护处理前重量（千克）	0.64
文物保护环境	目前此铁器存于洛阳市文物考古研究院库房中，保存条件有限，很容易发生析氢腐蚀和耗氧腐蚀，加之大部分器物已有通体锈蚀、瘤状物、残缺等病害，随着温湿度变化，文物病害有加重趋势		
病害状况	器身上有较厚的土质硬结物。器物呈全面腐蚀状态，整体矿化严重，表面有较多瘤状物。刃部有变形		
文物病害图	 图例： 表面硬结物 层状堆积 全面腐蚀 全面腐蚀 瘤状物 变形　绘图单位 洛阳市文物考古研究院　文物名称 铁斧ZJ0013　绘制人 胡楠 时间 2018年11月		
保护修复前影像资料			

文物保护修复记录表

文物保护修复情况综述（材料、工艺、步骤及操作条件，附保护修复后影像资料）：

1. 提取文物建立文物修复档案，采集文物信息并照相等。
2. 清理器表污染物。用刻刀、锤子等工具，剔除铁器表面硬结物、较疏松锈蚀层等。
3. 超声波除锈。将初步清理后的铁器放入超声波清洗机中，加入去离子水超声清洗。
4. 脱盐除氯。在文物清洗机中加入稀碱、还原剂、渗透剂共同配成的脱盐材料及去离子水，搅拌均匀，再放入文物进行脱盐除氯。
5. 补配。用 914 环氧树脂胶和脱盐后的铁锈调和，填补裂缝及残缺处。
6. 缓蚀。将铁器浸泡在 2%BTA 乙醇溶液中来进行缓蚀。
7. 封护。将铁器浸泡在 3%B72 丙酮溶液中对其进行表面封护

保护修复后尺寸（厘米）	长 12.2，宽 7.0，高 2.7	保护修复后重量（千克）	0.43
修复人员	郭海龙、王昱元	审核人	陈谊
完成日期	2022-07-04		
保护修复后影像资料			

保护修复日志

2022-03-18 清理器表污染物 用刻刀、锤子等工具，剔除铁器表面硬结物、较疏松锈蚀层等	
2022-03-25 超声波除锈 将手动除锈后的铁器放入超声波清洗机，加入去离子水后加热进行超声清洗，完成后用去离子水再对铁器表面反复冲洗。然后放入烘箱进行干燥	

续表 1

2022-03-28—2022-04-01 使用文物清洗机进行脱盐除氯 将铁器放进清洗箱，加入去离子水和用稀碱、还原剂、渗透剂共同配成的脱盐材料，适当加热，浸泡一段时间后更换溶液，直到氯离子浓度低于 50ppm。脱盐结束后的器物用去离子水反复清洗，之后放入烘箱进行干燥	
2022-04-13—2022-04-14 除锈 脱盐后的器物，用錾子和锤子等工具，再次剔除器表铁锈	
2022-04-14—2022-04-15 补配 用 914 环氧树脂胶和脱盐后的铁锈调和，填补裂缝及残缺处，自然阴干后，用打磨机将多余的 914 环氧树脂胶打磨掉	
2022-07-04 缓蚀 将铁器浸泡在 2%BTA 乙醇溶液中进行缓蚀，之后待铁器自然干燥	
2022-07-04 封护 将铁器浸泡在 3%B72 丙酮溶液中对其进行表面封护，使铁器表面形成致密保护膜	

馆藏金属文物修复档案14

文物保存现状表

名称	铁斧		
文物编号	ZJ0014	年代	汉
保护修复前尺寸（厘米）	长12.4，宽7.1，高3.0	保护处理前重量（千克）	0.54
文物保护环境	目前此铁器存于洛阳市文物考古研究院库房中，保存条件有限，很容易发生析氢腐蚀和耗氧腐蚀，加之大部分器物已有通体锈蚀、瘤状物、残缺等病害，随着温湿度变化，文物病害有加重趋势		
病害状况	器壁上有较厚的土质硬结物。器物呈全面腐蚀状态，整体腐蚀矿化严重，表面有层状堆积，一侧有较厚的瘤状物。刃部有残缺		
文物病害图			
保护修复前影像资料			

文物保护修复记录表

文物保护修复情况综述（材料、工艺、步骤及操作条件，附保护修复后影像资料）：
1. 提取文物建立文物修复档案，采集文物信息并照相等。
2. 清理器表污染物。用刻刀、锤子等工具，剔除铁器表面硬结物、较疏松锈蚀层等。
3. 超声波除锈。将初步清理后的铁器放入超声波清洗机中，加入去离子水超声清洗。
4. 脱盐除氯。在文物清洗机中加入稀碱、还原剂、渗透剂共同配成的脱盐材料及去离子水，搅拌均匀，再放入文物进行脱盐除氯。
5. 补配。用 914 环氧树脂胶和脱盐后的铁锈调和，填补裂缝及残缺处。
6. 缓蚀。将铁器浸泡在 2%BTA 乙醇溶液中来进行缓蚀。
7. 封护。将铁器浸泡在 3%B72 丙酮溶液中对其进行表面封护

保护修复后尺寸（厘米）	长 12.0，宽 7.0，高 3.0	保护修复后重量（千克）	0.41
修复人员	郭海龙、王昱元	审核人	陈谊
完成日期	2022-07-04		
保护修复后影像资料			

保护修复日志

2022-03-21 清理器表污染物 用刻刀、锤子等工具，剔除铁器表面硬结物、较疏松锈蚀层等	
2022-03-25 超声波除锈 将手动除锈后的铁器放入超声波清洗机，加入去离子水后加热进行超声清洗，完成后用去离子水再对铁器表面反复冲洗。然后放入烘箱进行干燥	

续表 1

2022-03-28—2022-04-01 使用文物清洗机进行脱盐除氯 将铁器放进清洗箱，加入去离子水和用稀碱、还原剂、渗透剂共同配成的脱盐材料，适当加热，浸泡一段时间后更换溶液，直到氯离子浓度低于50ppm。脱盐结束后的器物用去离子水反复清洗，之后放入烘箱进行干燥	
2022-04-14—2022-04-15 除锈 脱盐后的器物，用錾子和锤子等工具，再次剔除器表铁锈	
2022-04-16—2022-04-17 补配 用914环氧树脂胶和脱盐后的铁锈调和，填补裂缝及残缺处，自然阴干后，用打磨机将多余的914环氧树脂胶打磨掉	
2022-07-04 缓蚀 将铁器浸泡在2%BTA乙醇溶液中进行缓蚀，之后待铁器自然干燥	
2022-07-04 封护 将铁器浸泡在3%B72丙酮溶液中对其进行表面封护，使铁器表面形成致密保护膜	

馆藏金属文物修复档案15

文物保存现状表

名称	铁犁		
文物编号	ZJ0015	年代	唐
保护修复前尺寸（厘米）	长 30.3，宽 25.5，高 8.3	保护处理前重量（千克）	7.64
文物保护环境	目前此铁器存于洛阳市文物考古研究院库房中，保存条件有限，很容易发生析氢腐蚀和耗氧腐蚀，加之大部分器物已有通体锈蚀、瘤状物、残缺等病害，随着温湿度变化，文物病害有加重趋势		
病害状况	器壁上有较厚的表面硬结物。器物呈全面腐蚀状态，整体矿化严重，表面还有层状堆积		
文物病害图	 图例：表面硬结物　全面腐蚀　层状堆积 绘图单位　洛阳市文物考古研究院 文物名称　铁犁ZJ0015 绘制人　胡楠　时间　2018年11月		
保护修复前影像资料	   		

文物保护修复记录表

文物保护修复情况综述（材料、工艺、步骤及操作条件，附保护修复后影像资料）：
1. 提取文物建立文物修复档案，采集文物信息并照相等。
2. 清理器表污染物。用刻刀、锤子等工具，剔除铁器表面硬结物、较疏松锈蚀层等。
3. 超声波除锈。将初步清理后的铁器放入超声波清洗机中，加入去离子水超声清洗。
4. 脱盐除氯。在文物清洗机中加入稀碱、还原剂、渗透剂共同配成的脱盐材料及去离子水，搅拌均匀，再放入文物进行脱盐除氯。
5. 缓蚀。将铁器浸泡在2%BTA乙醇溶液中来进行缓蚀。
6. 封护。将铁器浸泡在3%B72丙酮溶液中对其进行表面封护

保护修复后尺寸（厘米）	长31.0，宽25.5，高8.5	保护修复后重量（千克）	7.05
修复人员	刘高琛、杨琦	审核人	陈谊
完成日期	2022-07-04		

保护修复后影像资料	

保护修复日志

2022-03-21—2022-03-22 清理器表污染物 用刻刀、锤子等工具，剔除铁器表面硬结物、较疏松锈蚀层等	
2022-03-25 超声波除锈 将手动除锈后的铁器放入超声波清洗机，加入去离子水后加热进行超声清洗，完成后用去离子水再对铁器表面反复冲洗。然后放入烘箱进行干燥	

续表 1

2022-03-28—2022-04-01 使用文物清洗机进行脱盐除氯 将铁器放进清洗箱，加入去离子水和用稀碱、还原剂、渗透剂共同配成的脱盐材料，适当加热，浸泡一段时间后更换溶液，直到氯离子浓度低于50ppm。脱盐结束后的器物用去离子水反复清洗，之后放入烘箱进行干燥	
2022-04-15—2022-04-16 除锈 脱盐后的器物，用錾子和锤子等工具，再次剔除器表铁锈	
2022-07-04 缓蚀 将铁器浸泡在2%BTA乙醇溶液中进行缓蚀，之后待铁器自然干燥	
2022-07-04 封护 将铁器浸泡在3%B72丙酮溶液中对其进行表面封护，使铁器表面形成致密保护膜	

馆藏金属文物修复档案16

文物保存现状表

名称	铁犁		
文物编号	ZJ0016	年代	汉
保护修复前尺寸（厘米）	长 26.5，宽 22，高 5.7	保护处理前重量（千克）	1.42
文物保护环境	目前此铁器存于洛阳市文物考古研究院库房中，保存条件有限，很容易发生析氢腐蚀和耗氧腐蚀，加之大部分器物已有通体锈蚀、瘤状物、残缺等病害，随着温湿度变化，文物病害有加重趋势		
病害状况	器壁上有较厚的红褐色表面硬结物。器物呈全面腐蚀状态，整体 矿化严重。器体有轻微变形		
文物病害图			
保护修复前影像资料			

图例：

表面硬结物	全面腐蚀	变形

绘图单位	洛阳市文物考古研究院		
文物名称	铁犁ZJ0016		
绘制人	胡楠	时间	2018年11月

文物保护修复记录表

文物保护修复情况综述（材料、工艺、步骤及操作条件，附保护修复后影像资料）：

1. 提取文物建立文物修复档案，采集文物信息并照相等。
2. 清理器表污染物。用刻刀、锤子等工具，剔除铁器表面硬结物、较疏松锈蚀层等。
3. 超声波除锈。将初步清理后的铁器放入超声波清洗机中，加入去离子水超声清洗。
4. 脱盐除氯。在文物清洗机中加入稀碱、还原剂、渗透剂共同配成的脱盐材料及去离子水，搅拌均匀，再放入文物进行脱盐除氯。
5. 缓蚀。将铁器浸泡在2%BTA乙醇溶液中来进行缓蚀。
6. 封护。将铁器浸泡在3%B72丙酮溶液中对其进行表面封护

保护修复后尺寸（厘米）	长28.1，宽22.3，高5.5	保护修复后重量（千克）	1.33
修复人员	刘高琛、杨琦	审核人	陈谊
完成日期	2022-07-04		

保护修复后影像资料	

保护修复日志

2022-03-22 清理器表污染物 用刻刀、锤子等工具，剔除铁器表面硬结物、较疏松锈蚀层等	
2022-03-25 超声波除锈 将手动除锈后的铁器放入超声波清洗机，加入去离子水后加热进行超声清洗，完成后用去离子水再对铁器表面反复冲洗。然后放入烘箱进行干燥	

续表 1

2022-03-28—2022-04-01 使用文物清洗机进行脱盐除氯 将铁器放进清洗箱，加入去离子水和用稀碱、还原剂、渗透剂共同配成的脱盐材料，适当加热，浸泡一段时间后更换溶液，直到氯离子浓度低于 50ppm。脱盐结束后的器物用去离子水反复清洗，之后放入烘箱进行干燥	
2022-04-17—2022-04-18 除锈 脱盐后的器物，用錾子和锤子等工具，再次剔除器表铁锈	
2022-07-04 缓蚀 将铁器浸泡在 2%BTA 乙醇溶液中进行缓蚀，之后待铁器自然干燥	
2022-07-04 封护 将铁器浸泡在 3%B72 丙酮溶液中对其进行表面封护，使铁器表面形成致密保护膜	

馆藏金属文物修复档案17

文物保存现状表

名称	铁瓦		
文物编号	ZJ0017	年代	汉
保护修复前尺寸（厘米）	长 29.2，宽 27，高 1.7	保护处理前重量（千克）	5.74
文物保护环境	目前此铁器存于洛阳市文物考古研究院库房中，保存条件有限，很容易发生析氢腐蚀和耗氧腐蚀，加之大部分器物已有通体锈蚀、瘤状物、残缺等病害，随着温湿度变化，文物病害有加重趋势		
病害状况	器壁上有较厚的表面硬结物。器物呈全面腐蚀状态，整体矿化严重，表面有层状堆积和较大的瘤状物。较厚侧有孔洞和裂缝		
文物病害图			
保护修复前影像资料			

图例：

表面硬结物	全面腐蚀	孔洞	通体矿化	瘤状物

绘图单位	洛阳市文物考古研究院		
文物名称	铁瓦ZJ0017		
绘制人	胡楠	时间	2018年11月

文物保护修复记录表

文物保护修复情况综述（材料、工艺、步骤及操作条件，附保护修复后影像资料）：
1. 提取文物建立文物修复档案，采集文物信息并照相等。
2. 清理器表污染物。用刻刀、锤子等工具，剔除铁器表面硬结物、较疏松锈蚀层等。
3. 超声波除锈。将初步清理后的铁器放入超声波清洗机中，加入去离子水超声清洗。
4. 脱盐除氯。在文物清洗机中加入稀碱、还原剂、渗透剂共同配成的脱盐材料及去离子水，搅拌均匀，再放入文物进行脱盐除氯。
5. 缓蚀。将铁器浸泡在2%BTA乙醇溶液中来进行缓蚀。
6. 封护。将铁器浸泡在3%B72丙酮溶液中对其进行表面封护

保护修复后尺寸（厘米）	长30.0，宽27.0，高1.7	保护修复后重量（千克）	5.50
修复人员	刘高琛、杨琦	审核人	陈谊
完成日期	2022-07-04		
保护修复后影像资料			

保护修复日志

2022-03-22—2022-03-23 清理器表污染物 用刻刀、锤子等工具，剔除铁器表面硬结物、较疏松锈蚀层等	
2022-03-25 超声波除锈 将手动除锈后的铁器放入超声波清洗机，加入去离子水后加热进行超声清洗，完成后用去离子水再对铁器表面反复冲洗。然后放入烘箱进行干燥	

续表 1

2022-03-28—2022-04-01 使用文物清洗机进行脱盐除氯 将铁器放进清洗箱，加入去离子水和用稀碱、还原剂、渗透剂共同配成的脱盐材料，适当加热，浸泡一段时间后更换溶液，直到氯离子浓度低于50ppm。脱盐结束后的器物用去离子水反复清洗，之后放入烘箱进行干燥	
2022-04-18—2022-04-19 除锈 脱盐后的器物，用錾子、锤子和洁牙机等工具，再次剔除器表铁锈	
2022-07-04 缓蚀 将铁器浸泡在2%BTA乙醇溶液中进行缓蚀，之后待铁器自然干燥	
2022-07-04 封护 将铁器浸泡在3%B72丙酮溶液中对其进行表面封护，使铁器表面形成致密保护膜	

馆藏金属文物修复档案18

文物保存现状表

名称	铁镢		
文物编号	ZJ0018	年代	汉
保护修复前尺寸（厘米）	长 26，宽 8.4，高 4.9	保护处理前重量（千克）	1.40
文物保护环境	目前此铁器存于洛阳市文物考古研究院库房中，保存条件有限，很容易发生析氢腐蚀和耗氧腐蚀，加之大部分器物已有通体锈蚀、瘤状物、残缺等病害，随着温湿度变化，文物病害有加重趋势		
病害状况	器壁上有较厚的表面硬结物。器物呈全面腐蚀状态，整体矿化严重，表面有层状堆积和较多瘤状物		
文物病害图			
保护修复前影像资料			

图例：

◈◈ 表面硬结物　　▨ 全面腐蚀　　▨ 层状堆积

绘图单位	洛阳市文物考古研究院
文物名称	铁镢ZJ0018
绘制人	胡楠　时间 2018年11月

文物保护修复记录表

文物保护修复情况综述（材料、工艺、步骤及操作条件，附保护修复后影像资料）：

1. 提取文物建立文物修复档案，采集文物信息并照相等。
2. 清理器表污染物。用刻刀、锤子等工具，剔除铁器表面硬结物、较疏松锈蚀层等。
3. 超声波除锈。将初步清理后的铁器放入超声波清洗机中，加入去离子水超声清洗。
4. 脱盐除氯。在文物清洗机中加入稀碱、还原剂、渗透剂共同配成的脱盐材料及去离子水，搅拌均匀，再放入文物进行脱盐除氯。
5. 缓蚀。将铁器浸泡在2%BTA乙醇溶液中来进行缓蚀。
6. 封护。将铁器浸泡在3%B72丙酮溶液中对其进行表面封护

保护修复后尺寸（厘米）	长25.0，宽8.9，高5.0	保护修复后重量（千克）	1.31
修复人员	刘高琛、王昱元	审核人	陈谊
完成日期	2022-07-04		

保护修复后影像资料	

保护修复日志

2022-03-23 清理器表污染物 用刻刀、锤子等工具，剔除铁器表面硬结物、较疏松锈蚀层等	
2022-03-25 超声波除锈 将手动除锈后的铁器放入超声波清洗机，加入去离子水后加热进行超声清洗，完成后用去离子水再对铁器表面反复冲洗。然后放入烘箱进行干燥	

续表 1

2022-03-28—2022-04-01 使用文物清洗机进行脱盐除氯 将铁器放进清洗箱，加入去离子水和用稀碱、还原剂、渗透剂共同配成的脱盐材料，适当加热，浸泡一段时间后更换溶液，直到氯离子浓度低于 50ppm。脱盐结束后的器物用去离子水反复清洗，之后放入烘箱进行干燥	
2022-04-19—2022-04-20 除锈 脱盐后的器物，用錾子和锤子等工具，再次剔除器表铁锈	
2022-07-04 缓蚀 将铁器浸泡在 2%BTA 乙醇溶液中进行缓蚀，之后待铁器自然干燥	
2022-07-04 封护 将铁器浸泡在 3%B72 丙酮溶液中对其进行表面封护，使铁器表面形成致密保护膜	

馆藏金属文物修复档案19

文物保存现状表

名称	铁锸		
文物编号	ZJ0019	年代	汉
保护修复前尺寸（厘米）	长 19.6，宽 5.7，高 5.1	保护处理前重量（千克）	1.68
文物保护环境	目前此铁器存于洛阳市文物考古研究院库房中，保存条件有限，很容易发生析氢腐蚀和耗氧腐蚀，加之大部分器物已有通体锈蚀、瘤状物、残缺等病害，随着温湿度变化，文物病害有加重趋势		
病害状况	器壁上有较厚的表面硬结物。器物呈全面腐蚀状态，整体矿化严重，表面有层状堆积和较多瘤状物		
文物病害图			

绘图单位	洛阳市文物考古研究院
文物名称	铁锸ZJ0019
绘制人	胡楠 时 间 2018年11月

图例： 表面硬结物　全面腐蚀　层状堆积　瘤状物　通体矿化　残缺

保护修复前影像资料	

文物保护修复记录表

文物保护修复情况综述（材料、工艺、步骤及操作条件，附保护修复后影像资料）：

1. 提取文物建立文物修复档案，采集文物信息并照相等。
2. 清理器表污染物。用刻刀、锤子等工具，剔除铁器表面硬结物、较疏松锈蚀层等。
3. 超声波除锈。将初步清理后的铁器放入超声波清洗机中，加入去离子水超声清洗。
4. 脱盐除氯。在文物清洗机中加入稀碱、还原剂、渗透剂共同配成的脱盐材料及去离子水，搅拌均匀，再放入文物进行脱盐除氯。
5. 缓蚀。将铁器浸泡在2%BTA乙醇溶液中来进行缓蚀。
6. 封护。将铁器浸泡在3%B72丙酮溶液中对其进行表面封护

保护修复后尺寸（厘米）	长 19.1，宽 5.5，高 5.0	保护修复后重量（千克）	1.34
修复人员	刘高琛、王昱元	审核人	陈谊
完成日期	2022-07-04		
保护修复后影像资料			

保护修复日志

2022-03-23—2022-03-24 清理器表污染物 用刻刀、锤子等工具，剔除铁器表面硬结物、较疏松锈蚀层等	
2022-03-25 超声波除锈 将手动除锈后的铁器放入超声波清洗机，加入去离子水后加热进行超声清洗，完成后用去离子水再对铁器表面反复冲洗。然后放入烘箱进行干燥	

续表 1

2022-03-28—2022-04-01 使用文物清洗机进行脱盐除氯 将铁器放进清洗箱，加入去离子水和用稀碱、还原剂、渗透剂共同配成的脱盐材料，适当加热，浸泡一段时间后更换溶液，直到氯离子浓度低于50ppm。脱盐结束后的器物用去离子水反复清洗，之后放入烘箱进行干燥	
2022-04-20—2022-04-21 除锈 脱盐后的器物，用錾子和锤子等工具，再次剔除器表铁锈	
2022-07-04 缓蚀 将铁器浸泡在2%BTA乙醇溶液中进行缓蚀，之后待铁器自然干燥	
2022-07-04 封护 将铁器浸泡在3%B72丙酮溶液中对其进行表面封护，使铁器表面形成致密保护膜	

馆藏金属文物修复档案20

文物保存现状表

名称	铁犁		
文物编号	ZJ0021	年代	唐
保护修复前尺寸（厘米）	长 19.0，宽 21.0，高 6.1	保护处理前重量（千克）	与 ZJ0022 粘连共 2.2
文物保护环境	目前此铁器存于洛阳市文物考古研究院库房中，保存条件有限，很容易发生析氢腐蚀和耗氧腐蚀，加之大部分器物已有通体锈蚀、瘤状物、残缺等病害，随着温湿度变化，文物病害有加重趋势		
病害状况	器壁上有较厚的土质硬结物。两件铁犁之间以土锈、铁锈、沉积物牢牢锈结在一起。器物呈全面腐蚀状态，整体腐蚀矿化严重，表面有较多瘤状物		
文物病害图			
保护修复前影像资料			

图例：

◇◇	▨▨	⊙⊙
表面硬结物	层状堆积	瘤状物

绘图单位	洛阳市文物考古研究院		
文物名称	铁犁ZJ0021（与22粘连）		
绘制人	胡楠	时间	2018年11月

文物保护修复记录表

文物保护修复情况综述（材料、工艺、步骤及操作条件，附保护修复后影像资料）：

1. 提取文物建立文物修复档案，采集文物信息并照相等。
2. 清理器表污染物。用刻刀、锤子等工具，剔除铁器表面硬结物、较疏松锈蚀层等。
3. 超声波除锈。将初步清理后的铁器放入超声波清洗机中，加入去离子水超声清洗。
4. 脱盐除氯。在文物清洗机中加入稀碱、还原剂、渗透剂共同配成的脱盐材料及去离子水，搅拌均匀，再放入文物进行脱盐除氯。
5. 缓蚀。将铁器浸泡在2%BTA乙醇溶液中来进行缓蚀。
6. 封护。将铁器浸泡在3%B72丙酮溶液中对其进行表面封护

保护修复后尺寸（厘米）	长19.0，宽21.0，高6.1	保护修复后重量（千克）	0.92
修复人员	刘高琛、王昱元	审核人	陈谊
完成日期	2022-07-04		
保护修复后影像资料			

保护修复日志

2022-03-27

铁犁的分离
采用既能松动锈蚀填充物、又对器物无损伤的松土剂和10%醋酸溶液松土处理，并用竹签、刻刀剔除松动土块，用皮锤轻轻敲击，用力均匀，使铁犁松动并分离。

2022-03-28

清理器表污染物
用刻刀、锤子等工具，剔除铁器表面硬结物、较疏松锈蚀层等

续表 1

2022-04-08 超声波除锈 将初步清理后的铁器放入超声波清洗机中,加入去离子水超声清洗	
2022-04-11—2022-04-15 使用文物清洗机进行脱盐除氯 将铁器放进清洗箱,加入去离子水和用稀碱、还原剂、渗透剂共同配成的脱盐材料,适当加热,浸泡一段时间后更换溶液,直到氯离子浓度低于50ppm。脱盐结束后的器物用去离子水反复清洗,之后放入烘箱进行干燥	
2022-04-20—2022-04-21 除锈 脱盐后的器物,用錾子和锤子等工具,再次剔除器表铁锈	
2022-07-04 缓蚀 将铁器浸泡在2%BTA乙醇溶液中进行缓蚀,之后待铁器自然干燥	
2022-07-04 封护 将铁器浸泡在3%B72丙酮溶液中对其进行表面封护,使铁器表面形成致密保护膜	

馆藏金属文物修复档案21

文物保存现状表

名称	铁犁		
文物编号	ZJ0022	年代	汉
保护修复前尺寸（厘米）	长19.0，宽21.0，高6.1	保护处理前重量（千克）	与ZJ0021粘连共2.30
文物保护环境	目前此铁器存于洛阳市文物考古研究院库房中，保存条件有限，很容易发生析氢腐蚀和耗氧腐蚀，加之大部分器物已有通体锈蚀、瘤状物、残缺等病害，随着温湿度变化，文物病害有加重趋势		
病害状况	器壁上有较厚的土质硬结物。两件铁犁严重粘连。器物呈全面腐蚀状态，整体腐蚀矿化严重，表面有较多瘤状物		
文物病害图			
保护修复前影像资料			

图例：表面硬结物　层状堆积　瘤状物　全面腐蚀　全面腐蚀

绘图单位：洛阳市文物考古研究院　文物名称：铁犁ZJ0022（与21粘连）　绘制人：胡楠　时间：2018年11月

文物保护修复记录表

文物保护修复情况综述（材料、工艺、步骤及操作条件，附保护修复后影像资料）：

1. 提取文物建立文物修复档案，采集文物信息并照相等。
2. 清理器表污染物。用刻刀、锤子等工具，剔除铁器表面硬结物、较疏松锈蚀层等。
3. 超声波除锈。将初步清理后的铁器放入超声波清洗机中，加入去离子水超声清洗。
4. 脱盐除氯。在文物清洗机中加入稀碱、还原剂、渗透剂共同配成的脱盐材料及去离子水，搅拌均匀，再放入文物进行脱盐除氯。
5. 缓蚀。将铁器浸泡在2%BTA乙醇溶液中来进行缓蚀。
6. 封护。将铁器浸泡在3%B72丙酮溶液中对其进行表面封护

保护修复后尺寸（厘米）	长19.0，宽21.0，高6.0	保护修复后重量（千克）	0.84
修复人员	刘高琛、王昱元	审核人	陈谊
完成日期	2022-07-04		

保护修复后影像资料

保护修复日志

2022-03-27

铁犁的分离
采用既能松动锈蚀填充物、又对器物无损伤的松土剂和10%醋酸溶液松土处理，并用竹签、刻刀剔除松动土块，用皮锤轻轻敲击，用力均匀，使铁犁松动并分离。

2022-03-28—2022-03-29

清理器表污染物
用刻刀、锤子等工具，剔除铁器表面硬结物、较疏松锈蚀层等

续表 1

2022-04-08 超声波除锈 将手动除锈后的铁器放入超声波清洗机，加入去离子水后加热进行超声清洗，完成后用去离子水再对铁器表面反复冲洗。然后放入烘箱进行干燥	
2022-04-11—2022-04-15 使用文物清洗机进行脱盐除氯 将铁器放进清洗箱，加入去离子水和用稀碱、还原剂、渗透剂共同配成的脱盐材料，适当加热，浸泡一段时间后更换溶液，直到氯离子浓度低于 50ppm。脱盐结束后的器物用去离子水反复清洗，之后放入烘箱进行干燥	
2022-04-21—2022-04-22 除锈 脱盐后的器物，用錾子和锤子等工具，再次剔除器表铁锈	
2022-07-04 缓蚀 将铁器浸泡在 2%BTA 乙醇溶液中进行缓蚀，之后待铁器自然干燥	
2022-07-04 封护 将铁器浸泡在 3%B72 丙酮溶液中对其进行表面封护，使铁器表面形成致密保护膜	

馆藏金属文物修复档案22

文物保存现状表

名称	铁犁		
文物编号	ZJ0023	年代	汉
保护修复前尺寸（厘米）	长 19.5，宽 20.0，高 5.9	保护处理前重量（千克）	与 ZJ0024 粘连共 2.14
文物保护环境	目前此铁器存于洛阳市文物考古研究院库房中，保存条件有限，很容易发生析氢腐蚀和耗氧腐蚀，加之大部分器物已有通体锈蚀、瘤状物、残缺等病害，随着温湿度变化，文物病害有加重趋势		
病害状况	器壁上有较厚的土质硬结物。ZJ0023 与 ZJ0024 两件铁犁严重粘连。器物呈全面腐蚀状态，整体矿化严重，表面有较多瘤状物		
文物病害图			
保护修复前影像资料			

文物保护修复记录表

文物保护修复情况综述（材料、工艺、步骤及操作条件，附保护修复后影像资料）：
1. 提取文物建立文物修复档案，采集文物信息并照相等。
2. 清理器表污染物。用刻刀、锤子等工具，剔除铁器表面硬结物、较疏松锈蚀层等。
3. 超声波除锈。将初步清理后的铁器放入超声波清洗机中，加入去离子水超声清洗。
4. 脱盐除氯。在文物清洗机中加入稀碱、还原剂、渗透剂共同配成的脱盐材料及去离子水，搅拌均匀，再放入文物进行脱盐除氯。
5. 缓蚀。将铁器浸泡在2%BTA乙醇溶液中来进行缓蚀。
6. 封护。将铁器浸泡在3%B72丙酮溶液中对其进行表面封护

保护修复后尺寸（厘米）	长19.5，宽20.0，高5.5	保护修复后重量（千克）	0.78
修复人员	刘高琛、杨琦	审核人	陈谊
完成日期	2022-07-04		
保护修复后影像资料			

保护修复日志

2022-03-27

铁犁的分离
采用既能松动锈蚀填充物、又对器物无损伤的松土剂和10%醋酸溶液松土处理，并用竹签、刻刀剔除松动土块，用皮锤轻轻敲击，用力均匀，使铁犁松动并分离。

2022-03-29

清理器表污染物
用刻刀、锤子等工具，剔除铁器表面硬结物、较疏松锈蚀层等

续表 1

2022-04-08 超声波除锈 将手动除锈后的铁器放入超声波清洗机，加入去离子水后加热进行超声清洗，完成后用去离子水再对铁器表面反复冲洗。然后放入烘箱进行干燥	
2022-04-11—2022-04-15 使用文物清洗机进行脱盐除氯 将铁器放进清洗箱，加入去离子水和用稀碱、还原剂、渗透剂共同配成的脱盐材料，适当加热，浸泡一段时间后更换溶液，直到氯离子浓度低于50ppm。脱盐结束后的器物用去离子水反复清洗，之后放入烘箱进行干燥	
2022-04-23—2022-04-24 除锈 脱盐后的器物，用錾子和锤子等工具，再次剔除器表铁锈	
2022-07-04 缓蚀 将铁器浸泡在2%BTA乙醇溶液中进行缓蚀，之后待铁器自然干燥	
2022-07-04 封护 将铁器浸泡在3%B72丙酮溶液中对其进行表面封护，使铁器表面形成致密保护膜	

馆藏金属文物修复档案23

文物保存现状表

名称	铁犁		
文物编号	ZJ0024	年代	汉
保护修复前尺寸（厘米）	长 20.0，宽 21.0，高 5.8	保护处理前重量（千克）	与 ZJ0023 粘连共 2.14
文物保护环境	目前此铁器存于洛阳市文物考古研究院库房中，保存条件有限，很容易发生析氢腐蚀和耗氧腐蚀，加之大部分器物已有通体锈蚀、瘤状物、残缺等病害，随着温湿度变化，文物病害有加重趋势		
病害状况	器壁上有较厚的土质硬结物。ZJ0023 与 ZJ0024 两件铁犁严重粘连。器物呈全面腐蚀状态，整体矿化严重，表面有较多瘤状物		
文物病害图	 图例： 表面硬结物　 层状堆积　全面腐蚀 全面腐蚀 绘图单位 洛阳市文物考古研究院 文物名称 铁犁ZJ0024（与23粘连） 绘制人 胡楠　时间 2018年11月		
保护修复前影像资料			

文物保护修复记录表

文物保护修复情况综述（材料、工艺、步骤及操作条件，附保护修复后影像资料）：

1. 提取文物建立文物修复档案，采集文物信息并照相等。
2. 清理器表污染物。用刻刀、锤子等工具，剔除铁器表面硬结物、较疏松锈蚀层等。
3. 超声波除锈。将初步清理后的铁器放入超声波清洗机中，加入去离子水超声清洗。
4. 脱盐除氯。在文物清洗机中加入稀碱、还原剂、渗透剂共同配成的脱盐材料及去离子水，搅拌均匀，再放入物进行脱盐除氯。
5. 缓蚀。将铁器浸泡在2%BTA乙醇溶液中来进行缓蚀。
6. 封护。将铁器浸泡在3%B72丙酮溶液中对其进行表面封护

保护修复后尺寸（厘米）	长20.0，宽21.0，高5.5	保护修复后重量（千克）	0.99
修复人员	刘高琛、杨琦	审核人	陈谊
完成日期	2022-07-04		

保护修复后影像资料

保护修复日志

2022-03-27

铁犁的分离
采用既能松动锈蚀填充物、又对器物无损伤的松土剂和10%醋酸溶液松土处理，并用竹签、刻刀剔除松动土块，用皮锤轻轻敲击，用力均匀，使铁犁松动并分离。

2022-03-29—2022-03-30

清理器表污染物
用刻刀、锤子等工具，剔除铁器表面硬结物、较疏松锈蚀层等

续表 1

2022-04-08 超声波除锈 将手动除锈后的铁器放入超声波清洗机，加入去离子水后加热进行超声清洗，完成后用去离子水再对铁器表面反复冲洗。然后放入烘箱进行干燥	
2022-04-11—2022-04-15 使用文物清洗机进行脱盐除氯 将铁器放进清洗箱，加入去离子水和用稀碱、还原剂、渗透剂共同配成的脱盐材料，适当加热，浸泡一段时间后更换溶液，直到氯离子浓度低于50ppm。脱盐结束后的器物用去离子水反复清洗，之后放入烘箱进行干燥	
2022-04-24—2022-04-25 除锈 脱盐后的器物，用錾子和锤子等工具，再次剔除器表铁锈	
2022-07-04 缓蚀 将铁器浸泡在2%BTA乙醇溶液中进行缓蚀，之后待铁器自然干燥	
2022-07-04 封护 将铁器浸泡在3%B72丙酮溶液中对其进行表面封护，使铁器表面形成致密保护膜	

馆藏金属文物修复档案24

文物保存现状表

名称	铁犁		
文物编号	ZJ0025	年代	汉
保护修复前尺寸（厘米）	长 21.0，宽 22.0，高 5.9	保护处理前重量（千克）	与 ZJ0026 粘连共 2.30
文物保护环境	目前此铁器存于洛阳市文物考古研究院库房中，保存条件有限，很容易发生析氢腐蚀和耗氧腐蚀，加之大部分器物已有通体锈蚀、瘤状物、残缺等病害，随着温湿度变化，文物病害有加重趋势		
病害状况	器壁上有较厚的土质硬结物。ZJ0025 与 ZJ0026 两件铁犁严重粘连。器物呈全面腐蚀状态，整体矿化严重，表面有较多瘤状物		
文物病害图			
保护修复前影像资料			

文物保护修复记录表

文物保护修复情况综述（材料、工艺、步骤及操作条件，附保护修复后影像资料）：
1. 提取文物建立文物修复档案，采集文物信息并照相等。
2. 清理器表污染物。用刻刀、锤子等工具，剔除铁器表面硬结物、较疏松锈蚀层等。
3. 超声波除锈。将初步清理后的铁器放入超声波清洗机中，加入去离子水超声清洗。
4. 脱盐除氯。在文物清洗机中加入稀碱、还原剂、渗透剂共同配成的脱盐材料及去离子水，搅拌均匀，再放入文物进行脱盐除氯。
5. 缓蚀。将铁器浸泡在2%BTA乙醇溶液中来进行缓蚀。
6. 封护。将铁器浸泡在3%B72丙酮溶液中对其进行表面封护

保护修复后尺寸（厘米）	长21.1，宽22.0，高5.5	保护修复后重量（千克）	0.97
修复人员	刘高琛、王昱元	审核人	陈谊
完成日期	2022-07-04		

保护修复后影像资料	

保护修复日志

2022-03-27

铁犁的分离
采用既能松动锈蚀填充物、又对器物无损伤的松土剂和10%醋酸溶液松土处理，并用竹签、刻刀剔除松动土块，用皮锤轻轻敲击，用力均匀，使铁犁松动并分离。

2022-03-30

清理器表污染物
用刻刀、锤子等工具，剔除铁器表面硬结物、较疏松锈蚀层等

续表 1

2022-04-08 超声波除锈 将手动除锈后的铁器放入超声波清洗机，加入去离子水后加热进行超声清洗，完成后用去离子水再对铁器表面反复冲洗。然后放入烘箱进行干燥	
2022-04-11—2022-04-15 使用文物清洗机进行脱盐除氯 将铁器放进清洗箱，加入去离子水和用稀碱、还原剂、渗透剂共同配成的脱盐材料，适当加热，浸泡一段时间后更换溶液，直到氯离子浓度低于50ppm。脱盐结束后的器物用去离子水反复清洗，之后放入烘箱进行干燥	
2022-04-25—2022-04-26 除锈 脱盐后的器物，用錾子和锤子等工具，再次剔除器表铁锈	
2022-07-04 缓蚀 将铁器浸泡在2%BTA乙醇溶液中进行缓蚀，之后待铁器自然干燥	
2022-07-04 封护 将铁器浸泡在3%B72丙酮溶液对其进行表面封护，使铁器表面形成致密保护膜	

馆藏金属文物修复档案25

文物保存现状表

名称	铁犁		
文物编号	ZJ0026	年代	汉
保护修复前尺寸（厘米）	长 21.0，宽 22.0，高 5.9	保护处理前重量（千克）	与 ZJ0025 粘连共 2.30
文物保护环境	目前此铁器存于洛阳市文物考古研究院库房中，保存条件有限，很容易发生析氢腐蚀和耗氧腐蚀，加之大部分器物已有通体锈蚀、瘤状物、残缺等病害，随着温湿度变化，文物病害有加重趋势		
病害状况	器壁上有较厚的土质硬结物。ZJ0025 与 ZJ0026 两件铁犁严重粘连。器物呈全面腐蚀状态，整体矿化严重，表面有较多瘤状物		

文物病害图

图例：

表面硬结物　层状堆积　全面腐蚀　瘤状物

绘图单位	洛阳市文物考古研究院		
文物名称	铁犁ZJ0026（与25粘连）		
绘制人	胡楠	时间	2018年11月

保护修复前影像资料

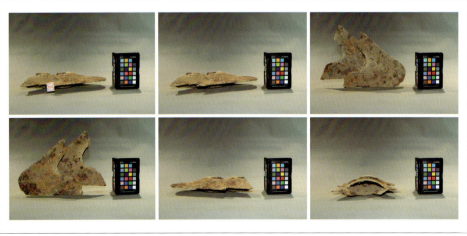

文物保护修复记录表

文物保护修复情况综述（材料、工艺、步骤及操作条件，附保护修复后影像资料）：
1. 提取文物建立文物修复档案，采集文物信息并照相等。
2. 清理器表污染物。用刻刀、锤子等工具，剔除铁器表面硬结物、较疏松锈蚀层等。
3. 超声波除锈。将初步清理后的铁器放入超声波清洗机中，加入去离子水超声清洗。
4. 脱盐除氯。在文物清洗机中加入稀碱、还原剂、渗透剂共同配成的脱盐材料及去离子水，搅拌均匀，再放入.物进行脱盐除氯。
5. 补配。用 914 环氧树脂胶和脱盐后的铁锈调和，填补裂缝及残缺处。
6. 缓蚀。将铁器浸泡在 2%BTA 乙醇溶液中来进行缓蚀。
7. 封护。将铁器浸泡在 3%B72 丙酮溶液中对其进行表面封护

保护修复后尺寸（厘米）	长 21.0，宽 22.0，高 5.5	保护修复后重量（千克）	1.00
修复人员	刘高琛、王昱元	审核人	陈谊
完成日期	2022-07-04		

保护修复后影像资料	

保护修复日志

2022-03-27

铁犁的分离

采用既能松动锈蚀填充物、又对器物无损伤的松土剂和 10% 醋酸溶液松土处理，并用竹签、刻刀剔除松动土块，用皮锤轻轻敲击，用力均匀，使铁犁松动并分离。

2022-03-30—2022-03-31

清理器表污染物

用刻刀、锤子等工具，剔除铁器表面硬结物、较疏松锈蚀层等

2022-04-08

超声波除锈

将手动除锈后的铁器放入超声波清洗机，加入去离子水后加热进行超声清洗，完成后用去离子水再对铁器表面反复冲洗。然后放入烘箱进行干燥

续表 1

2022-04-11—2022-04-15 **使用文物清洗机进行脱盐除氯** 将铁器放进清洗箱，加入去离子水和用稀碱、还原剂、渗透剂共同配成的脱盐材料，适当加热，浸泡一段时间后更换溶液，直到氯离子浓度低于50ppm。脱盐结束后的器物用去离子水反复清洗，之后放入烘箱进行干燥	
2022-04-26—2022-04-27 **除锈** 脱盐后的器物，用錾子和锤子等工具，再次剔除器表铁锈	
2022-04-28—2022-04-29 **补配** 用914环氧树脂胶和脱盐后的铁锈调和，填补裂缝及残缺处，自然阴干后，用打磨机将多余的914环氧树脂胶打磨掉	
2022-07-04 **缓蚀** 将铁器浸泡在2%BTA乙醇溶液中进行缓蚀，之后待铁器自然干燥	
2022-07-04 **封护** 将铁器浸泡在3%B72丙酮溶液中对其进行表面封护，使铁器表面形成致密保护膜	

馆藏金属文物修复档案26

文物保存现状表

名称	铁犁		
文物编号	ZJ0027	年代	汉
保护修复前尺寸（厘米）	长11.0，宽8.0，高3.0	保护处理前重量（千克）	0.54
文物保护环境	目前此铁器存于洛阳市文物考古研究院库房中，保存条件有限，很容易发生析氢腐蚀和耗氧腐蚀，加之大部分器物已有通体锈蚀、瘤状物、残缺等病害，随着温湿度变化，文物病害有加重趋势		
病害状况	铁器上有较厚的表面硬结物。刃部有残缺。器物呈全面腐蚀状态，表面有较厚的层状堆积		
文物病害图			
保护修复前影像资料			

图例：

表面硬结物	层状堆积	全面腐蚀	残缺
全面腐蚀			

绘图单位	洛阳市文物考古研究院		
文物名称	铁斧ZJ0027		
绘制人	胡楠	时间	2018年11月

文物保护修复记录表

文物保护修复情况综述（材料、工艺、步骤及操作条件，附保护修复后影像资料）：

1. 提取文物建立文物修复档案，采集文物信息并照相等。
2. 清理器表污染物。用刻刀、锤子等工具，剔除铁器表面硬结物、较疏松锈蚀层等。
3. 超声波除锈。将初步清理后的铁器放入超声波清洗机中，加入去离子水超声清洗。
4. 脱盐除氯。在文物清洗机中加入稀碱、还原剂、渗透剂共同配成的脱盐材料及去离子水，搅拌均匀，再放入文物进行脱盐除氯。
5. 补配。用 914 环氧树脂胶和脱盐后的铁锈调和，填补裂缝及残缺处。
6. 缓蚀。将铁器浸泡在 2%BTA 乙醇溶液中来进行缓蚀。
7. 封护。将铁器浸泡在 3%B72 丙酮溶液中对其进行表面封护

保护修复后尺寸（厘米）	长 11.5，宽 8.0，高 3.0	保护修复后重量（千克）	0.41
修复人员	郭海龙、杨琦	审核人	陈谊
完成日期	2022-07-04		

保护修复后影像资料	

保护修复日志

2022-03-31—2022-04-01 清理器表污染物 用刻刀、锤子等工具，剔除铁器表面硬结物、较疏松锈蚀层等	
2022-04-08 超声波除锈 将手动除锈后的铁器放入超声波清洗机，加入去离子水后加热进行超声清洗，完成后用去离子水再对铁器表面反复冲洗。然后放入烘箱进行干燥	

续表 1

2022-04-11—2022-04-15 使用文物清洗机进行脱盐除氯 将铁器放进清洗箱，加入去离子水和用稀碱、还原剂、渗透剂共同配成的脱盐材料，适当加热，浸泡一段时间后更换溶液，直到氯离子浓度低于50ppm。脱盐结束后的器物用去离子水反复清洗，之后放入烘箱进行干燥	
2022-04-28—2022-04-29 除锈 脱盐后的器物，用錾子和锤子等工具，再次剔除器表铁锈	
2022-04-30 补配 用914环氧树脂胶和脱盐后的铁锈调和，填补裂缝及残缺处，自然阴干后，用打磨机将多余的914环氧树脂胶打磨掉	
2022-07-04 缓蚀 将铁器浸泡在2%BTA乙醇溶液中进行缓蚀，之后待铁器自然干燥	
2022-07-04 封护 将铁器浸泡在3%B72丙酮溶液中对其进行表面封护，使铁器表面形成致密保护膜	

馆藏金属文物修复档案27

文物保存现状表

名称	铁斧		
文物编号	ZJ0028	年代	汉
保护修复前尺寸（厘米）	长12.0，宽7.4，高3.1	保护处理前重量（千克）	0.56
文物保护环境	目前此铁器存于洛阳市文物考古研究院库房中，保存条件有限，很容易发生析氢腐蚀和耗氧腐蚀，加之大部分器物已有通体锈蚀、瘤状物、残缺等病害，随着温湿度变化，文物病害有加重趋势		
病害状况	器壁上有较厚的土质硬结物。刃部残缺一角。器物呈全面腐蚀状态，表面有较多层状堆积		
文物病害图	 图例： 表面硬结物 层状堆积 全面腐蚀  残缺		

绘图单位	洛阳市文物考古研究院
文物名称	铁斧ZJ0028
绘制人	胡楠 时间 2018年11月

保护修复前影像资料	

文物保护修复记录表

文物保护修复情况综述（材料、工艺、步骤及操作条件，附保护修复后影像资料）：

1. 提取文物建立文物修复档案，采集文物信息并照相等。
2. 清理器表污染物。用刻刀、锤子等工具，剔除铁器表面硬结物、较疏松锈蚀层等。
3. 超声波除锈。将初步清理后的铁器放入超声波清洗机中，加入去离子水超声清洗。
4. 脱盐除氯。在文物清洗机中加入稀碱、还原剂、渗透剂共同配成的脱盐材料及去离子水，搅拌均匀，再放入文物进行脱盐除氯。
5. 补配。用 914 环氧树脂胶和脱盐后的铁锈调和，填补裂缝及残缺处。
6. 缓蚀。将铁器浸泡在 2%BTA 乙醇溶液中来进行缓蚀。
7. 封护。将铁器浸泡在 3%B72 丙酮溶液中对其进行表面封护

保护修复后尺寸（厘米）	长 12.5，宽 7.4，高 2.8	保护修复后重量（千克）	0.46
修复人员	郭海龙、王昱元	审核人	陈谊
完成日期	2022-07-04		
保护修复后影像资料			

保护修复日志

2022-03-30—2022-03-31 清理器表污染物 用刻刀、锤子等工具，剔除铁器表面硬结物、较疏松锈蚀层等	
2022-04-08 超声波除锈 将手动除锈后的铁器放入超声波清洗机，加入去离子水后加热进行超声清洗，完成后用去离子水再对铁器表面反复冲洗。然后放入烘箱进行干燥	

续表 1

2022-04-11—2022-04-15 **使用文物清洗机进行脱盐除氯** 将铁器放进清洗箱,加入去离子水和用稀碱、还原剂、渗透剂共同配成的脱盐材料,适当加热,浸泡一段时间后更换溶液,直到氯离子浓度低于50ppm。脱盐结束后的器物用去离子水反复清洗,之后放入烘箱进行干燥	
2022-04-30 **除锈** 脱盐后的器物,用錾子和锤子等工具,再次剔除器表铁锈	
2022-05-04 **补配** 用914环氧树脂胶和脱盐后的铁锈调和,填补裂缝及残缺处,自然阴干后,用打磨机将多余的914环氧树脂胶打磨掉	
2022-07-04 **缓蚀** 将铁器浸泡在2%BTA乙醇溶液中进行缓蚀,之后待铁器自然干燥	
2022-07-04 **封护** 将铁器浸入3%B72丙酮溶液中对其进行表面封护,使铁器表面形成致密保护膜	

馆藏金属文物修复档案28

文物保存现状表

名称	铁斧		
文物编号	ZJ0029	年代	汉
保护修复前尺寸（厘米）	长 12.4，宽 6.8，高 2.9	保护处理前重量（千克）	0.64
文物保护环境	目前此铁器存于洛阳市文物考古研究院库房中，保存条件有限，很容易发生析氢腐蚀和耗氧腐蚀，加之大部分器物已有通体锈蚀、瘤状物、残缺等病害，随着温湿度变化，文物病害有加重趋势		
病害状况	器壁上有较厚的土质硬结物。刃部残缺一角。器物呈全面腐蚀状态，表面有较多瘤状物和层状堆积		
文物病害图			
保护修复前影像资料			

文物保护修复记录表

文物保护修复情况综述（材料、工艺、步骤及操作条件，附保护修复后影像资料）：

1. 提取文物建立文物修复档案，采集文物信息并照相等。
2. 清理器表污染物。用刻刀、锤子等工具，剔除铁器表面硬结物、较疏松锈蚀层等。
3. 超声波除锈。将初步清理后的铁器放入超声波清洗机中，加入去离子水超声清洗。
4. 脱盐除氯。在文物清洗机中加入稀碱、还原剂、渗透剂共同配成的脱盐材料及去离子水，搅拌均匀，再放入文物进行脱盐除氯。
5. 补配。用 914 环氧树脂胶和脱盐后的铁锈调和，填补裂缝及残缺处。
6. 缓蚀。将铁器浸泡在 2%BTA 乙醇溶液中来进行缓蚀。
7. 封护。将铁器浸泡在 3%B72 丙酮溶液中对其进行表面封护

保护修复后尺寸（厘米）	长 12.3，宽 6.8，高 2.8	保护修复后重量（千克）	0.55
修复人员	郭海龙、王昱元	审核人	陈谊
完成日期	2022-07-04		
保护修复后影像资料			

保护修复日志

2022-03-31 清理器表污染物 用刻刀、锤子等工具，剔除铁器表面硬结物、较疏松锈蚀层等	
2022-04-08 超声波除锈 将手动除锈后的铁器放入超声波清洗机，加入去离子水后加热进行超声清洗，完成后用去离子水再对铁器表面反复冲洗。然后放入烘箱进行干燥	

续表 1

2022-04-11—2022-04-15 使用文物清洗机进行脱盐除氯 将铁器放进清洗箱，加入去离子水和用稀碱、还原剂、渗透剂共同配成的脱盐材料，适当加热，浸泡一段时间后更换溶液，直到氯离子浓度低于50ppm。脱盐结束后的器物用去离子水反复清洗，之后放入烘箱进行干燥	
2022-05-04-2022-05-05 除锈 脱盐后的器物，用錾子和锤子等工具，再次剔除器表铁锈	
2022-05-06—2022-05-08 补配 用914环氧树脂胶和脱盐后的铁锈调和，填补裂缝及残缺处，自然阴干后，用打磨机将多余的914环氧树脂胶打磨掉	
2022-07-04 缓蚀 将铁器浸泡在2%BTA乙醇溶液中进行缓蚀，之后待铁器自然干燥	
2022-07-04 封护 将铁器浸泡在3%B72丙酮溶液中对其进行表面封护，使铁器表面形成致密保护膜	

馆藏金属文物修复档案29

文物保存现状表

名称	铁斧		
文物编号	ZJ0030	年代	汉
保护修复前尺寸（厘米）	长8.9，宽8.7，高3.5	保护处理前重量（千克）	0.48
文物保护环境	目前此铁器存于洛阳市文物考古研究院库房中，保存条件有限，很容易发生析氢腐蚀和耗氧腐蚀，加之大部分器物已有通体锈蚀、瘤状物、残缺等病害，随着温湿度变化，文物病害有加重趋势		
病害状况	铁器上有较厚的表面硬结物。表面有孔洞。通体矿化严重，表面有较多瘤状物和层状堆积		
文物病害图	 图例：表面硬结物　层状堆积　通体矿化 通体矿化　瘤状物　孔洞		

绘图单位	洛阳市文物考古研究院
文物名称	铁斧ZJ0030
绘制人	胡楠
时间	2018年11月

保护修复前影像资料	

文物保护修复记录表

文物保护修复情况综述（材料、工艺、步骤及操作条件，附保护修复后影像资料）：

1. 提取文物建立文物修复档案，采集文物信息并照相等。
2. 清理器表污染物。用刻刀、锤子等工具，剔除铁器表面硬结物、较疏松锈蚀层等。
3. 超声波除锈。将初步清理后的铁器放入超声波清洗机中，加入去离子水超声清洗。
4. 脱盐除氯。在文物清洗机中加入稀碱、还原剂、渗透剂共同配成的脱盐材料及去离子水，搅拌均匀，再放入文物进行脱盐除氯。
5. 补配。用 914 环氧树脂胶和脱盐后的铁锈调和，填补裂缝及残缺处。
6. 缓蚀。将铁器浸泡在 2%BTA 乙醇溶液中来进行缓蚀。
7. 封护。将铁器浸泡在 3%B72 丙酮溶液中对其进行表面封护

保护修复后尺寸（厘米）	长 8.8，宽 8.6，高 3.4	保护修复后重量（千克）	0.33
修复人员	刘高琛、杨琦	审核人	陈谊
完成日期	2022-07-04		
保护修复后影像资料			

保护修复日志

2022-03-31—2022-04-01 清理器表污染物 用刻刀、锤子等工具，剔除铁器表面硬结物、较疏松锈蚀层等	
2022-04-08 超声波除锈 将手动除锈后的铁器放入超声波清洗机，加入去离子水后加热进行超声清洗，完成后用去离子水再对铁器表面反复冲洗。然后放入烘箱进行干燥	

续表 1

2022-04-11—2022-04-15 使用文物清洗机进行脱盐除氯 将铁器放进清洗箱，加入去离子水和用稀碱、还原剂、渗透剂共同配成的脱盐材料，适当加热，浸泡一段时间后更换溶液，直到氯离子浓度低于 50ppm。脱盐结束后的器物用去离子水反复清洗，之后放入烘箱进行干燥	
2022-05-04—2022-05-05 除锈 脱盐后的器物，用錾子和锤子等工具，再次剔除器表铁锈	
2022-05-06—2022-05-08 补配 用 914 环氧树脂胶和脱盐后的铁锈调和，填补裂缝及残缺处，然后自然阴干	
2022-07-04 缓蚀 将铁器浸泡在 2%BTA 乙醇溶液中进行缓蚀，之后待铁器自然干燥	
2022-07-04 封护 把铁器浸泡在 3%B72 丙酮溶液中对其进行表面封护，使铁器表面形成致密保护膜	

馆藏金属文物修复档案30

文物保存现状表

名称	铁铲		
文物编号	ZJ0031	年代	汉
保护修复前尺寸（厘米）	长 10.0，宽 11.0，高 3.0	保护处理前重量（千克）	0.32
文物保护环境	目前此铁器存于洛阳市文物考古研究院库房中，保存条件有限，很容易发生析氢腐蚀和耗氧腐蚀，加之大部分器物已有通体锈蚀、瘤状物、残缺等病害，随着温湿度变化，文物病害有加重趋势		
病害状况	铁器上有较厚的表面硬结物。刃部有残缺。器物呈全面腐蚀状态，表面有较多瘤状物和层状堆积		
文物病害图			
保护修复前影像资料			

图例：

表面硬结物	层状堆积	全面腐蚀 全面腐蚀	瘤状物	残缺

绘图单位	洛阳市文物考古研究院		
文物名称	铁铲ZJ0031		
绘制人	胡楠	时间	2018年11月

文物保护修复记录表

文物保护修复情况综述（材料、工艺、步骤及操作条件，附保护修复后影像资料）：

1. 提取文物建立文物修复档案，采集文物信息并照相等。
2. 清理器表污染物。用刻刀、锤子等工具，剔除铁器表面硬结物、较疏松锈蚀层等。
3. 超声波除锈。将初步清理后的铁器放入超声波清洗机中，加入去离子水超声清洗。
4. 脱盐除氯。在文物清洗机中加入稀碱、还原剂、渗透剂共同配成的脱盐材料及去离子水，搅拌均匀，再放入文物进行脱盐除氯。
5. 补配。用914环氧树脂胶和脱盐后的铁锈调和，填补裂缝及残缺处。
6. 缓蚀。将铁器浸泡在2%BTA乙醇溶液中来进行缓蚀。
7. 封护。将铁器浸泡在3%B72丙酮溶液中对其进行表面封护

保护修复后尺寸（厘米）	长9.6，宽11.0，高3.0	保护修复后重量（千克）	0.27
修复人员	刘高琛、王昱元	审核人	陈谊
完成日期	2022-07-04		
保护修复后影像资料			

保护修复日志

2022-04-01—2022-04-04 清理器表污染物 用刻刀、锤子等工具，剔除铁器表面硬结物、较疏松锈蚀层等	
2022-04-08 超声波除锈 将手动除锈后的铁器放入超声波清洗机，加入去离子水后加热进行超声清洗，完成后用去离子水再对铁器表面反复冲洗。然后放入烘箱进行干燥	

续表 1

2022-04-11—2022-04-15 使用文物清洗机进行脱盐除氯 将铁器放进清洗箱，加入去离子水和用稀碱、还原剂、渗透剂共同配成的脱盐材料，适当加热，浸泡一段时间后更换溶液，直到氯离子浓度低于50ppm。脱盐结束后的器物用去离子水反复清洗，之后放入烘箱进行干燥	
2022-05-06—2022-05-07 除锈 脱盐后的器物，用錾子和锤子等工具，再次剔除器表铁锈	
2022-05-08—2022-05-09 补配 用914环氧树脂胶和脱盐后的铁锈调和，填补裂缝及残缺处，自然阴干后，用打磨机将多余的914环氧树脂胶打磨掉	
2022-07-04 缓蚀 将铁器浸泡在2%BTA乙醇溶液中进行缓蚀，之后待铁器自然干燥	
2022-07-04 封护 将铁器浸泡在3%B72丙酮溶液中对其进行表面封护，使铁器表面形成致密保护膜	

馆藏金属文物修复档案31

文物保存现状表

名称	铁铲		
文物编号	ZJ0032	年代	汉
保护修复前尺寸（厘米）	长11.0，宽9.5，高3.0	保护处理前重量（千克）	0.34
文物保护环境	目前此铁器存于洛阳市文物考古研究院库房中，保存条件有限，很容易发生析氢腐蚀和耗氧腐蚀，加之大部分器物已有通体锈蚀、瘤状物、残缺等病害，随着温湿度变化，文物病害有加重趋势		
病害状况	器壁上有较厚的土质硬结物。刃部有残缺。器物呈全面腐蚀状态，表面有较多瘤状物和层状堆积		
文物病害图	 图例：表面硬结物 层状堆积 全面腐蚀 瘤状物 残缺　绘图单位 洛阳市文物考古研究院　文物名称 铁铲ZJ0032　绘制人 胡楠　时间 2018年11月		
保护修复前影像资料			

文物保护修复记录表

文物保护修复情况综述（材料、工艺、步骤及操作条件，附保护修复后影像资料）：

1. 提取文物建立文物修复档案，采集文物信息并照相等。
2. 清理器表污染物。用刻刀、锤子等工具，剔除铁器表面硬结物、较疏松锈蚀层等。
3. 超声波除锈。将初步清理后的铁器放入超声波清洗机中，加入去离子水超声清洗。
4. 脱盐除氯。在文物清洗机中加入稀碱、还原剂、渗透剂共同配成的脱盐材料及去离子水，搅拌均匀，再放入文物进行脱盐除氯。
5. 补配。用 914 环氧树脂胶和脱盐后的铁锈调和，填补裂缝及残缺处。
6. 缓蚀。将铁器浸泡在 2%BTA 乙醇溶液中来进行缓蚀。
7. 封护。将铁器浸泡在 3%B72 丙酮溶液中对其进行表面封护

保护修复后尺寸（厘米）	长 10.2，宽 9.8，高 3.1	保护修复后重量（千克）	0.21
修复人员	刘高琛、王昱元	审核人	陈谊
完成日期	2022-07-04		

保护修复后影像资料	

保护修复日志

2022-04-04 清理器表污染物 用刻刀、锤子等工具，剔除铁器表面硬结物、较疏松锈蚀层等	
2022-04-08 超声波除锈 将手动除锈后的铁器放入超声波清洗机，加入去离子水后加热进行超声清洗，完成后用去离子水再对铁器表面反复冲洗。然后放入烘箱进行干燥	

续表 1

2022-04-11—2022-04-15 使用文物清洗机进行脱盐除氯 将铁器放进清洗箱，加入去离子水和用稀碱、还原剂、渗透剂共同配成的脱盐材料，适当加热，浸泡一段时间后更换溶液，直到氯离子浓度低于50ppm。脱盐结束后的器物用去离子水反复清洗，之后放入烘箱进行干燥	
2022-05-07—2022-05-08 除锈 脱盐后的器物，用錾子和锤子等工具，再次剔除器表铁锈	
2022-05-08—2022-05-09 补配 用914环氧树脂胶和脱盐后的铁锈调和，填补裂缝及残缺处，自然阴干后，用打磨机将多余的914环氧树脂胶打磨掉	
2022-07-04 缓蚀 将铁器浸泡在2%BTA乙醇溶液中进行缓蚀，之后待铁器自然干燥	
2022-07-04 封护 将铁器浸泡在3%B72丙酮溶液中对其进行表面封护，使铁器表面形成致密保护膜	

馆藏金属文物修复档案32

文物保存现状表

名称	铁铲		
文物编号	ZJ0033	年代	汉
保护修复前尺寸（厘米）	长 13.8，宽 10.4，高 2.5	保护处理前重量（千克）	0.42
文物保护环境	目前此铁器存于洛阳市文物考古研究院库房中，保存条件有限，很容易发生析氢腐蚀和耗氧腐蚀，加之大部分器物已有通体锈蚀、瘤状物、残缺等病害，随着温湿度变化，文物病害有加重趋势		
病害状况	铁器表面有较厚的土质硬结物。刃部残缺一角。器物呈全面腐蚀状态，表面有较多瘤状物和层状堆积		
文物病害图			
保护修复前影像资料			

文物保护修复记录表

文物保护修复情况综述（材料、工艺、步骤及操作条件，附保护修复后影像资料）：
1. 提取文物建立文物修复档案，采集文物信息并照相等。
2. 清理器表污染物。用刻刀、锤子等工具，剔除铁器表面硬结物、较疏松锈蚀层等。
3. 超声波除锈。将初步清理后的铁器放入超声波清洗机中，加入去离子水超声清洗。
4. 脱盐除氯。在文物清洗机中加入稀碱、还原剂、渗透剂共同配成的脱盐材料及去离子水，搅拌均匀，再放入文物进行脱盐除氯。
5. 补配。用914环氧树脂胶和脱盐后的铁锈调和，填补裂缝及残缺处。
6. 缓蚀。将铁器浸泡在2%BTA乙醇溶液中来进行缓蚀。
7. 封护。将铁器浸泡在3%B72丙酮溶液中对其进行表面封护

保护修复后尺寸（厘米）	长12.0，宽10.1，高2.5	保护修复后重量（千克）	0.25
修复人员	郭海龙、杨琦	审核人	陈谊
完成日期	2022-07-04		

保护修复后影像资料	

保护修复日志

2022-04-04—2022-04-05 清理器表污染物 用刻刀、锤子等工具，剔除铁器表面硬结物、较疏松锈蚀层等	
2022-04-08 超声波除锈 将手动除锈后的铁器放入超声波清洗机，加入去离子水后加热进行超声清洗，完成后用去离子水再对铁器表面反复冲洗。然后放入烘箱进行干燥	

续表 1

2022-04-11—2022-04-15 使用文物清洗机进行脱盐除氯 将铁器放进清洗箱，加入去离子水和用稀碱、还原剂、渗透剂共同配成的脱盐材料，适当加热，浸泡一段时间后更换溶液，直到氯离子浓度低于50ppm。脱盐结束后的器物用去离子水反复清洗，之后放入烘箱进行干燥	
2022-05-09—2022-05-10 除锈 脱盐后的器物，用錾子和锤子等工具，再次剔除器表铁锈	
2022-05-11—2022-05-12 补配 用914环氧树脂胶和脱盐后的铁锈调和，填补裂缝及残缺处，自然阴干后，用打磨机将多余的914环氧树脂胶打磨掉	
2022-07-04 缓蚀 将铁器浸泡在2%BTA乙醇溶液中进行缓蚀，之后待铁器自然干燥	
2022-07-04 封护 将铁器浸泡在3%B72丙酮溶液中对其进行表面封护，使铁器表面形成致密保护膜	

馆藏金属文物修复档案33

文物保存现状表

名称	铁铲		
文物编号	ZJ0034	年代	汉
保护修复前尺寸（厘米）	长13.3，宽10.0，高3.0	保护处理前重量（千克）	0.40
文物保护环境	目前此铁器存于洛阳市文物考古研究院库房中，保存条件有限，很容易发生析氢腐蚀和耗氧腐蚀，加之大部分器物已有通体锈蚀、瘤状物、残缺等病害，随着温湿度变化，文物病害有加重趋势		
病害状况	铁器上有较厚的土质硬结物。刃部有残缺。器物呈全面腐蚀状态，整体矿化严重，表面有较多瘤状物及层状堆积		
文物病害图	　图例：表面硬结物　层状堆积　全面腐蚀　瘤状物　线缺　　绘图单位：洛阳市文物考古研究院　文物名称：铁铲ZJ0034　绘制人：胡楠　时间：2018年11月		
保护修复前影像资料			

文物保护修复记录表

文物保护修复情况综述（材料、工艺、步骤及操作条件，附保护修复后影像资料）：

1. 提取文物建立文物修复档案，采集文物信息并照相等。
2. 清理器表污染物。用刻刀、锤子等工具，剔除铁器表面硬结物、较疏松锈蚀层等。
3. 超声波除锈。将初步清理后的铁器放入超声波清洗机中，加入去离子水超声清洗。
4. 脱盐除氯。在文物清洗机中加入稀碱、还原剂、渗透剂共同配成的脱盐材料及去离子水，搅拌均匀，再放入文物进行脱盐除氯。
5. 补配。用 914 环氧树脂胶和脱盐后的铁锈调和，填补裂缝及残缺处。
6. 缓蚀。将铁器浸泡在 2%BTA 乙醇溶液中来进行缓蚀。
7. 封护。将铁器浸泡在 3%B72 丙酮溶液中对其进行表面封护

保护修复后尺寸（厘米）	长 13.5，宽 10.0，高 2.5	保护修复后重量（千克）	0.23
修复人员	郭海龙、杨琦	审核人	陈谊
完成日期	2022-07-04		

保护修复后影像资料	

保护修复日志

2022-04-04—2022-04-05 清理器表污染物 用刻刀、锤子等工具，剔除铁器表面硬结物、较疏松锈蚀层等	
2022-04-08 超声波除锈 将手动除锈后的铁器放入超声波清洗机，加入去离子水后加热进行超声清洗，完成后用去离子水再对铁器表面反复冲洗。然后放入烘箱进行干燥	

续表 1

2022-04-11—2022-04-15 **使用文物清洗机进行脱盐除氯** 将铁器放进清洗箱，加入去离子水和用稀碱、还原剂、渗透剂共同配成的脱盐材料，适当加热，浸泡一段时间后更换溶液，直到氯离子浓度低于50ppm。脱盐结束后的器物用去离子水反复清洗，之后放入烘箱进行干燥	
2022-05-09—2022-05-10 **除锈** 脱盐后的器物，用錾子和锤子等工具，再次剔除器表铁锈	
2022-05-11—2022-05-12 **补配** 用914环氧树脂胶和脱盐后的铁锈调和，填补裂缝及残缺处，自然阴干后，用打磨机将多余的914环氧树脂胶打磨掉	
2022-07-04 **缓蚀** 将铁器浸泡在2%BTA乙醇溶液中进行缓蚀，之后待铁器自然干燥	
2022-07-04 **封护** 将铁器浸泡在3%B72丙酮溶液中对其进行表面封护，使铁器表面形成致密保护膜	

馆藏金属文物修复档案34

文物保存现状表

名称	铁铲		
文物编号	ZJ0035	年代	汉
保护修复前尺寸（厘米）	长9.1，宽4.0，高1.3	保护处理前重量（千克）	0.24
文物保护环境	目前此铁器存于洛阳市文物考古研究院库房中，保存条件有限，很容易发生析氢腐蚀和耗氧腐蚀，加之大部分器物已有通体锈蚀、瘤状物、残缺等病害，随着温湿度变化，文物病害有加重趋势		
病害状况	器壁上有较厚的土质硬结物。器物呈全面腐蚀状态，通体矿化严重，表面有较多层状堆积		
文物病害图			
保护修复前影像资料			

图例：

表面硬结物	层状堆积	全面腐蚀 全面腐蚀	瘤状物	通体矿化 通体矿化

绘图单位	洛阳市文物考古研究院		
文物名称	铁铲ZJ0035		
绘制人	胡楠	时间	2018年11月

文物保护修复记录表

文物保护修复情况综述（材料、工艺、步骤及操作条件，附保护修复后影像资料）：

1. 提取文物建立文物修复档案，采集文物信息并照相等。
2. 清理器表污染物。用刻刀、锤子等工具，剔除铁器表面硬结物、较疏松锈蚀层等。
3. 超声波除锈。将初步清理后的铁器放入超声波清洗机中，加入去离子水超声清洗。
4. 脱盐除氯。在文物清洗机中加入稀碱、还原剂、渗透剂共同配成的脱盐材料及去离子水，搅拌均匀，再放入文物进行脱盐除氯。
5. 补配。用 914 环氧树脂胶和脱盐后的铁锈调和，填补裂缝及残缺处。
6. 缓蚀。将铁器浸泡在 2%BTA 乙醇溶液中来进行缓蚀。
7. 封护。将铁器浸泡在 3%B72 丙酮溶液中对其进行表面封护

保护修复后尺寸（厘米）	长 9.2，宽 4.0，高 1.4	保护修复后重量（千克）	0.20
修复人员	郭海龙、王昱元	审核人	陈谊
完成日期	2022-07-04		

保护修复后影像资料	

保护修复日志

2022-04-05—2022-04-06 清理器表污染物 用刻刀、锤子等工具，剔除铁器表面硬结物、较疏松锈蚀层等	
2022-04-08 超声波除锈 将手动除锈后的铁器放入超声波清洗机，加入去离子水后加热进行超声清洗，完成后用去离子水再对铁器表面反复冲洗。然后放入烘箱进行干燥	

续表 1

2022-04-11—2022-04-15 使用文物清洗机进行脱盐除氯 将铁器放进清洗箱，加入去离子水和用稀碱、还原剂、渗透剂共同配成的脱盐材料，适当加热，浸泡一段时间后更换溶液，直到氯离子浓度低于 50ppm。脱盐结束后的器物用去离子水反复清洗，之后放入烘箱进行干燥	
2022-05-12—2022-05-13 除锈 脱盐后的器物，用錾子和锤子等工具，再次剔除器表铁锈	
2022-07-04 缓蚀 将铁器浸泡在 2%BTA 乙醇溶液中进行缓蚀，之后待铁器自然干燥	
2022-07-04 封护 将铁器浸泡在 3%B72 丙酮溶液中对其进行表面封护，使铁器表面形成致密保护膜	

馆藏金属文物修复档案35

文物保存现状表

名称	铁铲		
文物编号	ZJ0036	年代	汉
保护修复前尺寸（厘米）	长9.1，宽9.8，高3.1	保护处理前重量（千克）	0.26
文物保护环境	目前此铁器存于洛阳市文物考古研究院库房中，保存条件有限，很容易发生析氢腐蚀和耗氧腐蚀，加之大部分器物已有通体锈蚀、瘤状物、残缺等病害，随着温湿度变化，文物病害有加重趋势		
病害状况	铁器上有较厚的表面硬结物及层状堆积。器物呈全面腐蚀状态		
文物病害图	 图例：　 表面硬结物　 层状堆积　全面腐蚀　全面腐蚀 绘图单位：洛阳市文物考古研究院　文物名称：铁铲ZJ0036　绘制人：胡楠　时间：2018年11月		
保护修复前影像资料	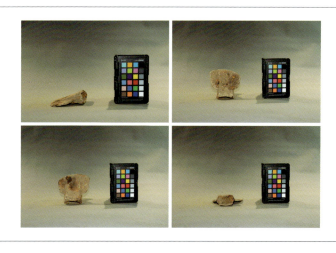		

文物保护修复记录表

文物保护修复情况综述（材料、工艺、步骤及操作条件，附保护修复后影像资料）：

1. 提取文物建立文物修复档案，采集文物信息并照相等。
2. 清理器表污染物。用刻刀、锤子等工具，剔除铁器表面硬结物、较疏松锈蚀层等。
3. 超声波除锈。将初步清理后的铁器放入超声波清洗机中，加入去离子水超声清洗。
4. 脱盐除氯。在文物清洗机中加入稀碱、还原剂、渗透剂共同配成的脱盐材料及去离子水，搅拌均匀，再放入文物进行脱盐除氯。
5. 补配。用 914 环氧树脂胶和脱盐后的铁锈调和，填补裂缝及残缺处。
6. 缓蚀。将铁器浸泡在 2%BTA 乙醇溶液中来进行缓蚀。
7. 封护。将铁器浸泡在 3%B72 丙酮溶液中对其进行表面封护

保护修复后尺寸（厘米）	长 9.1，宽 9.8，高 3.0	保护修复后重量（千克）	0.23
修复人员	郭海龙、王昱元	审核人	陈谊
完成日期	2022-07-04		

保护修复后影像资料	

保护修复日志

2022-04-06　清理器表污染物 用刻刀、锤子等工具，剔除铁器表面硬结物、较疏松锈蚀层等	
2022-04-08　超声波除锈 将手动除锈后的铁器放入超声波清洗机，加入去离子水后加热进行超声清洗，完成后用去离子水再对铁器表面反复冲洗。然后放入烘箱进行干燥	

续表 1

2022-04-11—2022-04-15 **使用文物清洗机进行脱盐除氯** 将铁器放进清洗箱，加入去离子水和用稀碱、还原剂、渗透剂共同配成的脱盐材料，适当加热，浸泡一段时间后更换溶液，直到氯离子浓度低于50ppm。脱盐结束后的器物用去离子水反复清洗，之后放入烘箱进行干燥	
2022-05-13—2022-05-14 **除锈** 脱盐后的器物，用錾子和锤子等工具，再次剔除器表铁锈	
2022-07-04 **缓蚀** 将铁器浸泡在2%BTA乙醇溶液中进行缓蚀，之后待铁器自然干燥	
2022-07-04 **封护** 将铁器浸泡在3%B72丙酮溶液中对其进行表面封护，使铁器表面形成致密保护膜	

馆藏金属文物修复档案36

文物保存现状表

名称	铁铲		
文物编号	ZJ0037	年代	汉
保护修复前尺寸（厘米）	长9.0，宽10.3，高2.6	保护处理前重量（千克）	0.32
文物保护环境	目前此铁器存于洛阳市文物考古研究院库房中，保存条件有限，很容易发生析氢腐蚀和耗氧腐蚀，加之大部分器物已有通体锈蚀、瘤状物、残缺等病害，随着温湿度变化，文物病害有加重趋势		
病害状况	器壁上有较厚的表面硬结物及层状堆积。器物呈全面腐蚀状态并有轻微变形		
文物病害图			

图例：

表面硬结物	层状堆积	全面腐蚀　全面腐蚀	变形

绘图单位	洛阳市文物考古研究院	
文物名称	铁铲ZJ0037	
绘制人	胡楠	时间	2018年11月

保护修复前影像资料	

文物保护修复记录表

文物保护修复情况综述（材料、工艺、步骤及操作条件，附保护修复后影像资料）：

1. 提取文物建立文物修复档案，采集文物信息并照相等。
2. 清理器表污染物。用刻刀、锤子等工具，剔除铁器表面硬结物、较疏松锈蚀层等。
3. 超声波除锈。将初步清理后的铁器放入超声波清洗机中，加入去离子水超声清洗。
4. 脱盐除氯。在文物清洗机中加入稀碱、还原剂、渗透剂共同配成的脱盐材料及去离子水，搅拌均匀，再放入文物进行脱盐除氯。
5. 缓蚀。将铁器浸泡在2%BTA乙醇溶液中来进行缓蚀。
6. 封护。将铁器浸泡在3%B72丙酮溶液中对其进行表面封护

保护修复后尺寸（厘米）	长9.3，宽10.4，高2.6	保护修复后重量（千克）	0.25
修复人员	郭海龙、王昱元	审核人	陈谊
完成日期	2022-07-04		

保护修复后影像资料	

保护修复日志

2022-04-06—2022-04-07 清理器表污染物 用刻刀、锤子等工具，剔除铁器表面硬结物、较疏松锈蚀层等	
2022-04-08 超声波除锈 将手动除锈后的铁器放入超声波清洗机，加入去离子水后加热进行超声清洗，完成后用去离子水再对铁器表面反复冲洗。然后放入烘箱进行干燥	

续表 1

2022-04-11—2022-04-15 **使用文物清洗机进行脱盐除氯** 将铁器放进清洗箱，加入去离子水和用稀碱、还原剂、渗透剂共同配成的脱盐材料，适当加热，浸泡一段时间后更换溶液，直到氯离子浓度低于50ppm。脱盐结束后的器物用去离子水反复清洗，之后放入烘箱进行干燥	
2022-05-14—2022-05-15 **除锈** 脱盐后的器物，用錾子和锤子等工具，再次剔除器表铁锈	
2022-07-04 **缓蚀** 将铁器浸泡在2%BTA乙醇溶液中进行缓蚀，之后待铁器自然干燥	
2022-07-04 **封护** 将铁器浸泡在3%B72丙酮溶液中对其进行表面封护，使铁器表面形成致密保护膜	

馆藏金属文物修复档案37

文物保存现状表

名称	铁镢		
文物编号	ZJ0039	年代	汉
保护修复前尺寸（厘米）	长 13.6，宽 4.0，高 4.1	保护处理前重量（千克）	0.62
文物保护环境	目前此铁器存于洛阳市文物考古研究院库房中，保存条件有限，很容易发生析氢腐蚀和耗氧腐蚀，加之大部分器物已有通体锈蚀、瘤状物、残缺等病害，随着温湿度变化，文物病害有加重趋势		
病害状况	器壁上有较厚的土质硬结物。器物呈全面腐蚀状态，表面有较多瘤状物及层状堆积		
文物病害图	 图例： 表面硬结物 层状堆积 全面腐蚀／全面腐蚀 瘤状物		

绘图单位	洛阳市文物考古研究院	
文物名称	铁镢ZJ0039	
绘制人	胡楠	时间 2018年11月

保护修复前影像资料	   

文物保护修复记录表

文物保护修复情况综述（材料、工艺、步骤及操作条件，附保护修复后影像资料）：
1. 提取文物建立文物修复档案，采集文物信息并照相等。
2. 清理器表污染物。用刻刀、锤子等工具，剔除铁器表面硬结物、较疏松锈蚀层等。
3. 超声波除锈。将初步清理后的铁器放入超声波清洗机中，加入去离子水超声清洗。
4. 脱盐除氯。在文物清洗机中加入稀碱、还原剂、渗透剂共同配成的脱盐材料及去离子水，搅拌均匀，再放入文物进行脱盐除氯。
5. 缓蚀。将铁器浸泡在2%BTA乙醇溶液中来进行缓蚀。
6. 封护。将铁器浸泡在3%B72丙酮溶液中对其进行表面封护

保护修复后尺寸（厘米）	长14.0，宽4.0，高4.3	保护修复后重量（千克）	0.54
修复人员	刘高琛、杨琦	审核人	陈谊
完成日期	2022-07-04		
保护修复后影像资料			

保护修复日志

2022-04-06—2022-04-07 清理器表污染物 用刻刀、锤子等工具，剔除铁器表面硬结物、较疏松锈蚀层等	

续表 1

2022-04-08 **超声波除锈** 将手动除锈后的铁器放入超声波清洗机，加入去离子水后加热进行超声清洗，完成后用去离子水再对铁器表面反复冲洗。然后放入烘箱进行干燥	
2022-04-11—2022-04-15 **使用文物清洗机进行脱盐除氯** 将铁器放进清洗箱，加入去离子水和用稀碱、还原剂、渗透剂共同配成的脱盐材料，适当加热，浸泡一段时间后更换溶液，直到氯离子浓度低于50ppm。脱盐结束后的器物用去离子水反复清洗，之后放入烘箱进行干燥	
2022-05-14—2022-05-15 **除锈** 脱盐后的器物，用錾子和锤子等工具，再次剔除器表铁锈	
2022-07-04 **缓蚀** 将铁器浸泡在2%BTA乙醇溶液中进行缓蚀，之后待铁器自然干燥	
2022-07-04 **封护** 将铁器浸泡在3%B72丙酮溶液中对其进行表面封护，使铁器表面形成致密保护膜	

馆藏金属文物修复档案38

文物保存现状表

名称	铁柄		
文物编号	ZJ0040	年代	汉
保护修复前尺寸（厘米）	长 11.1，宽 2.3，高 1.8	保护处理前重量（千克）	0.12
文物保护环境	目前此铁器存于洛阳市文物考古研究院库房中，保存条件有限，很容易发生析氢腐蚀和耗氧腐蚀，加之大部分器物已有通体锈蚀、瘤状物、残缺等病害，随着温湿度变化，文物病害有加重趋势		
病害状况	铁器呈全面腐蚀状态，器壁上有较厚的表面硬结物和层状堆积，表面有较多瘤状物		
文物病害图			
保护修复前影像资料			

图例：

表面硬结物	层状堆积	全面腐蚀 全面腐蚀	瘤状物

绘图单位	洛阳市文物考古研究院		
文物名称	铁柄ZJ0040		
绘制人	胡楠	时间	2018年11月

文物保护修复记录表

文物保护修复情况综述（材料、工艺、步骤及操作条件，附保护修复后影像资料）：

1. 提取文物建立文物修复档案，采集文物信息并照相等。
2. 清理器表污染物。用刻刀、锤子等工具，剔除铁器表面硬结物、较疏松锈蚀层等。
3. 超声波除锈。将初步清理后的铁器放入超声波清洗机中，加入去离子水超声清洗。
4. 脱盐除氯。在文物清洗机中加入稀碱、还原剂、渗透剂共同配成的脱盐材料及去离子水，搅拌均匀，再放入文物进行脱盐除氯。
5. 缓蚀。将铁器浸泡在2%BTA乙醇溶液中来进行缓蚀。
6. 封护。将铁器浸泡在3%B72丙酮溶液中对其进行表面封护

保护修复后尺寸（厘米）	长11.5，宽2.5，高2.0	保护修复后重量（千克）	0.11
修复人员	刘高琛、王昱元	审核人	陈谊
完成日期	2022-07-04		

保护修复后影像资料	

保护修复日志

2022-04-06—2022-04-07 清理器表污染物 用刻刀、锤子等工具，剔除铁器表面硬结物、较疏松锈蚀层等	
2022-04-08 超声波除锈 将手动除锈后的铁器放入超声波清洗机，加入去离子水后加热进行超声清洗，完成后用去离子水再对铁器表面反复冲洗。然后放入烘箱进行干燥	

续表 1

2022-04-11—2022-04-15 使用文物清洗机进行脱盐除氯 将铁器放进清洗箱，加入去离子水和用稀碱、还原剂、渗透剂共同配成的脱盐材料，适当加热，浸泡一段时间后更换溶液，直到氯离子浓度低于50ppm。脱盐结束后的器物用去离子水反复清洗，之后放入烘箱进行干燥	
2022-05-14—2022-05-15 除锈 脱盐后的器物，用錾子和锤子等工具，再次剔除器表铁锈	
2022-07-04 缓蚀 将铁器浸泡在2%BTA乙醇溶液中进行缓蚀，之后待铁器自然干燥	
2022-07-04 封护 将铁器浸泡在3%B72丙酮溶液中对其进行表面封护，使铁器表面形成致密保护膜	

馆藏金属文物修复档案39

文物保存现状表

名称	铁镢		
文物编号	ZJ0041	年代	汉
保护修复前尺寸（厘米）	长10.6，宽4.4，高2.9	保护处理前重量（千克）	0.26
文物保护环境	目前此铁器存于洛阳市文物考古研究院库房中，保存条件有限，很容易发生析氢腐蚀和耗氧腐蚀，加之大部分器物已有通体锈蚀、瘤状物、残缺等病害，随着温湿度变化，文物病害有加重趋势		
病害状况	铁器表面有较厚的土质硬结物，呈全面腐蚀状态		
文物病害图			

图例：

表面硬结物　全面腐蚀

绘图单位	洛阳市文物考古研究院
文物名称	铁镢ZJ0041
绘制人	胡楠　时间　2018年11月

保护修复前影像资料	

文物保护修复记录表

文物保护修复情况综述（材料、工艺、步骤及操作条件，附保护修复后影像资料）：

1. 提取文物建立文物修复档案，采集文物信息并照相等。
2. 清理器表污染物。用刻刀、锤子等工具，剔除铁器表面硬结物、较疏松锈蚀层等。
3. 超声波除锈。将初步清理后的铁器放入超声波清洗机中，加入去离子水超声清洗。
4. 脱盐除氯。在文物清洗机中加入稀碱、还原剂、渗透剂共同配成的脱盐材料及去离子水，搅拌均匀，再放入文物进行脱盐除氯。
5. 补配。用914环氧树脂胶和脱盐后的铁锈调和，填补裂缝及残缺处。
6. 缓蚀。将铁器浸泡在2%BTA乙醇溶液中来进行缓蚀。
7. 封护。将铁器浸泡在3%B72丙酮溶液中对其进行表面封护

保护修复后尺寸（厘米）	长10.6，宽4.4，高2.9	保护修复后重量（千克）	0.25
修复人员	刘高琛、王昱元	审核人	陈谊
完成日期	2022-07-04		
保护修复后影像资料			

保护修复日志

2022-04-07 清理器表污染物 用刻刀、锤子等工具，剔除铁器表面硬结物、较疏松锈蚀层等	
2022-04-08 超声波除锈 将手动除锈后的铁器放入超声波清洗机，加入去离子水后加热进行超声清洗，完成后用去离子水再对铁器表面反复冲洗。然后放入烘箱进行干燥	

续表 1

2022-04-11—2022-04-15 使用文物清洗机进行脱盐除氯 将铁器放进清洗箱，加入去离子水和用稀碱、还原剂、渗透剂共同配成的脱盐材料，适当加热，浸泡一段时间后更换溶液，直到氯离子浓度低于50ppm。脱盐结束后的器物用去离子水反复清洗，之后放入烘箱进行干燥	
2022-05-15—2022-05-16 除锈 脱盐后的器物，用錾子和锤子等工具，再次剔除器表铁锈	
2022-05-17—2022-05-18 补配 用914环氧树脂胶和脱盐后的铁锈调和，填补裂缝及残缺处，自然阴干后，用打磨机将多余的914环氧树脂胶打磨掉	
2022-07-04 缓蚀 将铁器浸泡在2%BTA乙醇溶液中进行缓蚀，之后待铁器自然干燥	
2022-07-04 封护 将铁器浸泡在3%B72丙酮溶液中对其进行表面封护，使铁器表面形成致密保护膜	

馆藏金属文物修复档案40

文物保存现状表

名称	铁锸		
文物编号	ZJ0042	年代	汉
保护修复前尺寸（厘米）	长 11.0，宽 4.6，高 3.4	保护处理前重量（千克）	0.38
文物保护环境	目前此铁器存于洛阳市文物考古研究院库房中，保存条件有限，很容易发生析氢腐蚀和耗氧腐蚀，加之大部分器物已有通体锈蚀、瘤状物、残缺等病害，随着温湿度变化，文物病害有加重趋势		
病害状况	器壁表面有较厚的硬结物。器物呈全面腐蚀状态，整体矿化严重，表面有多处层状堆积和瘤状物		
文物病害图			
保护修复前影像资料			

图例：　　表面硬结物　　层状堆积　　全面腐蚀　　瘤状物

绘图单位	洛阳市文物考古研究院
文物名称	铁锸ZJ0042
绘制人　胡楠	时间　2018年11月

文物保护修复记录表

文物保护修复情况综述（材料、工艺、步骤及操作条件，附保护修复后影像资料）：

1. 提取文物建立文物修复档案，采集文物信息并照相等。
2. 清理器表污染物。用刻刀、锤子等工具，剔除铁器表面硬结物、较疏松锈蚀层等。
3. 超声波除锈。将初步清理后的铁器放入超声波清洗机中，加入去离子水超声清洗。
4. 脱盐除氯。在文物清洗机中加入稀碱、还原剂、渗透剂共同配成的脱盐材料及去离子水，搅拌均匀，再放入文物进行脱盐除氯。
5. 缓蚀。将铁器浸泡在2%BTA乙醇溶液中来进行缓蚀。
6. 封护。将铁器浸泡在3%B72丙酮溶液中对其进行表面封护

保护修复后尺寸（厘米）	长11.0，宽4.5，高3.5	保护修复后重量（千克）	0.33
修复人员	郭海龙、杨琦	审核人	陈谊
完成日期	2022-07-04		
保护修复后影像资料			

保护修复日志

2022-04-08 清理器表污染物 用刻刀、锤子等工具，剔除铁器表面硬结物、较疏松锈蚀层等	
2022-04-15 超声波除锈 将手动除锈后的铁器放入超声波清洗机，加入去离子水后加热进行超声清洗，完成后用去离子水再对铁器表面反复冲洗。然后放入烘箱进行干燥	

续表 1

2022-04-18—2022-04-22 **使用文物清洗机进行脱盐除氯** 将铁器放进清洗箱，加入去离子水和用稀碱、还原剂、渗透剂共同配成的脱盐材料，适当加热，浸泡一段时间后更换溶液，直到氯离子浓度低于 50ppm。脱盐结束后的器物用去离子水反复清洗，之后放入烘箱进行干燥	
2022-05-16—2022-05-17 **除锈** 脱盐后的器物，用錾子和锤子等工具，再次剔除器表铁锈	
2022-07-04 **缓蚀** 将铁器浸泡在 2%BTA 乙醇溶液中进行缓蚀，之后待铁器自然干燥	
2022-07-04 **封护** 将铁器浸泡在 3%B72 丙酮溶液中对其进行表面封护，使铁器表面形成致密保护膜	

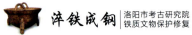
馆藏金属文物修复档案41

文物保存现状表

名称	铁凿		
文物编号	ZJ0044	年代	汉
保护修复前尺寸（厘米）	长19.8，宽2.6，高2.0	保护处理前重量（千克）	0.32
文物保护环境	目前此铁器存于洛阳市文物考古研究院库房中，保存条件有限，很容易发生析氢腐蚀和耗氧腐蚀，加之大部分器物已有通体锈蚀、瘤状物、残缺等病害，随着温湿度变化，文物病害有加重趋势		
病害状况	器壁上有较厚的土质硬结物。器物呈全面腐蚀状态，整体矿化严重，表面有多处层状堆积和瘤状物		
文物病害图	 图例： 表面硬结物　 层状堆积　 全面腐蚀 / 全面腐蚀　瘤状物 绘图单位：洛阳市文物考古研究院　文物名称：铁凿ZJ0044　绘制人：胡楠　时间：2018年11月		
保护修复前影像资料			

文物保护修复记录表

文物保护修复情况综述（材料、工艺、步骤及操作条件，附保护修复后影像资料）：

1. 提取文物建立文物修复档案，采集文物信息并照相等。
2. 清理器表污染物。用刻刀、锤子等工具，剔除铁器表面硬结物、较疏松锈蚀层等。
3. 超声波除锈。将初步清理后的铁器放入超声波清洗机中，加入去离子水超声清洗。
4. 脱盐除氯。在文物清洗机中加入稀碱、还原剂、渗透剂共同配成的脱盐材料及去离子水，搅拌均匀，再放入文物进行脱盐除氯。
5. 缓蚀。将铁器浸泡在2%BTA乙醇溶液中来进行缓蚀。
6. 封护。将铁器浸泡在3%B72丙酮溶液中对其进行表面封护

保护修复后尺寸（厘米）	长20.0，宽2.6，高2.0	保护修复后重量（千克）	0.28
修复人员	郭海龙、王昱元	审核人	陈谊
完成日期	2022-07-04		

保护修复后影像资料

保护修复日志

2022-04-08—2022-04-11 清理器表污染物 用刻刀、锤子等工具，剔除铁器表面硬结物、较疏松锈蚀层等	
2022-04-15 超声波除锈 将手动除锈后的铁器放入超声波清洗机，加入去离子水后加热进行超声清洗，完成后用去离子水再对铁器表面反复冲洗。然后放入烘箱进行干燥	

续表 1

2022-04-18—2022-04-22 **使用文物清洗机进行脱盐除氯** 将铁器放进清洗箱，加入去离子水和用稀碱、还原剂、渗透剂共同配成的脱盐材料，适当加热，浸泡一段时间后更换溶液，直到氯离子浓度低于50ppm。脱盐结束后的器物用去离子水反复清洗，之后放入烘箱进行干燥	
2022-05-16—2022-05-17 **除锈** 脱盐后的器物，用錾子和锤子等工具，再次剔除器表铁锈	
2022-07-04 **缓蚀** 将铁器浸泡在2%BTA乙醇溶液中进行缓蚀，之后待铁器自然干燥	
2022-07-04 **封护** 将铁器浸泡在3%B72丙酮溶液中对其进行表面封护，使铁器表面形成致密保护膜	

馆藏金属文物修复档案42

文物保存现状表

名称	铁斧		
文物编号	ZJ0045	年代	汉
保护修复前尺寸（厘米）	长 9.1，宽 6.0，高 1.1	保护处理前重量（千克）	0.30
文物保护环境	目前此铁器存于洛阳市文物考古研究院库房中，保存条件有限，很容易发生析氢腐蚀和耗氧腐蚀，加之大部分器物已有通体锈蚀、瘤状物、残缺等病害，随着温湿度变化，文物病害有加重趋势		
病害状况	器壁上有较厚的表面硬结物。器物呈全面腐蚀状态，整体矿化严重，表面有较多瘤状物。器体有部分残缺		
文物病害图			
保护修复前影像资料			

图例：　表面硬结物　层状堆积　全面腐蚀　残缺

绘图单位	洛阳市文物考古研究院		
文物名称	铁斧ZJ0045		
绘制人	胡楠	时间	2018年11月

文物保护修复记录表

文物保护修复情况综述（材料、工艺、步骤及操作条件，附保护修复后影像资料）：

1. 提取文物建立文物修复档案，采集文物信息并照相等。
2. 清理器表污染物。用刻刀、锤子等工具，剔除铁器表面硬结物、较疏松锈蚀层等。
3. 超声波除锈。将初步清理后的铁器放入超声波清洗机中，加入去离子水超声清洗。
4. 脱盐除氯。在文物清洗机中加入稀碱、还原剂、渗透剂共同配成的脱盐材料及去离子水，搅拌均匀，再放入文物进行脱盐除氯。
5. 缓蚀。将铁器浸泡在2%BTA乙醇溶液中来进行缓蚀。
6. 封护。将铁器浸泡在3%B72丙酮溶液中对其进行表面封护

保护修复后尺寸（厘米）	长9.0，宽6.0，高1.1	保护修复后重量（千克）	0.27
修复人员	郭海龙、王昱元	审核人	陈谊
完成日期	2022-07-04		

保护修复后影像资料	(影像资料)

保护修复日志

2022-04-08—2022-04-11	
清理器表污染物 用刻刀、锤子等工具，剔除铁器表面硬结物、较疏松锈蚀层等	
2022-04-15	
超声波除锈 将手动除锈后的铁器放入超声波清洗机，加入去离子水后加热进行超声清洗，完成后用去离子水再对铁器表面反复冲洗。然后放入烘箱进行干燥	

续表 1

2022-04-18—2022-04-22 使用文物清洗机进行脱盐除氯 将铁器放进清洗箱，加入去离子水和用稀碱、还原剂、渗透剂共同配成的脱盐材料，适当加热，浸泡一段时间后更换溶液，直到氯离子浓度低于50ppm。脱盐结束后的器物用去离子水反复清洗，之后放入烘箱进行干燥	
2022-05-17—2022-05-18 除锈 脱盐后的器物，用錾子和锤子等工具，再次剔除器表铁锈	
2022-07-04 缓蚀 将铁器浸泡在2%BTA乙醇溶液中进行缓蚀，之后待铁器自然干燥	
2022-07-04 封护 将铁器浸泡在3%B72丙酮溶液中对其进行表面封护，使铁器表面形成致密保护膜	

馆藏金属文物修复档案43

文物保存现状表

名称	铁锛		
文物编号	ZJ0046	年代	汉
保护修复前尺寸（厘米）	长19.5，宽5.2，高3.0	保护处理前重量（千克）	0.64
文物保护环境	目前此铁器存于洛阳市文物考古研究院库房中，保存条件有限，很容易发生析氢腐蚀和耗氧腐蚀，加之大部分器物已有通体锈蚀、瘤状物、残缺等病害，随着温湿度变化，文物病害有加重趋势		
病害状况	器壁上有较厚的表面硬结物。器物呈全面腐蚀状态，整体矿化严重，表面有层状堆积和较多瘤状物		
文物病害图			
保护修复前影像资料			

图例：表面硬结物　层状堆积　全面腐蚀

绘图单位	洛阳市文物考古研究院
文物名称	铁锛ZJ0046
绘制人	胡楠	时间	2018年11月

文物保护修复记录表

文物保护修复情况综述（材料、工艺、步骤及操作条件，附保护修复后影像资料）：
1. 提取文物建立文物修复档案，采集文物信息并照相等。
2. 清理器表污染物。用刻刀、锤子等工具，剔除铁器表面硬结物、较疏松锈蚀层等。
3. 超声波除锈。将初步清理后的铁器放入超声波清洗机中，加入去离子水超声清洗。
4. 脱盐除氯。在文物清洗机中加入稀碱、还原剂、渗透剂共同配成的脱盐材料及去离子水，搅拌均匀，再放入文物进行脱盐除氯。
5. 缓蚀。将铁器浸泡在2%BTA乙醇溶液中来进行缓蚀。
6. 封护。将铁器浸泡在3%B72丙酮溶液中对其进行表面封护

保护修复后尺寸（厘米）	长19.5，宽4.9，高3.0	保护修复后重量（千克）	0.51
修复人员	刘高琛、杨琦	审核人	陈谊
完成日期	2022-07-04		

保护修复后影像资料	

保护修复日志

2022-04-11 清理器表污染物 用刻刀、锤子等工具，剔除铁器表面硬结物、较疏松锈蚀层等	
2022-04-15 超声波除锈 将手动除锈后的铁器放入超声波清洗机，加入去离子水后加热进行超声清洗，完成后用去离子水再对铁器表面反复冲洗。然后放入烘箱进行干燥	

续表1

2022-04-18—2022-04-22 **使用文物清洗机进行脱盐除氯** 将铁器放进清洗箱，加入去离子水和用稀碱、还原剂、渗透剂共同配成的脱盐材料，适当加热，浸泡一段时间后更换溶液，直到氯离子浓度低于50ppm。脱盐结束后的器物用去离子水反复清洗，之后放入烘箱进行干燥	
2022-05-17—2022-05-18 **除锈** 脱盐后的器物，用錾子和锤子等工具，再次剔除器表铁锈	
2022-07-04 **缓蚀** 将铁器浸泡在2%BTA乙醇溶液中进行缓蚀，之后待铁器自然干燥	
2022-07-04 **封护** 将铁器浸泡在3%B72丙酮溶液中对其进行表面封护，使铁器表面形成致密保护膜	

馆藏金属文物修复档案44

文物保存现状表

名称	铁镢		
文物编号	ZJ0047	年代	汉
保护修复前尺寸（厘米）	长 11.5，宽 3.5，高 2.7	保护处理前重量（千克）	0.34
文物保护环境	目前此铁器存于洛阳市文物考古研究院库房中，保存条件有限，很容易发生析氢腐蚀和耗氧腐蚀，加之大部分器物已有通体锈蚀、瘤状物、残缺等病害，随着温湿度变化，文物病害有加重趋势		
病害状况	器体上有较厚的土质硬结物。器物呈全面腐蚀状态，整体矿化严重，表面有层状堆积和较多瘤状物		
文物病害图			
保护修复前影像资料			

图例：

表面硬结物	层状堆积	全面腐蚀	通体矿化

绘图单位	洛阳市文物考古研究院
文物名称	铁镢ZJ0047
绘制人	胡楠	时间	2018年11月

文物保护修复记录表

文物保护修复情况综述（材料、工艺、步骤及操作条件，附保护修复后影像资料）：

1. 提取文物建立文物修复档案，采集文物信息并照相等。
2. 清理器表污染物。用刻刀、锤子等工具，剔除铁器表面硬结物、较疏松锈蚀层等。
3. 超声波除锈。将初步清理后的铁器放入超声波清洗机中，加入去离子水超声清洗。
4. 脱盐除氯。在文物清洗机中加入稀碱、还原剂、渗透剂共同配成的脱盐材料及去离子水，搅拌均匀，再放入文物进行脱盐除氯。
5. 缓蚀。将铁器浸泡在2%BTA乙醇溶液中来进行缓蚀。
6. 封护。将铁器浸泡在3%B72丙酮溶液中对其进行表面封护

保护修复后尺寸（厘米）	长 11.5，宽 3.5，高 2.5	保护修复后重量（千克）	0.29
修复人员	刘高琛、杨琦	审核人	陈谊
完成日期	2022-07-04		
保护修复后影像资料			

保护修复日志

2022-04-08—2022-04-11 清理器表污染物 用刻刀、锤子等工具，剔除铁器表面硬结物、较疏松锈蚀层等	
2022-04-15 超声波除锈 将手动除锈后的铁器放入超声波清洗机，加入去离子水后加热进行超声清洗，完成后用去离子水再对铁器表面反复冲洗。然后放入烘箱进行干燥	

续表 1

2022-04-18—2022-04-22 使用文物清洗机进行脱盐除氯 将铁器放进清洗箱，加入去离子水和用稀碱、还原剂、渗透剂共同配成的脱盐材料，适当加热，浸泡一段时间后更换溶液，直到氯离子浓度低于50ppm。脱盐结束后的器物用去离子水反复清洗，之后放入烘箱进行干燥	
2022-05-18—2022-05-19 除锈 脱盐后的器物，用錾子和锤子等工具，再次剔除器表铁锈	
2022-07-04 缓蚀 将铁器浸泡在2%BTA乙醇溶液中进行缓蚀，之后待铁器自然干燥	
2022-07-04 封护 将铁器浸泡在3%B72丙酮溶液中对其进行表面封护，使铁器表面形成致密保护膜	

馆藏金属文物修复档案45

文物保存现状表

名称	铁器		
文物编号	ZJ0048	年代	汉
保护修复前尺寸（厘米）	长10.1，宽6.0，高2.2	保护处理前重量（千克）	0.22
文物保护环境	目前此铁器存于洛阳市文物考古研究院库房中，保存条件有限，很容易发生析氢腐蚀和耗氧腐蚀，加之大部分器物已有通体锈蚀、瘤状物、残缺等病害，随着温湿度变化，文物病害有加重趋势		
病害状况	铁器通体有较厚的硬结物。器物呈全面腐蚀状态，整体矿化严重，表面有较厚的层状堆积和瘤状物。有较深裂缝		

文物病害图

图例：
 表面硬结物   层状堆积   全面腐蚀 残缺

绘图单位	洛阳市文物考古研究院
文物名称	铁器ZJ0048
绘制人	胡楠 时间 2018年11月

保护修复前影像资料

文物保护修复记录表

文物保护修复情况综述（材料、工艺、步骤及操作条件，附保护修复后影像资料）：
1. 提取文物建立文物修复档案，采集文物信息并照相等。
2. 清理器表污染物。用刻刀、锤子等工具，剔除铁器表面硬结物、较疏松锈蚀层等。
3. 超声波除锈。将初步清理后的铁器放入超声波清洗机中，加入去离子水超声清洗。
4. 脱盐除氯。在文物清洗机中加入稀碱、还原剂、渗透剂共同配成的脱盐材料及去离子水，搅拌均匀，再放入文物进行脱盐除氯。
5. 缓蚀。将铁器浸泡在2%BTA乙醇溶液中来进行缓蚀。
6. 封护。将铁器浸泡在3%B72丙酮溶液中对其进行表面封护

保护修复后尺寸（厘米）	长10.0，宽6.0，高2.1	保护修复后重量（千克）	0.13
修复人员	刘高琛、王昱元	审核人	陈谊
完成日期	2022-07-04		

保护修复后影像资料	

保护修复日志

2022-04-11—2022-04-12 清理器表污染物 用刻刀、锤子等工具，剔除铁器表面硬结物、较疏松锈蚀层等	
2022-04-15 超声波除锈 将手动除锈后的铁器放入超声波清洗机，加入去离子水后加热进行超声清洗，完成后用去离子水再对铁器表面反复冲洗。然后放入烘箱进行干燥	

续表 1

2022-04-18—2022-04-22 使用文物清洗机进行脱盐除氯 将铁器放进清洗箱，加入去离子水和用稀碱、还原剂、渗透剂共同配成的脱盐材料，适当加热，浸泡一段时间后更换溶液，直到氯离子浓度低于 50ppm。脱盐结束后的器物用去离子水反复清洗，之后放入烘箱进行干燥	
2022-05-17—2022-05-18 除锈 脱盐后的器物，用錾子和锤子等工具，再次剔除器表铁锈	
2022-07-04 缓蚀 将铁器浸泡在 2%BTA 乙醇溶液中进行缓蚀，之后待铁器自然干燥	
2022-07-04 封护 将铁器浸泡在 3%B72 丙酮溶液中对其进行表面封护，使铁器表面形成致密保护膜	

馆藏金属文物修复档案46

文物保存现状表

名称	铁器		
文物编号	ZJ0049	年代	汉
保护修复前尺寸（厘米）	长10.6，宽4.2，高1.9	保护处理前重量（千克）	0.24
文物保护环境	目前此铁器存于洛阳市文物考古研究院库房中，保存条件有限，很容易发生析氢腐蚀和耗氧腐蚀，加之大部分器物已有通体锈蚀、瘤状物、残缺等病害，随着温湿度变化，文物病害有加重趋势		
病害状况	铁器表面上有较厚的硬结物，器物呈全面腐蚀状态，整体矿化严重，表面有层状堆积和瘤状物		
文物病害图	图例：表面硬结物　层状堆积　全面腐蚀　残缺　瘤状物		

绘图单位	洛阳市文物考古研究院	
文物名称	铁器ZJ0049	
绘制人	胡楠	时间 2018年11月

保护修复前影像资料			

文物保护修复记录表

文物保护修复情况综述（材料、工艺、步骤及操作条件，附保护修复后影像资料）：

1. 提取文物建立文物修复档案，采集文物信息并照相等。
2. 清理器表污染物。用刻刀、锤子等工具，剔除铁器表面硬结物、较疏松锈蚀层等。
3. 超声波除锈。将初步清理后的铁器放入超声波清洗机中，加入去离子水超声清洗。
4. 脱盐除氯。在文物清洗机中加入稀碱、还原剂、渗透剂共同配成的脱盐材料及去离子水，搅拌均匀，再放入文物进行脱盐除氯。
5. 缓蚀。将铁器浸泡在2%BTA乙醇溶液中来进行缓蚀。
6. 封护。将铁器浸泡在3%B72丙酮溶液中对其进行表面封护

保护修复后尺寸（厘米）	长 10.6，宽 4.1，高 2.0	保护修复后重量（千克）	0.15
修复人员	刘高琛、王昱元	审核人	陈谊
完成日期	2022-07-04		

保护修复后影像资料	

保护修复日志

2022-04-11—2022-04-12 清理器表污染物 用刻刀、锤子等工具，剔除铁器表面硬结物、较疏松锈蚀层等	
2022-04-15 超声波除锈 将手动除锈后的铁器放入超声波清洗机，加入去离子水后加热进行超声清洗，完成后用去离子水再对铁器表面反复冲洗。然后放入烘箱进行干燥	

续表 1

2022-04-18—2022-04-22 **使用文物清洗机进行脱盐除氯** 将铁器放进清洗箱，加入去离子水和用稀碱、还原剂、渗透剂共同配成的脱盐材料，适当加热，浸泡一段时间后更换溶液，直到氯离子浓度低于50ppm。脱盐结束后的器物用去离子水反复清洗，之后放入烘箱进行干燥	
2022-05-18—2022-05-19 **除锈** 脱盐后的器物，用錾子和锤子等工具，再次剔除器表铁锈	
2022-07-04 **缓蚀** 将铁器浸泡在2%BTA乙醇溶液中进行缓蚀，之后待铁器自然干燥	
2022-07-04 **封护** 将铁器浸泡在3%B72丙酮溶液中对其进行表面封护，使铁器表面形成致密保护膜	

馆藏金属文物修复档案47

文物保存现状表

名称	铁器		
文物编号	ZJ0050	年代	汉
保护修复前尺寸（厘米）	长9.2，宽4.1，高0.9	保护处理前重量（千克）	0.14
文物保护环境	目前此铁器存于洛阳市文物考古研究院库房中，保存条件有限，很容易发生析氢腐蚀和耗氧腐蚀，加之大部分器物已有通体锈蚀、瘤状物、残缺等病害，随着温湿度变化，文物病害有加重趋势		
病害状况	器壁上有较厚的土质硬结物。器物呈全面腐蚀状态，整体矿化严重，表面有层状堆积和瘤状物，器身有明显残缺		
文物病害图	 图例： 表面硬结物　 层状堆积　 全面腐蚀　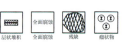 残缺　 瘤状物　通体矿化		

绘图单位	洛阳市文物考古研究院
文物名称	铁器ZJ0050
绘制人	胡楠　　时间　2018年11月

保护修复前影像资料	

文物保护修复记录表

文物保护修复情况综述（材料、工艺、步骤及操作条件，附保护修复后影像资料）：

1. 提取文物建立文物修复档案，采集文物信息并照相等。
2. 清理器表污染物。用刻刀、锤子等工具，剔除铁器表面硬结物、较疏松锈蚀层等。
3. 超声波除锈。将初步清理后的铁器放入超声波清洗机中，加入去离子水超声清洗。
4. 脱盐除氯。在文物清洗机中加入稀碱、还原剂、渗透剂共同配成的脱盐材料及去离子水，搅拌均匀，再放入文物进行脱盐除氯。
5. 缓蚀。将铁器浸泡在2%BTA乙醇溶液中来进行缓蚀。
6. 封护。将铁器浸泡在3%B72丙酮溶液中对其进行表面封护

保护修复后尺寸（厘米）	长8.6，宽4.1，高0.9	保护修复后重量（千克）	0.09
修复人员	郭海龙、杨琦	审核人	陈谊
完成日期	2022-07-04		

保护修复后影像资料	

保护修复日志

2022-04-12—2022-04-13 清理器表污染物 用刻刀、锤子等工具，剔除铁器表面硬结物、较疏松锈蚀层等	
2022-04-15 超声波除锈 将手动除锈后的铁器放入超声波清洗机，加入去离子水后加热进行超声清洗，完成后用去离子水再对铁器表面反复冲洗。然后放入烘箱进行干燥	

续表 1

2022-04-18—2022-04-22 使用文物清洗机进行脱盐除氯 将铁器放进清洗箱，加入去离子水和用稀碱、还原剂、渗透剂共同配成的脱盐材料，适当加热，浸泡一段时间后更换溶液，直到氯离子浓度低于50ppm。脱盐结束后的器物用去离子水反复清洗，之后放入烘箱进行干燥	
2022-05-18—2022-05-19 除锈 脱盐后的器物，用錾子和锤子等工具，再次剔除器表铁锈	
2022-07-04 缓蚀 将铁器浸泡在2%BTA乙醇溶液中进行缓蚀，之后待铁器自然干燥	
2022-07-04 封护 将铁器浸泡在3%B72丙酮溶液中对其进行表面封护，使铁器表面形成致密保护膜	

馆藏金属文物修复档案48

文物保存现状表

名称	铁锸		
文物编号	ZJ0051	年代	汉
保护修复前尺寸（厘米）	长 12.3，宽 3.6，高 0.7	保护处理前重量（千克）	0.14
文物保护环境	目前此铁器存于洛阳市文物考古研究院库房中，保存条件有限，很容易发生析氢腐蚀和耗氧腐蚀，加之大部分器物已有通体锈蚀、瘤状物、残缺等病害，随着温湿度变化，文物病害有加重趋势		
病害状况	铁斧表面上有硬结物。器物呈全面腐蚀状态，整体矿化严重，表面有层状堆积和较多瘤状物，质地脆弱		

文物病害图

图例：					
表面硬结物	层状堆积	全面腐蚀 全面腐蚀	瘤状物	通体矿化 通体矿化	残缺

绘图单位	洛阳市文物考古研究院	
文物名称	铁锸ZJ0051	
绘制人	胡楠	时间 2018年11月

保护修复前影像资料

文物保护修复记录表

文物保护修复情况综述（材料、工艺、步骤及操作条件，附保护修复后影像资料）：

1. 提取文物建立文物修复档案，采集文物信息并照相等。
2. 清理器表污染物。用刻刀、锤子等工具，剔除铁器表面硬结物、较疏松锈蚀层等。
3. 超声波除锈。将初步清理后的铁器放入超声波清洗机中，加入去离子水超声清洗。
4. 脱盐除氯。在文物清洗机中加入稀碱、还原剂、渗透剂共同配成的脱盐材料及去离子水，搅拌均匀，再放入文物进行脱盐除氯。
5. 缓蚀。将铁器浸泡在 2%BTA 乙醇溶液中来进行缓蚀。
6. 封护。将铁器浸泡在 3%B72 丙酮溶液中对其进行表面封护

保护修复后尺寸（厘米）	长 11.5，宽 3.6，高 0.7	保护修复后重量（千克）	0.08
修复人员	郭海龙、杨琦	审核人	陈谊
完成日期	2022-07-04		

保护修复后影像资料	

保护修复日志

2022-04-12—2022-04-13 清理器表污染物 用刻刀、锤子等工具，剔除铁器表面硬结物、较疏松锈蚀层等	
2022-04-15 超声波除锈 将手动除锈后的铁器放入超声波清洗机，加入去离子水后加热进行超声清洗，完成后用去离子水再对铁器表面反复冲洗。然后放入烘箱进行干燥	

续表 1

2022-04-18—2022-04-22 使用文物清洗机进行脱盐除氯 将铁器放进清洗箱，加入去离子水和用稀碱、还原剂、渗透剂共同配成的脱盐材料，适当加热，浸泡一段时间后更换溶液，直到氯离子浓度低于50ppm。脱盐结束后的器物用去离子水反复清洗，之后放入烘箱进行干燥	
2022-05-18—2022-05-19 除锈 脱盐后的器物，用錾子和锤子等工具，再次剔除器表铁锈	
2022-07-04 缓蚀 将铁器浸泡在2%BTA乙醇溶液中进行缓蚀，之后待铁器自然干燥	
2022-07-04 封护 将铁器浸泡在3%B72丙酮溶液中对其进行表面封护，使铁器表面形成致密保护膜	

馆藏金属文物修复档案49

文物保存现状表

名称	铁犁		
文物编号	ZJ0052	年代	汉
保护修复前尺寸（厘米）	长 11.2，宽 8.8，厚 0.4	保护处理前重量（千克）	0.24
文物保护环境	目前此铁器存于洛阳市文物考古研究院库房中，保存条件有限，很容易发生析氢腐蚀和耗氧腐蚀，加之大部分器物已有通体锈蚀、瘤状物、残缺等病害，随着温湿度变化，文物病害有加重趋势		
病害状况	器壁上布满较厚的土锈和硬结物。器物呈全面腐蚀状态，整体矿化严重，表面有层状堆积。质地脆弱，有残缺		
文物病害图			
保护修复前影像资料			

图例：

◇◇	⬚	全面腐蚀	⊛	⬚
表面硬结物	层状堆积	全面腐蚀	瘤状物	残缺

绘图单位	洛阳市文物考古研究院	
文物名称	铁犁ZJ0052	
绘制人	胡楠	时间 2018年11月

文物保护修复记录表

文物保护修复情况综述（材料、工艺、步骤及操作条件，附保护修复后影像资料）：

1. 提取文物建立文物修复档案，采集文物信息并照相等。
2. 清理器表污染物。用刻刀、锤子等工具，剔除铁器表面硬结物、较疏松锈蚀层等。
3. 超声波除锈。将初步清理后的铁器放入超声波清洗机中，加入去离子水超声清洗。
4. 脱盐除氯。在文物清洗机中加入稀碱、还原剂、渗透剂共同配成的脱盐材料及去离子水，搅拌均匀，再放入文物进行脱盐除氯。
5. 缓蚀。将铁器浸泡在2%BTA乙醇溶液中来进行缓蚀。
6. 封护。将铁器浸泡在3%B72丙酮溶液中对其进行表面封护

保护修复后尺寸（厘米）	长11.1，宽8.7，厚0.4	保护修复后重量（千克）	0.18
修复人员	郭海龙、王昱元	审核人	陈谊
完成日期	2022-07-04		

保护修复后影像资料	

保护修复日志

2022-04-12—2022-04-13 清理器表污染物 用刻刀、锤子等工具，剔除铁器表面硬结物、较疏松锈蚀层等	
2022-04-15 超声波除锈 将手动除锈后的铁器放入超声波清洗机，加入去离子水后加热进行超声清洗，完成后用去离子水再对铁器表面反复冲洗。然后放入烘箱进行干燥	

续表 1

2022-04-18—2022-04-22 使用文物清洗机进行脱盐除氯 将铁器放进清洗箱，加入去离子水和用稀碱、还原剂、渗透剂共同配成的脱盐材料，适当加热，浸泡一段时间后更换溶液，直到氯离子浓度低于 50ppm。脱盐结束后的器物用去离子水反复清洗，之后放入烘箱进行干燥	
2022-05-18—2022-05-19 除锈 脱盐后的器物，用錾子和锤子等工具，再次剔除器表铁锈	
2022-07-04 缓蚀 将铁器浸泡在 2%BTA 乙醇溶液中进行缓蚀，之后待铁器自然干燥	
2022-07-04 封护 将铁器浸泡在 3%B72 丙酮溶液中对其进行表面封护，使铁器表面形成致密保护膜	

馆藏金属文物修复档案50

文物保存现状表

名称	铁锸		
文物编号	ZJ0058	年代	汉
保护修复前尺寸（厘米）	长11.3，宽5.2，高2.2	保护处理前重量（千克）	0.20
文物保护环境	目前此铁器存于洛阳市文物考古研究院库房中，保存条件有限，很容易发生析氢腐蚀和耗氧腐蚀，加之大部分器物已有通体锈蚀、瘤状物、残缺等病害，随着温湿度变化，文物病害有加重趋势		
病害状况	器壁上有较厚的土质硬结物。器物呈全面腐蚀状态，整体矿化严重，表面有较多瘤状物		
文物病害图			
保护修复前影像资料			

图例：

表面硬结物	层状堆积	全面腐蚀	瘤状物	通体矿化	残缺

绘图单位	洛阳市文物考古研究院		
文物名称	铁锸ZJ0058		
绘制人	胡楠	时间	2018年11月

文物保护修复记录表

文物保护修复情况综述（材料、工艺、步骤及操作条件，附保护修复后影像资料）：

1. 提取文物建立文物修复档案，采集文物信息并照相等。
2. 清理器表污染物。用刻刀、锤子等工具，剔除铁器表面硬结物、较疏松锈蚀层等。
3. 超声波除锈。将初步清理后的铁器放入超声波清洗机中，加入去离子水超声清洗。
4. 脱盐除氯。在文物清洗机中加入稀碱、还原剂、渗透剂共同配成的脱盐材料及去离子水，搅拌均匀，再放入文物进行脱盐除氯。
5. 缓蚀。将铁器浸泡在 2%BTA 乙醇溶液中来进行缓蚀。
6. 封护。将铁器浸泡在 3%B72 丙酮溶液中对其进行表面封护

保护修复后尺寸（厘米）	长 10.5，宽 4.5，高 1.5	保护修复后重量（千克）	0.09
修复人员	刘高琛、杨琦	审核人	陈谊
完成日期	2022-07-04		

保护修复后影像资料	

保护修复日志

2022-04-12—2022-04-13 清理器表污染物 用刻刀、锤子等工具，剔除铁器表面硬结物、较疏松锈蚀层等	
2022-04-15 超声波除锈 将手动除锈后的铁器放入超声波清洗机，加入去离子水后加热进行超声清洗，完成后用去离子水再对铁器表面反复冲洗。然后放入烘箱进行干燥	

续表 1

2022-04-18—2022-04-22 **使用文物清洗机进行脱盐除氯** 将铁器放进清洗箱，加入去离子水和用稀碱、还原剂、渗透剂共同配成的脱盐材料，适当加热，浸泡一段时间后更换溶液，直到氯离子浓度低于 50ppm。脱盐结束后的器物用去离子水反复清洗，之后放入烘箱进行干燥	
2022-05-19—2022-05-20 **除锈** 脱盐后的器物，用錾子和锤子等工具，再次剔除器表铁锈	
2022-07-04 **缓蚀** 将铁器浸泡在 2%BTA 乙醇溶液中进行缓蚀，之后待铁器自然干燥	
2022-07-04 **封护** 将铁器浸泡在 3%B72 丙酮溶液中对其进行表面封护，使铁器表面形成致密保护膜	

馆藏金属文物修复档案51

文物保存现状表

名称	铁锸		
文物编号	ZJ0059	年代	汉
保护修复前尺寸（厘米）	长14.0，宽11.2，厚1.9	保护处理前重量（千克）	0.44
文物保护环境	目前此铁器存于洛阳市文物考古研究院库房中，保存条件有限，很容易发生析氢腐蚀和耗氧腐蚀，加之大部分器物已有通体锈蚀、瘤状物、残缺等病害，随着温湿度变化，文物病害有加重趋势		
病害状况	铁器表面有较厚的土质硬结物。器物呈全面腐蚀状态，整体矿化严重，表面有较多瘤状物。器身有明显残缺		
文物病害图	 图例：表面硬结物 层状堆积 全面腐蚀 瘤状物 残缺 绘图单位：洛阳市文物考古研究院 文物名称：铁锸ZJ0059 绘制人：胡楠 时间：2018年11月		
保护修复前影像资料			

文物保护修复记录表

文物保护修复情况综述（材料、工艺、步骤及操作条件，附保护修复后影像资料）：

1. 提取文物建立文物修复档案，采集文物信息并照相等。
2. 清理器表污染物。用刻刀、锤子等工具，剔除铁器表面硬结物、较疏松锈蚀层等。
3. 超声波除锈。将初步清理后的铁器放入超声波清洗机中，加入去离子水超声清洗。
4. 脱盐除氯。在文物清洗机中加入稀碱、还原剂、渗透剂共同配成的脱盐材料及去离子水，搅拌均匀，再放入文物进行脱盐除氯。
5. 缓蚀。将铁器浸泡在2%BTA乙醇溶液中来进行缓蚀。
6. 封护。将铁器浸泡在3%B72丙酮溶液中对其进行表面封护

保护修复后尺寸（厘米）	长14.0，宽9.5，厚1.5	保护修复后重量（千克）	0.24
修复人员	刘高琛、王昱元	审核人	陈谊
完成日期	2022-07-04		

保护修复后影像资料	

保护修复日志

2022-04-13—2022-04-14 清理器表污染物 用刻刀、锤子等工具，剔除铁器表面硬结物、较疏松锈蚀层等	
2022-04-15 超声波除锈 将手动除锈后的铁器放入超声波清洗机，加入去离子水后加热进行超声清洗，完成后用去离子水再对铁器表面反复冲洗。然后放入烘箱进行干燥	

续表 1

2022-04-18—2022-04-22 **使用文物清洗机进行脱盐除氯** 将铁器放进清洗箱，加入去离子水和用稀碱、还原剂、渗透剂共同配成的脱盐材料，适当加热，浸泡一段时间后更换溶液，直到氯离子浓度低于 50ppm。脱盐结束后的器物用去离子水反复清洗，之后放入烘箱进行干燥	
2022-05-18—2022-05-19 **除锈** 脱盐后的器物，用錾子和锤子等工具，再次剔除器表铁锈	
2022-07-04 **缓蚀** 将铁器浸泡在 2%BTA 乙醇溶液中进行缓蚀，之后待铁器自然干燥	
2022-07-04 **封护** 将铁器浸泡在 3%B72 丙酮溶液中对其进行表面封护，使铁器表面形成致密保护膜	

馆藏金属文物修复档案52

文物保存现状表

名称	铁犁		
文物编号	ZJ0060	年代	汉
保护修复前尺寸（厘米）	长18.2，宽23.8，高2.0	保护处理前重量（千克）	0.52
文物保护环境	目前此铁器存于洛阳市文物考古研究院库房中，保存条件有限，很容易发生析氢腐蚀和耗氧腐蚀，加之大部分器物已有通体锈蚀、瘤状物、残缺等病害，随着温湿度变化，文物病害有加重趋势		
病害状况	器壁上有较厚的表面硬结物。器物呈全面腐蚀状态，整体矿化严重，表面有较多瘤状物，有较厚的层状堆积		
文物病害图			
保护修复前影像资料			

图例：

表面硬结物	层状堆积	全面腐蚀	通体矿化

绘图单位	洛阳市文物考古研究院
文物名称	铁犁ZJ0060
绘制人	胡楠	时间	2018年11月

文物保护修复记录表

文物保护修复情况综述（材料、工艺、步骤及操作条件，附保护修复后影像资料）：

1. 提取文物建立文物修复档案，采集文物信息并照相等。
2. 清理器表污染物。用刻刀、锤子等工具，剔除铁器表面硬结物、较疏松锈蚀层等。
3. 超声波除锈。将初步清理后的铁器放入超声波清洗机中，加入去离子水超声清洗。
4. 脱盐除氯。在文物清洗机中加入稀碱、还原剂、渗透剂共同配成的脱盐材料及去离子水，搅拌均匀，再放入文物进行脱盐除氯。
5. 补配。用914环氧树脂胶和脱盐后的铁锈调和，填补裂缝及残缺处。
6. 缓蚀。将铁器浸泡在2%BTA乙醇溶液中来进行缓蚀。
7. 封护。将铁器浸泡在3%B72丙酮溶液中对其进行表面封护

保护修复后尺寸（厘米）	长18.0，宽23.0，高2.0	保护修复后重量（千克）	0.38
修复人员	郭海龙、杨琦	审核人	陈谊
完成日期	2022-07-04		

保护修复后影像资料	

保护修复日志

2022-04-13—2022-04-14 清理器表污染物 用刻刀、锤子等工具，剔除铁器表面硬结物、较疏松锈蚀层等	
2022-04-15 超声波除锈 将手动除锈后的铁器放入超声波清洗机，加入去离子水后加热进行超声清洗，完成后用去离子水再对铁器表面反复冲洗。然后放入烘箱进行干燥	

续表 1

2022-04-18—2022-04-22 使用文物清洗机进行脱盐除氯 将铁器放进清洗箱，加入去离子水和用稀碱、还原剂、渗透剂共同配成的脱盐材料，适当加热，浸泡一段时间后更换溶液，直到氯离子浓度低于50ppm。脱盐结束后的器物用去离子水反复清洗，之后放入烘箱进行干燥	
2022-05-19—2022-05-20 除锈 脱盐后的器物，用錾子和锤子等工具，再次剔除器表铁锈	
2022-05-21—2022-05-22 补配 用914环氧树脂胶和脱盐后的铁锈调和，填补裂缝及残缺处，自然阴干后，用打磨机将多余的914环氧树脂胶打磨掉	
2022-07-04 缓蚀 将铁器浸泡在2%BTA乙醇溶液中进行缓蚀，之后待铁器自然干燥	
2022-07-04 封护 将铁器浸泡在3%B72丙酮溶液中对其进行表面封护，使铁器表面形成致密保护膜	

馆藏金属文物修复档案53

文物保存现状表

名称	铁犁		
文物编号	ZJ0061	年代	汉
保护修复前尺寸（厘米）	长10.6，宽15.1，高1.8	保护处理前重量（千克）	0.28
文物保护环境	目前此铁器存于洛阳市文物考古研究院库房中，保存条件有限，很容易发生析氢腐蚀和耗氧腐蚀，加之大部分器物已有通体锈蚀、瘤状物、残缺等病害，随着温湿度变化，文物病害有加重趋势		
病害状况	器壁上有较厚的表面硬结物和大量白色钙化物。器物呈全面腐蚀状态，整体矿化严重，表面有层状堆积和较多瘤状物		
文物病害图	 图例： 表面硬结物 层状堆积 全面腐蚀 全面腐蚀　　绘图单位 洛阳市文物考古研究院　文物名称 铁犁ZJ0061　绘制人 胡楠 时间 2018年11月		
保护修复前影像资料			

文物保护修复记录表

文物保护修复情况综述（材料、工艺、步骤及操作条件，附保护修复后影像资料）：

1. 提取文物建立文物修复档案，采集文物信息并照相等。
2. 清理器表污染物。用刻刀、锤子等工具，剔除铁器表面硬结物、较疏松锈蚀层等。
3. 超声波除锈。将初步清理后的铁器放入超声波清洗机中，加入去离子水超声清洗。
4. 脱盐除氯。在文物清洗机中加入稀碱、还原剂、渗透剂共同配成的脱盐材料及去离子水，搅拌均匀，再放入文物进行脱盐除氯。
5. 缓蚀。将铁器浸泡在2%BTA乙醇溶液中来进行缓蚀。
6. 封护。将铁器浸泡在3%B72丙酮溶液中对其进行表面封护

保护修复后尺寸（厘米）	长 10.5，宽 15.0，高 1.8	保护修复后重量（千克）	0.23
修复人员	郭海龙、王昱元	审核人	陈谊
完成日期	2022-07-04		

保护修复后影像资料	

保护修复日志

2022-04-13—2022-04-14 清理器表污染物 用刻刀、锤子等工具，剔除铁器表面硬结物、较疏松锈蚀层等	
2022-04-15 超声波除锈 将手动除锈后的铁器放入超声波清洗机，加入去离子水后加热进行超声清洗，完成后用去离子水再对铁器表面反复冲洗。然后放入烘箱进行干燥	

续表 1

2022-04-18—2022-04-22 **使用文物清洗机进行脱盐除氯** 将铁器放进清洗箱，加入去离子水和用稀碱、还原剂、渗透剂共同配成的脱盐材料，适当加热，浸泡一段时间后更换溶液，直到氯离子浓度低于50ppm。脱盐结束后的器物用去离子水反复清洗，之后放入烘箱进行干燥	
2022-05-20—2022-05-21 **除锈** 脱盐后的器物，用錾子和锤子等工具，再次剔除器表铁锈	
2022-07-04 **缓蚀** 将铁器浸泡在2%BTA乙醇溶液中进行缓蚀，之后待铁器自然干燥	
2022-07-04 **封护** 将铁器浸泡在3%B72丙酮溶液中对其进行表面封护，使铁器表面形成致密保护膜	

馆藏金属文物修复档案54

文物保存现状表

名称	铁锸		
文物编号	ZJ0062	年代	汉
保护修复前尺寸（厘米）	长 11.2，宽 5.0，高 2.1	保护处理前重量（千克）	0.24
文物保护环境	目前此铁器存丁洛阳市文物考古研究院库房中，保存条件有限，很容易发生析氢腐蚀和耗氧腐蚀，加之大部分器物已有通体锈蚀、瘤状物、残缺等病害，随着温湿度变化，文物病害有加重趋势		
病害状况	器壁上有较厚的土质硬结物。器物呈全面腐蚀状态，整体矿化严重，表面有层状堆积和较多瘤状物		
文物病害图			
保护修复前影像资料			

图例：

表面硬结物	层状堆积	全面腐蚀	瘤状物	残缺

绘图单位	洛阳市文物考古研究院
文物名称	铁锸ZJ0062
绘制人	胡楠	时间	2018年11月

文物保护修复记录表

文物保护修复情况综述（材料、工艺、步骤及操作条件，附保护修复后影像资料）：

1. 提取文物建立文物修复档案，采集文物信息并照相等。
2. 清理器表污染物。用刻刀、锤子等工具，剔除铁器表面硬结物、较疏松锈蚀层等。
3. 超声波除锈。将初步清理后的铁器放入超声波清洗机中，加入去离子水超声清洗。
4. 脱盐除氯。在文物清洗机中加入稀碱、还原剂、渗透剂共同配成的脱盐材料及去离子水，搅拌均匀，再放入文物进行脱盐除氯。
5. 补配。用914环氧树脂胶和脱盐后的铁锈调和，填补裂缝及残缺处。
6. 缓蚀。将铁器浸泡在2%BTA乙醇溶液中来进行缓蚀。
7. 封护。将铁器浸泡在3%B72丙酮溶液中对其进行表面封护

保护修复后尺寸（厘米）	长 11.2，宽 4.2，高 1.9	保护修复后重量（千克）	0.15
修复人员	刘高琛、杨琦	审核人	陈谊
完成日期	2022-07-04		

保护修复后影像资料

保护修复日志

2022-04-13-2022-04-14 清理器表污染物 用刻刀、锤子等工具，剔除铁器表面硬结物、较疏松锈蚀层等	
2022-04-15 超声波除锈 将手动除锈后的铁器放入超声波清洗机，加入去离子水后加热进行超声清洗，完成后用去离子水再对铁器表面反复冲洗。然后放入烘箱进行干燥	

续表 1

2022-04-18—2022-04-22 使用文物清洗机进行脱盐除氯 将铁器放进清洗箱，加入去离子水和用稀碱、还原剂、渗透剂共同配成的脱盐材料，适当加热，浸泡一段时间后更换溶液，直到氯离子浓度低于50ppm。脱盐结束后的器物用去离子水反复清洗，之后放入烘箱进行干燥	
2022-05-21—2022-05-22 除锈 脱盐后的器物，用錾子和锤子等工具，再次剔除器表铁锈	
2022-05-23—2022-05-24 补配 用914环氧树脂胶和脱盐后的铁锈调和，填补裂缝及残缺处，自然阴干后，用打磨机将多余的914环氧树脂胶打磨掉	
2022-07-04 缓蚀 将铁器浸泡在2%BTA乙醇溶液中进行缓蚀，之后待铁器自然干燥	
2022-07-04 封护 将铁器浸泡在3%B72丙酮溶液中对其进行表面封护，使铁器表面形成致密保护膜	

馆藏金属文物修复档案55

文物保存现状表

名称	铁犁		
文物编号	ZJ0063	年代	汉
保护修复前尺寸（厘米）	长 18.0，宽 22.5，高 2.3	保护处理前重量（千克）	0.58
文物保护环境	目前此铁器存于洛阳市文物考古研究院库房中，保存条件有限，很容易发生析氢腐蚀和耗氧腐蚀，加之大部分器物已有通体锈蚀、瘤状物、残缺等病害，随着温湿度变化，文物病害有加重趋势		
病害状况	器壁上有较厚的土质硬结物。器物呈全面腐蚀状态，整体矿化严重，表面有层状堆积和较大的瘤状物		
文物病害图	 图例：表面硬结物 层状堆积 全面腐蚀 瘤状物 绘图单位：洛阳市文物考古研究院 文物名称：铁犁ZJ0063 绘制人：胡楠　时间：2018年11月		
保护修复前影像资料			

文物保护修复记录表

文物保护修复情况综述（材料、工艺、步骤及操作条件，附保护修复后影像资料）：

1. 提取文物建立文物修复档案，采集文物信息并照相等。
2. 清理器表污染物。用刻刀、锤子等工具，剔除铁器表面硬结物、较疏松锈蚀层等。
3. 超声波除锈。将初步清理后的铁器放入超声波清洗机中，加入去离子水超声清洗。
4. 脱盐除氯。在文物清洗机中加入稀碱、还原剂、渗透剂共同配成的脱盐材料及去离子水，搅拌均匀，再放入文物进行脱盐除氯。
5. 补配。用 914 环氧树脂胶和脱盐后的铁锈调和，填补裂缝及残缺处。
6. 缓蚀。将铁器浸泡在 2%BTA 乙醇溶液中来进行缓蚀。
7. 封护。将铁器浸泡在 3%B72 丙酮溶液中对其进行表面封护

保护修复后尺寸（厘米）	长 18.0，宽 22.1，高 2.3	保护修复后重量（千克）	0.42
修复人员	刘高琛、王昱元	审核人	陈谊
完成日期	2022-07-04		

保护修复后影像资料	

保护修复日志

2022-04-13—2022-04-14 清理器表污染物 用刻刀、锤子等工具，剔除铁器表面硬结物、较疏松锈蚀层等	
2022-04-15 超声波除锈 将初步除锈后的铁器放入超声波清洗机，加入去离子水后加热进行超声清洗，完成后用去离子水再对铁器表面反复冲洗。然后放入烘箱进行干燥	

续表 1

2022-04-18—2022-04-22 使用文物清洗机进行脱盐除氯 将铁器放进清洗箱，加入去离子水和用稀碱、还原剂、渗透剂共同配成的脱盐材料，适当加热，浸泡一段时间后更换溶液，直到氯离子浓度低于50ppm。脱盐结束后的器物用去离子水反复清洗，之后放入烘箱进行干燥	
2022-05-21—2022-05-22 除锈 脱盐后的器物，用錾子和锤子等工具，再次剔除器表铁锈	
2022-05-22—2022-05-23 补配 用914环氧树脂胶和脱盐后的铁锈调和，填补裂缝及残缺处，自然阴干后，用打磨机将多余的914环氧树脂胶打磨掉	
2022-07-04 缓蚀 将铁器浸泡在2%BTA乙醇溶液中进行缓蚀，之后待铁器自然干燥	
2022-07-04 封护 将铁器浸泡在3%B72丙酮溶液中对其进行表面封护，使铁器表面形成致密保护膜	

馆藏金属文物修复档案56

文物保存现状表

名称	铁锸		
文物编号	ZJ0064	年代	汉
保护修复前尺寸（厘米）	长 14.8，宽 6.5，高 0 5	保护处理前重量（千克）	0.24
文物保护环境	目前此铁器存于洛阳市文物考古研究院库房中，保存条件有限，很容易发生析氢腐蚀和耗氧腐蚀，加之大部分器物已有通体锈蚀、瘤状物、残缺等病害，随着温湿度变化，文物病害有加重趋势		
病害状况	器壁上有较厚的土质硬结物。器物呈全面腐蚀状态，整体矿化严重，表面有层状堆积，边缘处有较多瘤状物		
文物病害图			
保护修复前影像资料			

图例：
表面硬结物　层状堆积　全面腐蚀　瘤状物

绘图单位	洛阳市文物考古研究院
文物名称	铁锸ZJ0064
绘制人	胡楠　时间　2018年11月

文物保护修复记录表

文物保护修复情况综述（材料、工艺、步骤及操作条件，附保护修复后影像资料）：
1. 提取文物建立文物修复档案，采集文物信息并照相等。
2. 清理器表污染物。用刻刀、锤子等工具，剔除铁器表面硬结物、较疏松锈蚀层等。
3. 超声波除锈。将初步清理后的铁器放入超声波清洗机中，加入去离子水超声清洗。
4. 脱盐除氯。在文物清洗机中加入稀碱、还原剂、渗透剂共同配成的脱盐材料及去离子水，搅拌均匀，再放入文物进行脱盐除氯。
5. 缓蚀。将铁器浸泡在2%BTA乙醇溶液中来进行缓蚀。
6. 封护。将铁器浸泡在3%B72丙酮溶液中对其进行表面封护

保护修复后尺寸（厘米）	长14.0，宽6.1，高0.5	保护修复后重量（千克）	0.13
修复人员	郭海龙、王昱元	审核人	陈谊
完成日期	2022-07-04		

保护修复后影像资料	

保护修复日志

2022-04-13—2022-04-14 清理器表污染物 用刻刀、锤子等工具，剔除铁器表面硬结物、较疏松锈蚀层等	
2022-04-15 超声波除锈 将手动除锈后的铁器放入超声波清洗机，加入去离子水后加热进行超声清洗，完成后用去离子水再对铁器表面反复冲洗。然后放入烘箱进行干燥	

续表 1

2022-04-18—2022-04-22 **使用文物清洗机进行脱盐除氯** 将铁器放进清洗箱，加入去离子水和用稀碱、还原剂、渗透剂共同配成的脱盐材料，适当加热，浸泡一段时间后更换溶液，直到氯离子浓度低于 50ppm。脱盐结束后的器物用去离子水反复清洗，之后放入烘箱进行干燥	
2022-05-22—2022-05-23 **除锈** 脱盐后的器物，用錾子和锤子等工具，再次剔除器表铁锈	
2022-07-04 **缓蚀** 将铁器浸泡在 2%BTA 乙醇溶液中进行缓蚀，之后待铁器自然干燥	
2022-07-04 **封护** 将铁器浸泡在 3%B72 丙酮溶液中对其进行表面封护，使铁器表面形成致密保护膜	

馆藏金属文物修复档案57

文物保存现状表

名称	铁斧		
文物编号	ZJ0065	年代	汉
保护修复前尺寸（厘米）	长 7.5，宽 6.0，高 1.3	保护处理前重量（千克）	0.20
文物保护环境	目前此铁器存于洛阳市文物考古研究院库房中，保存条件有限，很容易发生析氢腐蚀和耗氧腐蚀，加之大部分器物已有通体锈蚀、瘤状物、残缺等病害，随着温湿度变化，文物病害有加重趋势		
病害状况	铁斧表面有较厚的硬结物。器物呈全面腐蚀状态，通体矿化严重，表面有层状堆积和较多瘤状物		
文物病害图			

图例：

◈◈◈ 表面硬结物	〰〰 层状堆积	全面腐蚀 全面腐蚀	⊕ 瘤状物	通体矿化 通体矿化

绘图单位	洛阳市文物考古研究院
文物名称	铁斧ZJ0065
绘制人	胡楠	时间	2018年11月

保护修复前影像资料

文物保护修复记录表

文物保护修复情况综述（材料、工艺、步骤及操作条件，附保护修复后影像资料）：

1. 提取文物建立文物修复档案，采集文物信息并照相等。
2. 清理器表污染物。用刻刀、锤子等工具，剔除铁器表面硬结物、较疏松锈蚀层等。
3. 超声波除锈。将初步清理后的铁器放入超声波清洗机中，加入去离子水超声清洗。
4. 脱盐除氯。在文物清洗机中加入稀碱、还原剂、渗透剂共同配成的脱盐材料及去离子水，搅拌均匀，再放入文物进行脱盐除氯。
5. 缓蚀。将铁器浸泡在2%BTA乙醇溶液中来进行缓蚀。
6. 封护。将铁器浸泡在3%B72丙酮溶液中对其进行表面封护

保护修复后尺寸（厘米）	长7.4，宽6.0，高1.2	保护修复后重量（千克）	0.18
修复人员	郭海龙、杨琦	审核人	陈谊
完成日期	2022-07-04		

保护修复后影像资料	

保护修复日志

2022-04-14 清理器表污染物 用刻刀、锤子等工具，剔除铁器表面硬结物、较疏松锈蚀层等	
2022-04-15 超声波除锈 将手动除锈后的铁器放入超声波清洗机，加入去离子水后加热进行超声清洗，完成后用去离子水再对铁器表面反复冲洗。然后放入烘箱进行干燥	

续表 1

2022-04-18—2022-04-22 使用文物清洗机进行脱盐除氯 将铁器放进清洗箱，加入去离子水和用稀碱、还原剂、渗透剂共同配成的脱盐材料，适当加热，浸泡一段时间后更换溶液，直到氯离子浓度低于50ppm。脱盐结束后的器物用去离子水反复清洗，之后放入烘箱进行干燥	
2022-05-22—2022-05-23 除锈 脱盐后的器物，用錾子和锤子等工具，再次剔除器表铁锈	
2022-07-04 缓蚀 将铁器浸泡在2%BTA乙醇溶液中进行缓蚀，之后待铁器自然干燥	
2022-07-04 封护 将铁器浸泡在3%B72丙酮溶液中对其进行表面封护，使铁器表面形成致密保护膜	

馆藏金属文物修复档案58

文物保存现状表

名称	铁刀		
文物编号	ZJ0066	年代	宋
保护修复前尺寸（厘米）	长 19.5，宽 12.0，高 0.9	保护处理前重量（丁克）	1.20
文物保护环境	目前此铁器存于洛阳市文物考古研究院库房中，保存条件有限，很容易发生析氢腐蚀和耗氧腐蚀，加之大部分器物已有通体锈蚀、瘤状物、残缺等病害，随着温湿度变化，文物病害有加重趋势		
病害状况	铁刀表面有较厚的硬结物。器物呈全面腐蚀状态，整体矿化严重，表面有层状堆积和较多瘤状物，质地脆弱。		
文物病害图			
保护修复前影像资料			

图例：
表面硬结物　层状堆积　全面腐蚀　瘤状物　裂隙

绘图单位	洛阳市文物考古研究院
文物名称	铁刀ZJ0066
绘制人	胡楠　时　间　2018年11月

文物保护修复记录表

文物保护修复情况综述（材料、工艺、步骤及操作条件，附保护修复后影像资料）：
1. 提取文物建立文物修复档案，采集文物信息并照相等。
2. 清理器表污染物。用刻刀、锤子等工具，剔除铁器表面硬结物、较疏松锈蚀层等。
3. 超声波除锈。将初步清理后的铁器放入超声波清洗机中，加入去离子水超声清洗。
4. 脱盐除氯。在文物清洗机中加入稀碱、还原剂、渗透剂共同配成的脱盐材料及去离子水，搅拌均匀，再放入文物进行脱盐除氯。
5. 缓蚀。将铁器浸泡在2%BTA乙醇溶液中来进行缓蚀。
6. 封护。将铁器浸泡在3%B72丙酮溶液中对其进行表面封护

保护修复后尺寸（厘米）	长18.0，宽12.0，高0.4	保护修复后重量（千克）	0.78
修复人员	郭海龙、杨琦	审核人	陈谊
完成日期	2022-07-04		

保护修复后影像资料	

保护修复日志

2022-04-14 清理器表污染物 用刻刀、锤子等工具，剔除铁器表面硬结物、较疏松锈蚀层等	
2022-04-15 超声波除锈 将手动除锈后的铁器放入超声波清洗机，加入去离子水后加热进行超声清洗，完成后用去离子水再对铁器表面反复冲洗。然后放入烘箱进行干燥	

续表 1

2022-04-18—2022-04-22 **使用文物清洗机进行脱盐除氯** 将铁器放进清洗箱，加入去离子水和用稀碱、还原剂、渗透剂共同配成的脱盐材料，适当加热，浸泡一段时间后更换溶液，直到氯离子浓度低于 50ppm。脱盐结束后的器物用去离子水反复清洗，之后放入烘箱进行干燥	
2022-05-23—2022-05-24 **除锈** 脱盐后的器物，用錾子和锤子等工具，再次剔除器表铁锈	
2022-07-04 **缓蚀** 将铁器浸泡在 2%BTA 乙醇溶液中进行缓蚀，之后待铁器自然干燥	
2022-07-04 **封护** 将铁器浸泡在 3%B72 丙酮溶液中对其进行表面封护，使铁器表面形成致密保护膜	

馆藏金属文物修复档案59

文物保存现状表

名称	铁刀		
文物编号	ZJ0067	年代	宋
保护修复前尺寸（厘米）	长16.2，宽12.4，高0.7	保护处理前重量（千克）	1.00
文物保护环境	目前此铁器存于洛阳市文物考古研究院库房中，保存条件有限，很容易发生析氢腐蚀和耗氧腐蚀，加之大部分器物已有通体锈蚀、瘤状物、残缺等病害，随着温湿度变化，文物病害有加重趋势		
病害状况	铁刀表面布满较厚的土锈和硬结物。器型保存较为完整，但器物呈全面腐蚀状态，整体矿化严重，表面有层状堆积		
文物病害图	

图例： 表面硬结物　 层状堆积　全面腐蚀 全面腐蚀

绘图单位	洛阳市文物考古研究院
文物名称	铁刀ZJ0067
绘制人	胡楠	时间	2018年11月			
保护修复前影像资料			

文物保护修复记录表

文物保护修复情况综述（材料、工艺、步骤及操作条件，附保护修复后影像资料）：

1. 提取文物建立文物修复档案，采集文物信息并照相等。
2. 清理器表污染物。用刻刀、锤子等工具，剔除铁器表面硬结物、较疏松锈蚀层等。
3. 超声波除锈。将初步清理后的铁器放入超声波清洗机中，加入去离子水超声清洗。
4. 脱盐除氯。在文物清洗机中加入稀碱、还原剂、渗透剂共同配成的脱盐材料及去离子水，搅拌均匀，再放入文物进行脱盐除氯。
5. 补配。用914环氧树脂胶和脱盐后的铁锈调和，填补裂缝及残缺处。
6. 缓蚀。将铁器浸泡在2%BTA乙醇溶液中来进行缓蚀。
7. 封护。将铁器浸泡在3%B72丙酮溶液中对其进行表面封护

保护修复后尺寸（厘米）	长16.2，宽12.4，高0.4	保护修复后重量（千克）	0.90
修复人员	刘高琛、王昱元	审核人	陈谊
完成日期	2022-07-04		

保护修复后影像资料	

保护修复日志

2022-04-14 清理器表污染物 用刻刀、锤子等工具，剔除铁器表面硬结物、较疏松锈蚀层等	
2022-04-15 超声波除锈 将手动除锈后的铁器放入超声波清洗机，加入去离子水后加热进行超声清洗，完成后用去离子水再对铁器表面反复冲洗。然后放入烘箱进行干燥	

续表 1

2022-04-18—2022-04-22 **使用文物清洗机进行脱盐除氯** 将铁器放进清洗箱，加入去离子水和用稀碱、还原剂、渗透剂共同配成的脱盐材料，适当加热，浸泡一段时间后更换溶液，直到氯离子浓度低于50ppm。脱盐结束后的器物用去离子水反复清洗，之后放入烘箱进行干燥	
2022-05-23—2022-05-24 **除锈** 脱盐后的器物，用錾子和锤子等工具，再次剔除器表铁锈	
2022-05-24—2022-05-25 **补配** 用914环氧树脂胶和脱盐后的铁锈调和，填补裂缝及残缺处，自然阴干后，用打磨机将多余的914环氧树脂胶打磨掉	
2022-07-04 **缓蚀** 将铁器浸泡在2%BTA乙醇溶液中进行缓蚀，之后待铁器自然干燥	
2022-07-04 **封护** 将铁器浸泡在3%B72丙酮溶液中对其进行表面封护，使铁器表面形成致密保护膜	

馆藏金属文物修复档案60

文物保存现状表

名称	铁瓦		
文物编号	ZJ0068	年代	宋
保护修复前尺寸（厘米）	长 25.7，宽 21.0，高 0.8	保护处理前重量（千克）	1.58
文物保护环境	目前此铁器存于洛阳市文物考古研究院库房中，保存条件有限，很容易发生析氢腐蚀和耗氧腐蚀，加之大部分器物已有通体锈蚀、瘤状物、残缺等病害，随着温湿度变化，文物病害有加重趋势		
病害状况	器壁上有较厚的土质硬结物。器物呈全面腐蚀状态，整体矿化严重，表面有层状堆积和较多瘤状物有一个较大的孔洞。		
文物病害图			
保护修复前影像资料			

图例：

表面硬结物	层状堆积	全面腐蚀	孔洞	瘤状物

绘图单位	洛阳市文物考古研究院		
文物名称	铁瓦ZJ0068		
绘制人	胡楠	时间	2018年11月

文物保护修复记录表

文物保护修复情况综述（材料、工艺、步骤及操作条件，附保护修复后影像资料）：

1. 提取文物建立文物修复档案，采集文物信息并照相等。
2. 清理器表污染物。用刻刀、锤子等工具，剔除铁器表面硬结物、较疏松锈蚀层等。
3. 超声波除锈。将初步清理后的铁器放入超声波清洗机中，加入去离子水超声清洗。
4. 脱盐除氯。在文物清洗机中加入稀碱、还原剂、渗透剂共同配成的脱盐材料及去离子水，搅拌均匀，再放入文物进行脱盐除氯。
5. 缓蚀。将铁器浸泡在2%BTA乙醇溶液中来进行缓蚀。
6. 封护。将铁器浸泡在3%B72丙酮溶液中对其进行表面封护

保护修复后尺寸（厘米）	长25.6，宽21.0，高0.8	保护修复后重量（千克）	1.44
修复人员	刘高琛、王昱元	审核人	陈谊
完成日期	2022-07-04		

保护修复后影像资料	

保护修复日志

2022-04-15—2022-04-18 清理器表污染物 用刻刀、锤子等工具，剔除铁器表面硬结物、较疏松锈蚀层等	
2022-04-29 超声波除锈 将手动除锈后的铁器放入超声波清洗机，加入去离子水后加热进行超声清洗，完成后用去离子水再对铁器表面反复冲洗。然后放入烘箱进行干燥	

续表 1

2022-05-08—2022-05-13 使用文物清洗机进行脱盐除氯 将铁器放进清洗箱，加入去离子水和用稀碱、还原剂、渗透剂共同配成的脱盐材料，适当加热，浸泡一段时间后更换溶液，直到氯离子浓度低于50ppm。脱盐结束后的器物用去离子水反复清洗，之后放入烘箱进行干燥	
2022-05-23—2022-05-24 除锈 脱盐后的器物，用錾子和锤子及电动洁牙机等工具，再次剔除器表铁锈	
2022-07-04 缓蚀 将铁器浸泡在2%BTA乙醇溶液中进行缓蚀，之后待铁器自然干燥	
2022-07-04 封护 将铁器浸泡在3%B72丙酮溶液中对其进行表面封护，使铁器表面形成致密保护膜	

馆藏金属文物修复档案61

文物保存现状表

名称	铁犁		
文物编号	ZJ0069	年代	汉
保护修复前尺寸（厘米）	长 13.5，宽 6.4，高 0.8	保护处理前重量（千克）	0.22
文物保护环境	目前此铁器存于洛阳市文物考古研究院库房中，保存条件有限，很容易发生析氢腐蚀和耗氧腐蚀，加之大部分器物已有通体锈蚀、瘤状物、残缺等病害，随着温湿度变化，文物病害有加重趋势		
病害状况	器壁上有较厚的土质硬结物。器物呈全面腐蚀状态，表面有较多瘤状物。器身有残缺		
文物病害图			

图例：

表面硬结物　层状堆积　全面腐蚀　残缺

绘图单位	洛阳市文物考古研究院	
文物名称	铁犁ZJ0069	
绘制人	胡楠	时 间 2018年11月

保护修复前影像资料

文物保护修复记录表

文物保护修复情况综述（材料、工艺、步骤及操作条件，附保护修复后影像资料）：

1. 提取文物建立文物修复档案，采集文物信息并照相等。
2. 清理器表污染物。用刻刀、锤子等工具，剔除铁器表面硬结物、较疏松锈蚀层等。
3. 超声波除锈。将初步清理后的铁器放入超声波清洗机中，加入去离子水超声清洗。
4. 脱盐除氯。在文物清洗机中加入稀碱、还原剂、渗透剂共同配成的脱盐材料及去离子水，搅拌均匀，再放入文物进行脱盐除氯。
5. 缓蚀。将铁器浸泡在2%BTA乙醇溶液中来进行缓蚀。
6. 封护。将铁器浸泡在3%B72丙酮溶液中对其进行表面封护

保护修复后尺寸（厘米）	长13.1，宽6.4，高0.8	保护修复后重量（千克）	0.13
修复人员	刘高琛、王昱元	审核人	陈谊
完成日期	2022-07-04		

保护修复后影像资料	
	(六张修复后文物影像照片)

保护修复日志

2022-04-15—2022-04-18 清理器表污染物 用刻刀、锤子等工具，剔除铁器表面硬结物、较疏松锈蚀层等	
2022-04-29 超声波除锈 将手动除锈后的铁器放入超声波清洗机，加入去离子水后加热进行超声清洗，完成后用去离子水再对铁器表面反复冲洗。然后放入烘箱进行干燥	

续表 1

2022-05-08—2022-05-13 **使用文物清洗机进行脱盐除氯** 将铁器放进清洗箱，加入去离子水和用稀碱、还原剂、渗透剂共同配成的脱盐材料，适当加热，浸泡一段时间后更换溶液，直到氯离子浓度低于 50ppm。脱盐结束后的器物用去离子水反复清洗，之后放入烘箱进行干燥	
2022-05-24—2022-05-25 **除锈** 脱盐后的器物，用錾子和锤子等工具，再次剔除器表铁锈	
2022-07-04 **缓蚀** 将铁器浸泡在 2%BTA 乙醇溶液中进行缓蚀，之后待铁器自然干燥	
2022-07-04 **封护** 将铁器浸泡在 3%B72 丙酮溶液中对其进行表面封护，使铁器表面形成致密保护膜	

馆藏金属文物修复档案62

文物保存现状表

名称	铁锸		
文物编号	ZJ0070	年代	汉
保护修复前尺寸（厘米）	长 12.7，宽 4.9，高 2.0	保护处理前重量（千克）	0.24
文物保护环境	目前此铁器存于洛阳市文物考古研究院库房中，保存条件有限，很容易发生析氢腐蚀和耗氧腐蚀，加之大部分器物已有通体锈蚀、瘤状物、残缺等病害，随着温湿度变化，文物病害有加重趋势		
病害状况	铁器上有较厚的表面硬结物。器物呈全面腐蚀状态，有层状堆积现象，表面有瘤状物。		
文物病害图			
保护修复前影像资料			

图例：

表面硬结物	层状堆积	全面腐蚀	瘤状物

绘图单位	洛阳市文物考古研究院
文物名称	铁锸ZJ0070
绘制人	胡楠	时间	2018年11月

文物保护修复记录表

文物保护修复情况综述（材料、工艺、步骤及操作条件，附保护修复后影像资料）：
1. 提取文物建立文物修复档案，采集文物信息并照相等。
2. 清理器表污染物。用刻刀、锤子等工具，剔除铁器表面硬结物、较疏松锈蚀层等。
3. 超声波除锈。将初步清理后的铁器放入超声波清洗机中，加入去离子水超声清洗。
4. 脱盐除氯。在文物清洗机中加入稀碱、还原剂、渗透剂共同配成的脱盐材料及去离子水，搅拌均匀，再放入物
   进行脱盐除氯。
5. 缓蚀。将铁器浸泡在 2%BTA 乙醇溶液中来进行缓蚀。
6. 封护。将铁器浸泡在 3%B72 丙酮溶液中对其进行表面封护

保护修复后尺寸（厘米）	长 11.9，宽 4.5，高 2.0	保护修复后重量（千克）	0.15
修复人员	刘高琛、杨琦	审核人	陈谊
完成日期	2022-07-04		
保护修复后影像资料			

保护修复日志

2022-04-18—2022-04-19 清理器表污染物 用刻刀、锤子等工具，剔除铁器表面硬结物、较疏松锈蚀层等	
2022-04-29 超声波除锈 将手动除锈后的铁器放入超声波清洗机，加入去离子水后加热进行超声清洗，完成后用去离子水再对铁器表面反复冲洗。然后放入烘箱进行干燥	

续表 1

2022-05-08—2022-05-13 使用文物清洗机进行脱盐除氯 将铁器放进清洗箱，加入去离子水和用稀碱、还原剂、渗透剂共同配成的脱盐材料，适当加热，浸泡一段时间后更换溶液，直到氯离子浓度低于50ppm。脱盐结束后的器物用去离子水反复清洗，之后放入烘箱进行干燥	
2022-05-24—2022-05-25 除锈 脱盐后的器物，用錾子和锤子等工具，再次剔除器表铁锈	
2022-07-04 缓蚀 将铁器浸泡在2%BTA乙醇溶液中进行缓蚀，之后待铁器自然干燥	
2022-07-04 封护 将铁器浸泡在3%B72丙酮溶液中对其进行表面封护，使铁器表面形成致密保护膜	

馆藏金属文物修复档案63

文物保存现状表

名称	铁锄		
文物编号	ZJ0071	年代	宋
保护修复前尺寸（厘米）	长63.0，宽14.0，高1.5	保护处理前重量（千克）	1.78
文物保护环境	目前此铁器存于洛阳市文物考古研究院库房中，保存条件有限，很容易发生析氢腐蚀和耗氧腐蚀，加之大部分器物已有通体锈蚀、瘤状物、残缺等病害，随着温湿度变化，文物病害有加重趋势		
病害状况	铁锄上有较厚的白色和黄色表面硬结物。器物呈全面腐蚀状态，表面有层状堆积和较多瘤状物。有变形，有残缺。		
文物病害图			
保护修复前影像资料			

文物保护修复记录表

文物保护修复情况综述（材料、工艺、步骤及操作条件，附保护修复后影像资料）：

1. 提取文物建立文物修复档案，采集文物信息并照相等。
2. 清理器表污染物。用刻刀、锤子等工具，剔除铁器表面硬结物、较疏松锈蚀层等。
3. 超声波除锈。将初步清理后的铁器放入超声波清洗机中，加入去离子水超声清洗。
4. 脱盐除氯。在文物清洗机中加入稀碱、还原剂、渗透剂共同配成的脱盐材料及去离子水，搅拌均匀，再放入文物进行脱盐除氯。
5. 缓蚀。将铁器浸泡在2%BTA乙醇溶液中来进行缓蚀。
6. 封护。将铁器浸泡在3%B72丙酮溶液中对其进行表面封护

保护修复后尺寸（厘米）	长63.0，宽14.0，高1.4	保护修复后重量（千克）	1.55
修复人员	郭海龙、王昱元	审核人	陈谊
完成日期	2022-07-04		

保护修复后影像资料

保护修复日志

2022-04-18—2022-04-19 清理器表污染物 用刻刀、锤子等工具，剔除铁器表面硬结物、较疏松锈蚀层等	
2022-04-29 超声波除锈 将手动除锈后的铁器放入超声波清洗机，加入去离子水后加热进行超声清洗，完成后用去离子水再对铁器表面反复冲洗。然后放入烘箱进行干燥	

续表 1

2022-05-08—2022-05-13 **使用文物清洗机进行脱盐除氯** 将铁器放进清洗箱，加入去离子水和用稀碱、还原剂、渗透剂共同配成的脱盐材料，适当加热，浸泡一段时间后更换溶液，直到氯离子浓度低于50ppm。脱盐结束后的器物用去离子水反复清洗，之后放入烘箱进行干燥	
2022-05-25—2022-05-26 **除锈** 脱盐后的器物，用錾子和锤子等工具，再次剔除器表铁锈	
2022-07-04 **缓蚀** 将铁器浸泡在2%BTA乙醇溶液中进行缓蚀，之后待铁器自然干燥	
2022-07-04 **封护** 将铁器浸泡在3%B72丙酮溶液中对其进行表面封护，使铁器表面形成致密保护膜	

馆藏金属文物修复档案64

文物保存现状表

名称	铁箍		
文物编号	ZJ0072	年代	唐
保护修复前尺寸（厘米）	长 13.0，宽 10.0，高 4.8	保护处理前重量（千克）	1.64
文物保护环境	目前此铁器存于洛阳市文物考古研究院库房中，保存条件有限，很容易发生析氢腐蚀和耗氧腐蚀，加之大部分器物已有通体锈蚀、瘤状物、残缺等病害，随着温湿度变化，文物病害有加重趋势		
病害状况	器壁上有较厚的表面硬结物。器物呈全面腐蚀状态，表面有层状堆积和较多瘤状物		
文物病害图			
保护修复前影像资料			

图例：
表面硬结物　层状堆积　全面腐蚀　瘤状物

绘图单位	洛阳市文物考古研究院
文物名称	铁箍ZJ0072
绘制人	胡楠	时间	2018年11月

文物保护修复记录表

文物保护修复情况综述（材料、工艺、步骤及操作条件，附保护修复后影像资料）：
1. 提取文物建立文物修复档案，采集文物信息并照相等。
2. 清理器表污染物。用刻刀、锤子等工具，剔除铁器表面硬结物、较疏松锈蚀层等。
3. 超声波除锈。将初步清理后的铁器放入超声波清洗机中，加入去离子水超声清洗。
4. 脱盐除氯。在文物清洗机中加入稀碱、还原剂、渗透剂共同配成的脱盐材料及去离子水，搅拌均匀，再放入文物进行脱盐除氯。
5. 缓蚀。将铁器浸泡在2%BTA乙醇溶液中来进行缓蚀。
6. 封护。将铁器浸泡在3%B72丙酮溶液中对其进行表面封护

保护修复后尺寸（厘米）	长13.0，宽10.0，高4.8	保护修复后重量（千克）	1.46
修复人员	刘高琛、杨琦	审核人	陈谊
完成日期	2022-07-04		

保护修复后影像资料	

保护修复日志

2022-04-19—2022-04-20 清理器表污染物 用刻刀、锤子等工具，剔除铁器表面硬结物、较疏松锈蚀层等	
2022-04-29 超声波除锈 将手动除锈后的铁器放入超声波清洗机，加入去离子水后加热进行超声清洗，完成后用去离子水再对铁器表面反复冲洗。然后放入烘箱进行干燥	

续表 1

2022-05-08—2022-05-13 使用文物清洗机进行脱盐除氯 将铁器放进清洗箱，加入去离子水和用稀碱、还原剂、渗透剂共同配成的脱盐材料，适当加热，浸泡一段时间后更换溶液，直到氯离子浓度低于50ppm。脱盐结束后的器物用去离子水反复清洗，之后放入烘箱进行干燥	
2022-05-26—2022-05-27 除锈 脱盐后的器物，用錾子和锤子等工具，再次剔除器表铁锈	
2022-07-04 缓蚀 将铁器浸泡在2%BTA乙醇溶液中进行缓蚀，之后待铁器自然干燥	
2022-07-04 封护 将铁器浸泡在3%B72丙酮溶液中对其进行表面封护，使铁器表面形成致密保护膜	

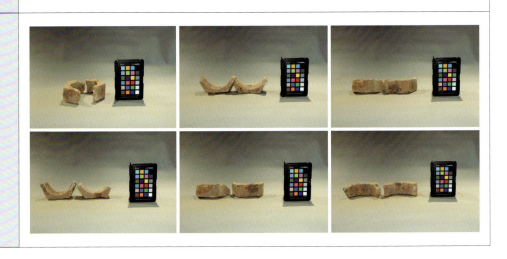

馆藏金属文物修复档案65

文物保存现状表

名称	铁箍		
文物编号	ZJ0073	年代	唐
保护修复前尺寸（厘米）	长13.7，宽9.8，高4.5	保护处理前重量（千克）	1.74
文物保护环境	目前此铁器存于洛阳市文物考古研究院库房中，保存条件有限，很容易发生析氢腐蚀和耗氧腐蚀，加之大部分器物已有通体锈蚀、瘤状物、残缺等病害，随着温湿度变化，文物病害有加重趋势		
病害状况	器壁上有较厚的表面硬结物。器物呈全面腐蚀状态，表面有层状堆积和较多的瘤状物。断裂成两部分		
文物病害图	 图例：　 表面硬结物　 层状堆积　 全面腐蚀　瘤状物 绘图单位　洛阳市文物考古研究院 文物名称　铁撅ZJ0073 绘制人　胡楠　时间　2018年11月		
保护修复前影像资料	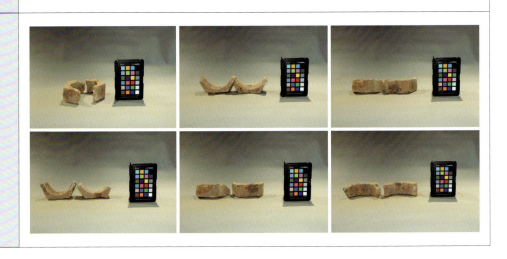		

文物保护修复记录表

文物保护修复情况综述（材料、工艺、步骤及操作条件，附保护修复后影像资料）：

1. 提取文物建立文物修复档案，采集文物信息并照相等。
2. 清理器表污染物。用刻刀、锤子等工具，剔除铁器表面硬结物、较疏松锈蚀层等。
3. 超声波除锈。将初步清理后的铁器放入超声波清洗机中，加入去离子水超声清洗。
4. 脱盐除氯。在文物清洗机中加入稀碱、还原剂、渗透剂共同配成的脱盐材料及去离子水，搅拌均匀，再放入文物进行脱盐除氯。
5. 缓蚀。将铁器浸泡在2%BTA乙醇溶液中来进行缓蚀。
6. 封护。将铁器浸泡在3%B72内酮溶液中对其进行表面封护

保护修复后尺寸（厘米）	长13.7，宽9.8，高4.5	保护修复后重量（千克）	1.65
修复人员	郭海龙、王昱元	审核人	陈谊
完成日期	2022-07-04		
保护修复后影像资料			

保护修复日志

2022-04-19—2022-04-20 清理器表污染物 用刻刀、锤子等工具，剔除铁器表面硬结物、较疏松锈蚀层等	
2022-04-29 超声波除锈 将手动除锈后的铁器放入超声波清洗机，加入去离子水后加热进行超声清洗，完成后用去离子水再对铁器表面反复冲洗。然后放入烘箱进行干燥	

续表 1

2022-05-08—2022-05-13 **使用文物清洗机进行脱盐除氯** 将铁器放进清洗箱，加入去离子水和用稀碱、还原剂、渗透剂共同配成的脱盐材料，适当加热，浸泡一段时间后更换溶液，直到氯离子浓度低于50ppm。脱盐结束后的器物用去离子水反复清洗，之后放入烘箱进行干燥	
2022-05-27—2022-05-28 **除锈** 脱盐后的器物，用錾子和锤子等工具，再次剔除器表铁锈	
2022-07-04 **缓蚀** 将铁器浸泡在2%BTA乙醇溶液中进行缓蚀，之后待铁器自然干燥	
2022-07-04 **封护** 将铁器浸泡在3%B72丙酮溶液中对其进行表面封护，使铁器表面形成致密保护膜	

馆藏金属文物修复档案66

文物保存现状表

名称	铁箍		
文物编号	ZJ0074	年代	唐
保护修复前尺寸（厘米）	长 14.8，宽 9.8，高 4.7	保护处理前重量（千克）	1.02
文物保护环境	目前此铁器存于洛阳市文物考古研究院库房中，保存条件有限，很容易发生析氢腐蚀和耗氧腐蚀，加之大部分器物已有通体锈蚀、瘤状物、残缺等病害，随着温湿度变化，文物病害有加重趋势		
病害状况	铁箍残缺一半，且表面有孔洞。器壁上有较厚的土质硬结物。器物呈全面腐蚀状态，表面有层状堆积		
文物病害图			
保护修复前影像资料			

图例：

表面硬结物	层状堆积	全面腐蚀	残缺	孔洞	瘤状物

绘图单位	洛阳市文物考古研究院
文物名称	铁箍ZJ0074
绘制人	胡楠	时间	2018年11月

文物保护修复记录表

文物保护修复情况综述（材料、工艺、步骤及操作条件，附保护修复后影像资料）：
1. 提取文物建立文物修复档案，采集文物信息并照相等。
2. 清理器表污染物。用刻刀、锤子等工具，剔除铁器表面硬结物、较疏松锈蚀层等。
3. 超声波除锈。将初步清理后的铁器放入超声波清洗机中，加入去离子水超声清洗。
4. 脱盐除氯。在文物清洗机中加入稀碱、还原剂、渗透剂共同配成的脱盐材料及去离子水，搅拌均匀，再放入文物进行脱盐除氯。
5. 缓蚀。将铁器浸泡在2%BTA乙醇溶液中来进行缓蚀。
6. 封护。将铁器浸泡在3%B72丙酮溶液中对其进行表面封护

保护修复后尺寸（厘米）	长14.1，宽9.8，高4.5	保护修复后重量（千克）	0.97
修复人员	郭海龙、王昱元	审核人	陈谊
完成日期	2022-07-04		

保护修复后影像资料	

保护修复日志

2022-04-20—2022-04-21 清理器表污染物 用刻刀、锤子等工具，剔除铁器表面硬结物、较疏松锈蚀层等	
2022-04-29 超声波除锈 将手动除锈后的铁器放入超声波清洗机，加入去离子水后加热进行超声清洗，完成后用去离子水再对铁器表面反复冲洗。然后放入烘箱进行干燥	

续表 1

2022-05-08—2022-05-13 使用文物清洗机进行脱盐除氯 将铁器放进清洗箱，加入去离子水和用稀碱、还原剂、渗透剂共同配成的脱盐材料，适当加热，浸泡一段时间后更换溶液，直到氯离子浓度低于50ppm。脱盐结束后的器物用去离子水反复清洗，之后放入烘箱进行干燥	
2022-05-27—2022-05-28 除锈 脱盐后的器物，用錾子和锤子等工具，再次剔除器表铁锈	
2022-07-04 缓蚀 将铁器浸泡在2%BTA乙醇溶液中进行缓蚀，之后待铁器自然干燥	
2022-07-04 封护 将铁器浸泡在3%B72丙酮溶液中对其进行表面封护，使铁器表面形成致密保护膜	

馆藏金属文物修复档案67

文物保存现状表

名称	铁箍		
文物编号	ZJ0075	年代	唐
保护修复前尺寸（厘米）	长9.5，宽6.5，高3.9	保护处理前重量（千克）	0.76
文物保护环境	目前此铁器存于洛阳市文物考古研究院库房中，保存条件有限，很容易发生析氢腐蚀和耗氧腐蚀，加之大部分器物已有通体锈蚀、瘤状物、残缺等病害，随着温湿度变化，文物病害有加重趋势		
病害状况	器壁上有较厚的表面硬结物。器物呈全面腐蚀状态，表面有层状堆积和较多瘤状物。		

文物病害图

图例：

◇◇◇ 表面硬结物　▨ 层状堆积　全面腐蚀　① 瘤状物

绘图单位	洛阳市文物考古研究院		
文物名称	铁箍ZJ0075		
绘制人	胡楠	时间	2018年11月

保护修复前影像资料

文物保护修复记录表

文物保护修复情况综述（材料、工艺、步骤及操作条件，附保护修复后影像资料）：

1. 提取文物建立文物修复档案，采集文物信息并照相等。
2. 清理器表污染物。用刻刀、锤子等工具，剔除铁器表面硬结物、较疏松锈蚀层等。
3. 超声波除锈。将初步清理后的铁器放入超声波清洗机中，加入去离子水超声清洗。
4. 脱盐除氯。在文物清洗机中加入稀碱、还原剂、渗透剂共同配成的脱盐材料及去离子水，搅拌均匀，再放入文物进行脱盐除氯。
5. 缓蚀。将铁器浸泡在2%BTA乙醇溶液中来进行缓蚀。
6. 封护。将铁器浸泡在3%B72丙酮溶液中对其进行表面封护

保护修复后尺寸（厘米）	长 9.5，宽 6.5，高 3.5	保护修复后重量（千克）	0.64
修复人员	郭海龙、杨琦	审核人	陈谊
完成日期	2022-07-04		
保护修复后影像资料			

保护修复日志

2022-04-20—2022-04-21 清理器表污染物 用刻刀、锤子等工具，剔除铁器表面硬结物、较疏松锈蚀层等	
2022-04-29 超声波除锈 将手动除锈后的铁器放入超声波清洗机，加入去离子水后加热进行超声清洗，完成后用去离子水再对铁器表面反复冲洗。然后放入烘箱进行干燥	

续表 1

2022-05-08—2022-05-13 **使用文物清洗机进行脱盐除氯** 将铁器放进清洗箱，加入去离子水和用稀碱、还原剂、渗透剂共同配成的脱盐材料，适当加热，浸泡一段时间后更换溶液，直到氯离子浓度低于 50ppm。脱盐结束后的器物用去离子水反复清洗，之后放入烘箱进行干燥	
2022-05-27—2022-05-28 **除锈** 脱盐后的器物，用錾子和锤子等工具，再次剔除器表铁锈	
2022-07-04 **缓蚀** 将铁器浸泡在 2%BTA 乙醇溶液中进行缓蚀，之后待铁器自然干燥	
2022-07-04 **封护** 将铁器浸泡在 3%B72 丙酮溶液中对其进行表面封护，使铁器表面形成致密保护膜	

馆藏金属文物修复档案68

文物保存现状表

名称	铁箍		
文物编号	ZJ0076	年代	唐
保护修复前尺寸（厘米）	长4.5，宽3.7，高3.4	保护处理前重量（千克）	0.1
文物保护环境	目前此铁器存于洛阳市文物考古研究院库房中，保存条件有限，很容易发生析氢腐蚀和耗氧腐蚀，加之大部分器物已有通体锈蚀、瘤状物、残缺等病害，随着温湿度变化，文物病害有加重趋势		
病害状况	铁箍上有表面硬结物。器物呈全面腐蚀状态，表面有层状堆积和较多瘤状物，质地脆弱，有轻微变形和残缺		
文物病害图	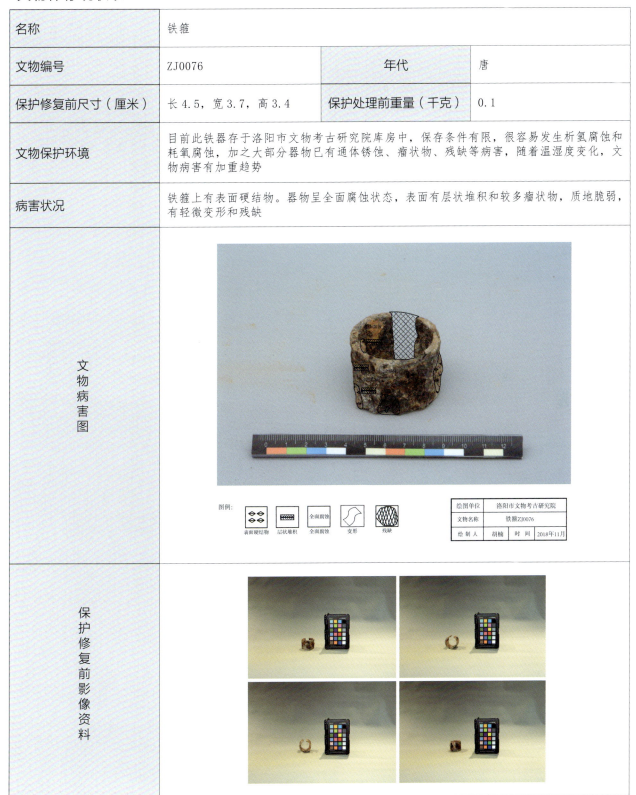		
保护修复前影像资料			

文物保护修复记录表

文物保护修复情况综述（材料、工艺、步骤及操作条件，附保护修复后影像资料）：

1. 提取文物建立文物修复档案，采集文物信息并照相等。
2. 清理器表污染物。用刻刀、锤子等工具，剔除铁器表面硬结物、较疏松锈蚀层等。
3. 超声波除锈。将初步清理后的铁器放入超声波清洗机中，加入去离子水超声清洗。
4. 脱盐除氯。在文物清洗机中加入稀碱、还原剂、渗透剂共同配成的脱盐材料及去离子水，搅拌均匀，再放入文物进行脱盐除氯。
5. 缓蚀。将铁器浸泡在2%BTA乙醇溶液中来进行缓蚀。
6. 封护。将铁器浸泡在3%B72丙酮溶液中对其进行表面封护

保护修复后尺寸（厘米）	长4.5，宽3.7，高3.4	保护修复后重量（千克）	0.07
修复人员	刘高琛、杨琦	审核人	陈谊
完成日期	2022-07-04		

保护修复后影像资料	

保护修复日志

2022-04-21—2022-04-22 清理器表污染物 用刻刀、锤子等工具，剔除铁器表面硬结物、较疏松锈蚀层等	
2022-04-29 超声波除锈 将手动除锈后的铁器放入超声波清洗机，加入去离子水后加热进行超声清洗，完成后用去离子水再对铁器表面反复冲洗。然后放入烘箱进行干燥	

续表 1

2022-05-08—2022-05-13 **使用文物清洗机进行脱盐除氯** 将铁器放进清洗箱，加入去离子水和用稀碱、还原剂、渗透剂共同配成的脱盐材料，适当加热，浸泡一段时间后更换溶液，直到氯离子浓度低于50ppm。脱盐结束后的器物用去离子水反复清洗，之后放入烘箱进行干燥	
2022-05-28—2022-05-29 **除锈** 脱盐后的器物，用錾子和锤子等工具，再次剔除器表铁锈	
2022-07-04 **缓蚀** 将铁器浸泡在2%BTA乙醇溶液中进行缓蚀，之后待铁器自然干燥	
2022-07-04 **封护** 将铁器浸泡在3%B72丙酮溶液中对其进行表面封护，使铁器表面形成致密保护膜	

馆藏金属文物修复档案69

文物保存现状表

名称	铁齿轮		
文物编号	ZJ0077	年代	唐
保护修复前尺寸（厘米）	长7.2，宽2.7，高1.5	保护处理前重量（千克）	0.3
文物保护环境	目前此铁器存于洛阳市文物考古研究院库房中，保存条件有限，很容易发生析氢腐蚀和耗氧腐蚀，加之大部分器物已有通体锈蚀、瘤状物、残缺等病害，随着温湿度变化，文物病害有加重趋势		
病害状况	齿轮上布满较厚的土锈和表面硬结物。器物呈全面腐蚀状态，表面有层状堆积		
文物病害图			
保护修复前影像资料			

图例：

表面硬结物	层状堆积	全面腐蚀
		全面腐蚀

绘图单位	洛阳市文物考古研究院		
文物名称	铁齿轮ZJ0077		
绘制人	胡楠	时间	2018年11月

文物保护修复记录表

文物保护修复情况综述（材料、工艺、步骤及操作条件，附保护修复后影像资料）：
1. 提取文物建立文物修复档案，采集文物信息并照相等。
2. 清理器表污染物。用刻刀、锤子等工具，剔除铁器表面硬结物、较疏松锈蚀层等。
3. 超声波除锈。将初步清理后的铁器放入超声波清洗机中，加入去离子水超声清洗。
4. 脱盐除氯。在文物清洗机中加入稀碱、还原剂、渗透剂共同配成的脱盐材料及去离子水，搅拌均匀，再放入文物进行脱盐除氯。
5. 缓蚀。将铁器浸泡在2%BTA乙醇溶液中来进行缓蚀。
6. 封护。将铁器浸泡在3%B72丙酮溶液中对其进行表面封护

保护修复后尺寸（厘米）	长7.0，宽2.7，高1.5	保护修复后重量（千克）	0.26
修复人员	刘高琛、杨琦	审核人	陈谊
完成日期	2022-07-04		

保护修复后影像资料	

保护修复日志

2022-04-21—2022-04-22 清理器表污染物 用刻刀、锤子等工具，剔除铁器表面硬结物、较疏松锈蚀层等	
2022-04-29 超声波除锈 将手动除锈后的铁器放入超声波清洗机，加入去离子水后加热进行超声清洗，完成后用去离子水再对铁器表面反复冲洗。然后放入烘箱进行干燥	

续表 1

2022-05-08—2022-05-13 使用文物清洗机进行脱盐除氯 将铁器放进清洗箱，加入去离子水和用稀碱、还原剂、渗透剂共同配成的脱盐材料，适当加热，浸泡一段时间后更换溶液，直到氯离子浓度低于 50ppm。脱盐结束后的器物用去离子水反复清洗，之后放入烘箱进行干燥	
2022-05-28—2022-05-29 除锈 脱盐后的器物，用錾子和锤子等工具，再次剔除器表铁锈	
2022-07-04 缓蚀 将铁器浸泡在 2%BTA 乙醇溶液中进行缓蚀，之后待铁器自然干燥	
2022-07-04 封护 将铁器浸泡在 3%B72 丙酮溶液中对其进行表面封护，使铁器表面形成致密保护膜	

馆藏金属文物修复档案70

文物保存现状表

名称	铁齿轮		
文物编号	ZJ0078	年代	唐
保护修复前尺寸（厘米）	长6.4，宽2.5，高1.5	保护处理前重量（千克）	0.24
文物保护环境	目前此铁器存于洛阳市文物考古研究院库房中，保存条件有限，很容易发生析氢腐蚀和耗氧腐蚀，加之大部分器物已有通体锈蚀、瘤状物、残缺等病害，随着温湿度变化，文物病害有加重趋势		
病害状况	齿轮上有较厚的黄褐色表面硬结物。器物呈全面腐蚀状态，表面有较多瘤状物和层状堆积		
文物病害图	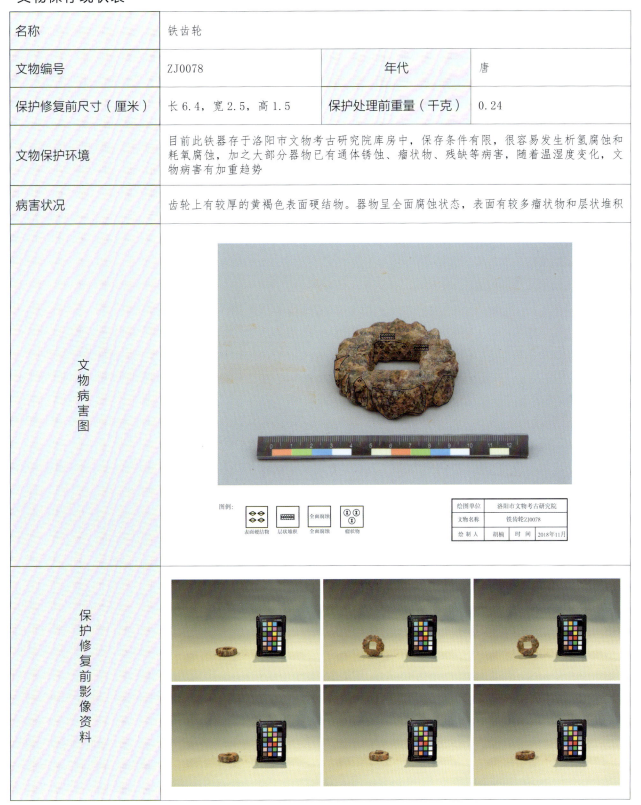		
保护修复前影像资料			

图例：

表面硬结物　层状堆积　全面腐蚀　瘤状物

绘图单位	洛阳市文物考古研究院		
文物名称	铁齿轮ZJ0078		
绘制人	胡楠	时间	2018年11月

文物保护修复记录表

文物保护修复情况综述（材料、工艺、步骤及操作条件，附保护修复后影像资料）：

1. 提取文物建立文物修复档案，采集文物信息并照相等。
2. 清理器表污染物。用刻刀、锤子等工具，剔除铁器表面硬结物、较疏松锈蚀层等。
3. 超声波除锈。将初步清理后的铁器放入超声波清洗机中，加入去离子水超声清洗。
4. 脱盐除氯。在文物清洗机中加入稀碱、还原剂、渗透剂共同配成的脱盐材料及去离子水，搅拌均匀，再放入文物进行脱盐除氯。
5. 缓蚀。将铁器浸泡在2%BTA乙醇溶液中来进行缓蚀。
6. 封护。将铁器浸泡在3%B72丙酮溶液中对其进行表面封护

保护修复后尺寸（厘米）	长6.4，宽2.5，高1.5	保护修复后重量（千克）	0.22
修复人员	刘高琛、王昱元	审核人	陈谊
完成日期	2022-07-04		

保护修复后影像资料	

保护修复日志

2022-04-21—2022-04-22 清理器表污染物 用刻刀、锤子等工具，剔除铁器表面硬结物、较疏松锈蚀层等	
2022-04-29 超声波除锈 将手动除锈后的铁器放入超声波清洗机，加入去离子水后加热进行超声清洗，完成后用去离子水再对铁器表面反复冲洗。然后放入烘箱进行干燥	

续表 1

2022-05-08—2022-05-13 **使用文物清洗机进行脱盐除氯** 将铁器放进清洗箱，加入去离子水和用稀碱、还原剂、渗透剂共同配成的脱盐材料，适当加热，浸泡一段时间后更换溶液，直到氯离子浓度低于50ppm。脱盐结束后的器物用去离子水反复清洗，之后放入烘箱进行干燥	
2022-05-29—2022-05-30 **除锈** 脱盐后的器物，用錾子和锤子等工具，再次剔除器表铁锈	
2022-07-04 **缓蚀** 将铁器浸泡在2%BTA乙醇溶液中进行缓蚀，之后待铁器自然干燥	
2022-07-04 **封护** 将铁器浸泡在3%B72丙酮溶液中对其进行表面封护，使铁器表面形成致密保护膜	

馆藏金属文物修复档案71

文物保存现状表

名称	铁齿轮		
文物编号	ZJ0079	年代	唐
保护修复前尺寸（厘米）	长4.5，宽2.2，高1.8	保护处理前重量（千克）	0.14
文物保护环境	目前此铁器存于洛阳市文物考古研究院库房中，保存条件有限，很容易发生析氢腐蚀和耗氧腐蚀，加之大部分器物已有通体锈蚀、瘤状物、残缺等病害，随着温湿度变化，文物病害有加重趋势		
病害状况	器壁上有较厚的土质硬结物。器物呈全面腐蚀状态，表面有层状堆积和瘤状物。器表有孔洞		
文物病害图			
保护修复前影像资料			

图例：
表面硬结物　层状堆积　全面腐蚀　孔洞　残缺

绘图单位	洛阳市文物考古研究院		
文物名称	铁齿轮ZJ0079		
绘制人	胡楠	时间	2018年11月

文物保护修复记录表

文物保护修复情况综述（材料、工艺、步骤及操作条件，附保护修复后影像资料）：

1. 提取文物建立文物修复档案，采集文物信息并照相等。
2. 清理器表污染物。用刻刀、锤子等工具，剔除铁器表面硬结物、较疏松锈蚀层等。
3. 超声波除锈。将初步清理后的铁器放入超声波清洗机中，加入去离子水超声清洗。
4. 脱盐除氯。在文物清洗机中加入稀碱、还原剂、渗透剂共同配成的脱盐材料及去离子水，搅拌均匀，再放入文物进行脱盐除氯。
5. 缓蚀。将铁器浸泡在2%BTA乙醇溶液中来进行缓蚀。
6. 封护。将铁器浸泡在3%B72丙酮溶液中对其进行表面封护

保护修复后尺寸（厘米）	长4.5，宽2.2，高1.8	保护修复后重量（千克）	0.13
修复人员	刘高琛、杨琦	审核人	陈谊
完成日期	2022-07-04		

保护修复后影像资料	

保护修复日志

2022-04-22—2022-04-25 清理器表污染物 用刻刀、锤子等工具，剔除铁器表面硬结物、较疏松锈蚀层等	
2022-04-29 超声波除锈 将手动除锈后的铁器放入超声波清洗机，加入去离子水后加热进行超声清洗，完成后用去离子水再对铁器表面反复冲洗。然后放入烘箱进行干燥	

续表 1

2022-05-08—2022-05-13 使用文物清洗机进行脱盐除氯 将铁器放进清洗箱，加入去离子水和用稀碱、还原剂、渗透剂共同配成的脱盐材料，适当加热，浸泡一段时间后更换溶液，直到氯离子浓度低于50ppm。脱盐结束后的器物用去离子水反复清洗，之后放入烘箱进行干燥	
2022-05-29—2022-05-30 除锈 脱盐后的器物，用錾子和锤子等工具，再次剔除器表铁锈	
2022-07-04 缓蚀 将铁器浸泡在2%BTA乙醇溶液中进行缓蚀，之后待铁器自然干燥	
2022-07-04 封护 将铁器浸泡在3%B72丙酮溶液中对其进行表面封护，使铁器表面形成致密保护膜	

馆藏金属文物修复档案72

文物保存现状表

名称	铁箍		
文物编号	ZJ0080	年代	唐
保护修复前尺寸（厘米）	长15.0，宽9.8，高5.0	保护处理前重量（千克）	2.12
文物保护环境	目前此铁器存于洛阳市文物考古研究院库房中，保存条件有限，很容易发生析氢腐蚀和耗氧腐蚀，加之大部分器物已有通体锈蚀、瘤状物、残缺等病害，随着温湿度变化，文物病害有加重趋势		
病害状况	铁箍断裂成三块，且均残缺约四分之一。器壁上有较厚的表面硬结物。器物呈全面腐蚀状态，表面有较多瘤状物		
文物病害图			
保护修复前影像资料			

文物保护修复记录表

文物保护修复情况综述（材料、工艺、步骤及操作条件，附保护修复后影像资料）：

1. 提取文物建立文物修复档案，采集文物信息并照相等。
2. 清理器表污染物。用刻刀、锤子等工具，剔除铁器表面硬结物、较疏松锈蚀层等。
3. 超声波除锈。将初步清理后的铁器放入超声波清洗机中，加入去离子水超声清洗。
4. 脱盐除氯。在文物清洗机中加入稀碱、还原剂、渗透剂共同配成的脱盐材料及去离子水，搅拌均匀，再放入文物进行脱盐除氯。
5. 缓蚀。将铁器浸泡在2%BTA乙醇溶液中来进行缓蚀。
6. 封护。将铁器浸泡在3%B72丙酮溶液中对其进行表面封护

保护修复后尺寸（厘米）	长15.0，宽9.8，高5.0	保护修复后重量（千克）	1.94
修复人员	刘高琛、杨琦	审核人	陈谊
完成日期	2022-07-04		

保护修复后影像资料	

保护修复日志

2022-04-25—2022-04-26 清理器表污染物 用刻刀、锤子等工具，剔除铁器表面硬结物、较疏松锈蚀层等	
2022-04-29 超声波除锈 将手动除锈后的铁器放入超声波清洗机，加入去离子水后加热进行超声清洗，完成后用去离子水再对铁器表面反复冲洗。然后放入烘箱进行干燥	

续表 1

2022-05-30—2022-05-31 除锈 脱盐后的器物,用錾子和锤子等工具,再次剔除器表铁锈	
2022-07-04 缓蚀 将铁器浸泡在2%BTA乙醇溶液中进行缓蚀,之后待铁器自然干燥	
2022-07-04 封护 将铁器浸泡在3%B72丙酮溶液中对其进行表面封护,使铁器表面形成致密保护膜	

馆藏金属文物修复档案73

文物保存现状表

名称	铁齿轮		
文物编号	ZJ0081	年代	唐
保护修复前尺寸（厘米）	长 7.0，宽 2.6，高 1.1	保护处理前重量（千克）	0.24
文物保护环境	目前此铁器存于洛阳市文物考古研究院库房中，保存条件有限，很容易发生析氢腐蚀和耗氧腐蚀，加之大部分器物已有通体锈蚀、瘤状物、残缺等病害，随着温湿度变化，文物病害有加重趋势		
病害状况	齿轮上有较厚的表面硬结物。器物呈全面腐蚀状态，表面有层状堆积和瘤状物		
文物病害图	图例： 表面硬结物　层状堆积　全面腐蚀　通体矿化　残缺		

绘图单位	洛阳市文物考古研究院
文物名称	铁齿轮ZJ0081
绘制人	胡楠　时　间　2018年11月

保护修复前影像资料	

文物保护修复记录表

文物保护修复情况综述（材料、工艺、步骤及操作条件，附保护修复后影像资料）：

1. 提取文物建立文物修复档案，采集文物信息并照相等。
2. 清理器表污染物。用刻刀、锤子等工具，剔除铁器表面硬结物、较疏松锈蚀层等。
3. 超声波除锈。将初步清理后的铁器放入超声波清洗机中，加入去离子水超声清洗。
4. 脱盐除氯。在文物清洗机中加入稀碱、还原剂、渗透剂共同配成的脱盐材料及去离子水，搅拌均匀，再放入文物进行脱盐除氯。
5. 缓蚀。将铁器浸泡在2%BTA乙醇溶液中来进行缓蚀。
6. 封护。将铁器浸泡在3%B72丙酮溶液中对其进行表面封护

保护修复后尺寸（厘米）	长7.0，宽2.6，高1.0	保护修复后重量（千克）	0.23
修复人员	刘高琛、王昱元	审核人	陈谊
完成日期	2022-07-04		
保护修复后影像资料			

保护修复日志

2022-04-25—2022-04-26 清理器表污染物 用刻刀、锤子等工具，剔除铁器表面硬结物、较疏松锈蚀层等	
2022-04-29 超声波除锈 将手动除锈后的铁器放入超声波清洗机，加入去离子水后加热进行超声清洗，完成后用去离子水再对铁器表面反复冲洗。然后放入烘箱进行干燥	

续表 1

2022-05-08—2022-05-13 使用文物清洗机进行脱盐除氯 将铁器放进清洗箱，加入去离子水和用稀碱、还原剂、渗透剂共同配成的脱盐材料，适当加热，浸泡一段时间后更换溶液，直到氯离子浓度低于50ppm。脱盐结束后的器物用去离子水反复清洗，之后放入烘箱进行干燥	
2022-05-30—2022-05-31 除锈 脱盐后的器物，用錾子和锤子等工具，再次剔除器表铁锈	
2022-07-04 缓蚀 将铁器浸泡在2%BTA乙醇溶液中进行缓蚀，之后待铁器自然干燥	
2022-07-04 封护 将铁器浸泡在3%B72丙酮溶液中对其进行表面封护，使铁器表面形成致密保护膜	

馆藏金属文物修复档案74

文物保存现状表

名称	铁齿轮		
文物编号	ZJ0082	年代	唐
保护修复前尺寸（厘米）	长7.0，宽2.7，高1.3	保护处理前重量（千克）	0.26
文物保护环境	目前此铁器存于洛阳市文物考古研究院库房中，保存条件有限，很容易发生析氢腐蚀和耗氧腐蚀，加之大部分器物已有通体锈蚀、瘤状物、残缺等病害，随着温湿度变化，文物病害有加重趋势		
病害状况	齿轮上有较厚的表面硬结物。器物呈全面腐蚀状态，整体矿化严重，表面有层状堆积和较多瘤状物		

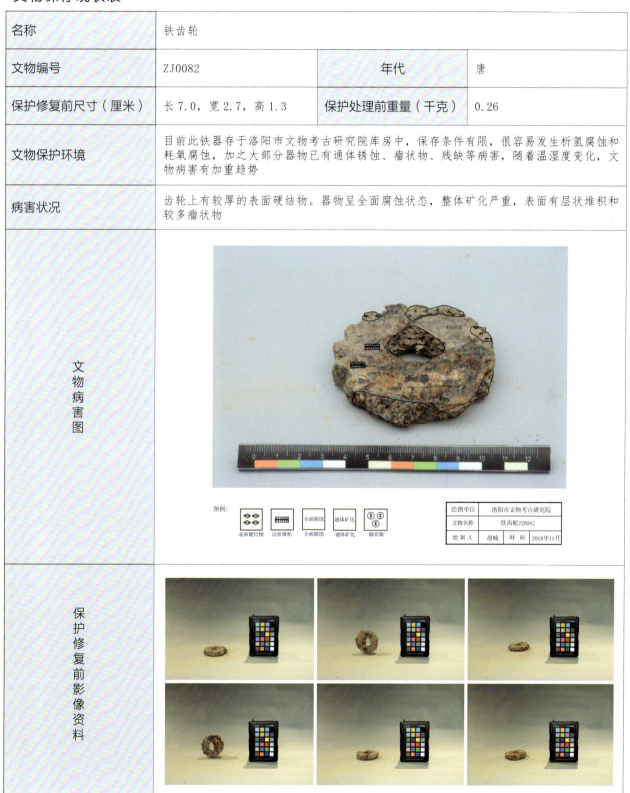

文物病害图

保护修复前影像资料

文物保护修复记录表

文物保护修复情况综述（材料、工艺、步骤及操作条件，附保护修复后影像资料）：
1. 提取文物建立文物修复档案，采集文物信息并照相等。
2. 清理器表污染物。用刻刀、锤子等工具，剔除铁器表面硬结物、较疏松锈蚀层等。
3. 超声波除锈。将初步清理后的铁器放入超声波清洗机中，加入去离子水超声清洗。
4. 脱盐除氯。在文物清洗机中加入稀碱、还原剂、渗透剂共同配成的脱盐材料及去离子水，搅拌均匀，再放入文物进行脱盐除氯。
5. 缓蚀。将铁器浸泡在 2%BTA 乙醇溶液中来进行缓蚀。
6. 封护。将铁器浸泡在 3%B72 丙酮溶液中对其进行表面封护

保护修复后尺寸（厘米）	长 7.0，宽 2.7，高 1.3	保护修复后重量（千克）	0.23
修复人员	刘高琛、王昱元	审核人	陈谊
完成日期	2022-07-04		
保护修复后影像资料			

保护修复日志

2022-04-26—2022-04-27 清理器表污染物 用刻刀、锤子等工具，剔除铁器表面硬结物、较疏松锈蚀层等	
2022-04-29 超声波除锈 将手动除锈后的铁器放入超声波清洗机，加入去离子水后加热进行超声清洗，完成后用去离子水再对铁器表面反复冲洗。然后放入烘箱进行干燥	

续表 1

2022-05-08—2022-05-13 使用文物清洗机进行脱盐除氯 将铁器放进清洗箱，加入去离子水和用稀碱、还原剂、渗透剂共同配成的脱盐材料，适当加热，浸泡一段时间后更换溶液，直到氯离子浓度低于50ppm。脱盐结束后的器物用去离子水反复清洗，之后放入烘箱进行干燥	
2022-05-30—2022-05-31 除锈 脱盐后的器物，用錾子和锤子等工具，再次剔除器表铁锈	
2022-07-04 缓蚀 将铁器浸泡在2%BTA乙醇溶液中进行缓蚀，之后待铁器自然干燥	
2022-07-04 封护 将铁器浸泡在3%B72丙酮溶液中对其进行表面封护，使铁器表面形成致密保护膜	

馆藏金属文物修复档案75

文物保存现状表

名称	铁齿轮		
文物编号	ZJ0083	年代	唐
保护修复前尺寸（厘米）	长 6.2，宽 2.3，高 1.5	保护处理前重量（千克）	0.3
文物保护环境	目前此铁器存于洛阳市文物考古研究院库房中，保存条件有限，很容易发生析氢腐蚀和耗氧腐蚀，加之大部分器物已有通体锈蚀、瘤状物、残缺等病害，随着温湿度变化，文物病害有加重趋势		
病害状况	齿轮有较厚的表面硬结物。器物呈全面腐蚀状态，整体矿化严重，表面有层状堆积和较多瘤状物		
文物病害图			
保护修复前影像资料			

图例：

表面硬结物	层状堆积	全面腐蚀	通体矿化	瘤状物

绘图单位	洛阳市文物考古研究院
文物名称	铁齿轮ZJ0083
绘制人	胡楠	时间	2018年11月

文物保护修复记录表

文物保护修复情况综述（材料、工艺、步骤及操作条件，附保护修复后影像资料）：
1. 提取文物建立文物修复档案，采集文物信息并照相等。
2. 清理器表污染物。用刻刀、锤子等工具，剔除铁器表面硬结物、较疏松锈蚀层等。
3. 超声波除锈。将初步清理后的铁器放入超声波清洗机中，加入去离子水超声清洗。
4. 脱盐除氯。在文物清洗机中加入稀碱、还原剂、渗透剂共同配成的脱盐材料及去离子水，搅拌均匀，再放入文物进行脱盐除氯。
5. 缓蚀。将铁器浸泡在 2%BTA 乙醇溶液中来进行缓蚀。
6. 封护。将铁器浸泡在 3%B72 丙酮溶液中对其进行表面封护

保护修复后尺寸（厘米）	长 6.2，宽 2.3，高 1.5	保护修复后重量（千克）	0.27
修复人员	刘高琛、王昱元	审核人	陈谊
完成日期	2022-07-04		

保护修复后影像资料	

保护修复日志

2022-04-26—2022-04-27 清理器表污染物 用刻刀、锤子等工具，剔除铁器表面硬结物、较疏松锈蚀层等	
2022-04-29 超声波除锈 将手动除锈后的铁器放入超声波清洗机，加入去离子水后加热进行超声清洗，完成后用去离子水再对铁器表面反复冲洗。然后放入烘箱进行干燥	

续表 1

2022-05-08—2022-05-13 **使用文物清洗机进行脱盐除氯** 将铁器放进清洗箱，加入去离子水和用稀碱、还原剂、渗透剂共同配成的脱盐材料，适当加热，浸泡一段时间后更换溶液，直到氯离子浓度低于 50ppm。脱盐结束后的器物用去离子水反复清洗，之后放入烘箱进行干燥	
2022-05-30—2022-05-31 **除锈** 脱盐后的器物，用錾子和锤子等工具，再次剔除器表铁锈	
2022-07-04 **缓蚀** 将铁器浸泡在 2%BTA 乙醇溶液中进行缓蚀，之后待铁器自然干燥	
2022-07-04 **封护** 将铁器浸泡在 3%B72 丙酮溶液中对其进行表面封护，使铁器表面形成致密保护膜	

馆藏金属文物修复档案76

文物保存现状表

名称	铁刀		
文物编号	ZJ0097	年代	唐
保护修复前尺寸（厘米）	长39.9，宽3.7，高0.6	保护处理前重量（千克）	0.58
文物保护环境	目前此铁器存于洛阳市文物考古研究院库房中，保存条件有限，很容易发生析氢腐蚀和耗氧腐蚀，加之大部分器物已有通体锈蚀、瘤状物、残缺等病害，随着温湿度变化，文物病害有加重趋势		
病害状况	刀上有较厚的表面硬结物。器物呈全面腐蚀状态，整体矿化严重，表面有层状堆积和瘤状物。刀尖处有残缺		
文物病害图			
保护修复前影像资料			

图例：表面硬结物 层状堆积 全面腐蚀 通体矿化 残缺

绘图单位	洛阳市文物考古研究院
文物名称	铁刀ZJ0097
绘制人	胡楠 时间 2018年11月

文物保护修复记录表

文物保护修复情况综述（材料、工艺、步骤及操作条件，附保护修复后影像资料）：
1. 提取文物建立文物修复档案，采集文物信息并照相等。
2. 清理器表污染物。用刻刀、锤子等工具，剔除铁器表面硬结物、较疏松锈蚀层等。
3. 超声波除锈。将初步清理后的铁器放入超声波清洗机中，加入去离子水超声清洗。
4. 脱盐除氯。在文物清洗机中加入稀碱、还原剂、渗透剂共同配成的脱盐材料及去离子水，搅拌均匀，再放入文物进行脱盐除氯。
5. 缓蚀。将铁器浸泡在 2%BTA 乙醇溶液中来进行缓蚀。
6. 封护。将铁器浸泡在 3%B72 丙酮溶液中对其进行表面封护

保护修复后尺寸（厘米）	长 39.9，宽 3.7，高 0.5	保护修复后重量（千克）	0.53
修复人员	郭海龙、王昱元	审核人	陈谊
完成日期	2022-07-04		

保护修复后影像资料	

保护修复日志

2022-04-27—2022-04-28 清理器表污染物 用刻刀、锤子等工具，剔除铁器表面硬结物、较疏松锈蚀层等	
2022-04-29 超声波除锈 将手动除锈后的铁器放入超声波清洗机，加入去离子水后加热进行超声清洗，完成后用去离子水再对铁器表面反复冲洗。然后放入烘箱进行干燥	

续表 1

2022-05-08—2022-05-13 使用文物清洗机进行脱盐除氯 将铁器放进清洗箱，加入去离子水和用稀碱、还原剂、渗透剂共同配成的脱盐材料，适当加热，浸泡一段时间后更换溶液，直到氯离子浓度低于50ppm。脱盐结束后的器物用去离子水反复清洗，之后放入烘箱进行干燥	
2022-06-01—2022-06-02 除锈 脱盐后的器物，用錾子和锤子等工具，再次剔除器表铁锈	
2022-07-04 缓蚀 将铁器浸泡在2%BTA乙醇溶液中进行缓蚀，之后待铁器自然干燥	
2022-07-04 封护 将铁器浸泡在3%B72丙酮溶液中对其进行表面封护，使铁器表面形成致密保护膜	

馆藏金属文物修复档案77

文物保存现状表

名称	铁帐杆		
文物编号	ZJ0098	年代	魏晋
保护修复前尺寸（厘米）	长17.0，宽16.5，高4.0	保护处理前重量（千克）	1.58
文物保护环境	目前此铁器存于洛阳市文物考古研究院库房中，保存条件有限，很容易发生析氢腐蚀和耗氧腐蚀，加之大部分器物已有通体锈蚀、瘤状物、残缺等病害，随着温湿度变化，文物病害有加重趋势		
病害状况	铁帐杆上有较厚的表面硬结物。器物呈全面腐蚀状态，表面有层状堆积和较多瘤状物。有残缺。		

文物病害图

图例： 表面硬结物 层状堆积 全面腐蚀 全面腐蚀 通体矿化 通体矿化 残缺 瘤状物

绘图单位	洛阳市文物考古研究院		
文物名称	铁帐杆ZJ0098		
绘制人	胡楠	时间	2018年11月

保护修复前影像资料

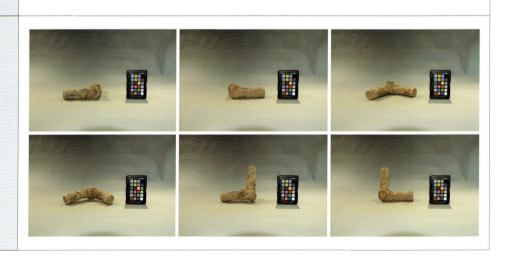

文物保护修复记录表

文物保护修复情况综述（材料、工艺、步骤及操作条件，附保护修复后影像资料）：

1. 提取文物建立文物修复档案，采集文物信息并照相等。
2. 清理器表污染物。用刻刀、锤子等工具，剔除铁器表面硬结物、较疏松锈蚀层等。
3. 超声波除锈。将初步清理后的铁器放入超声波清洗机中，加入去离子水超声清洗。
4. 脱盐除氯。在文物清洗机中加入稀碱、还原剂、渗透剂共同配成的脱盐材料及去离子水，搅拌均匀，再放入文物进行脱盐除氯。
5. 缓蚀。将铁器浸泡在2%BTA乙醇溶液中来进行缓蚀。
6. 封护。将铁器浸泡在3%B72丙酮溶液中对其进行表面封护

保护修复后尺寸（厘米）	长 17.0，宽 16.5，高 4.0	保护修复后重量（千克）	1.17
修复人员	刘高琛、王昱元	审核人	陈谊
完成日期	2022-07-04		
保护修复后影像资料			

保护修复日志

2022-04-27—2022-04-28 清理器表污染物 用刻刀、锤子等工具，剔除铁器表面硬结物、较疏松锈蚀层等	
2022-04-29 超声波除锈 将手动除锈后的铁器放入超声波清洗机，加入去离子水后加热进行超声清洗，完成后用去离子水再对铁器表面反复冲洗。然后放入烘箱进行干燥	

续表 1

2022-05-08—2022-05-13 **使用文物清洗机进行脱盐除氯** 将铁器放进清洗箱，加入去离子水和用稀碱、还原剂、渗透剂共同配成的脱盐材料，适当加热，浸泡一段时间后更换溶液，直到氯离子浓度低于 50ppm。脱盐结束后的器物用去离子水反复清洗，之后放入烘箱进行干燥	
2022-06-01—2022-06-02 **除锈** 脱盐后的器物，用錾子和锤子等工具，再次剔除器表铁锈	
2022-07-04 **缓蚀** 将铁器浸泡在 2%BTA 乙醇溶液中进行缓蚀，之后待铁器自然干燥	
2022-07-04 **封护** 将铁器浸泡在 3%B72 丙酮溶液中对其进行表面封护，使铁器表面形成致密保护膜	

馆藏金属文物修复档案78

文物保存现状表

名称	铁片		
文物编号	ZJ0099	年代	汉
保护修复前尺寸（厘米）	长 16.9，宽 9.3，高 0.1	保护处理前重量（千克）	0.24
文物保护环境	目前此铁器存于洛阳市文物考古研究院库房中，保存条件有限，很容易发生析氢腐蚀和耗氧腐蚀，加之大部分器物已有通体锈蚀、瘤状物、残缺等病害，随着温湿度变化，文物病害有加重趋势		
病害状况	铁片上有表面硬结物。器物呈全面腐蚀状态，整体矿化严重，表面有层状堆积和较多瘤状物，存在变形和残缺。		
文物病害图			
保护修复前影像资料			

文物保护修复记录表

文物保护修复情况综述（材料、工艺、步骤及操作条件，附保护修复后影像资料）：
1. 提取文物建立文物修复档案，采集文物信息并照相等。
2. 清理器表污染物。用刻刀、锤子等工具，剔除铁器表面硬结物、较疏松锈蚀层等。
3. 超声波除锈。将初步清理后的铁器放入超声波清洗机中，加入去离子水超声清洗。
4. 脱盐除氯。在文物清洗机中加入稀碱、还原剂、渗透剂共同配成的脱盐材料及去离子水，搅拌均匀，再放入文物进行脱盐除氯。
5. 补配。用 914 环氧树脂胶和脱盐后的铁锈调和，填补裂缝及残缺处。
6. 缓蚀。将铁器浸泡在 2%BTA 乙醇溶液中来进行缓蚀。
7. 封护。将铁器浸泡在 3%B72 丙酮溶液中对其进行表面封护

保护修复后尺寸（厘米）	长 17.0，宽 9.3，高 0.1	保护修复后重量（千克）	0.16
修复人员	刘高琛、王昱元	审核人	陈谊
完成日期	2022-07-04		

保护修复后影像资料	

保护修复日志

2022-04-27—2022-04-28 清理器表污染物 用刻刀、锤子等工具，剔除铁器表面硬结物、较疏松锈蚀层等	
2022-04-29 超声波除锈 将手动除锈后的铁器放入超声波清洗机，加入去离子水后加热进行超声清洗，完成后用去离子水再对铁器表面反复冲洗。然后放入烘箱进行干燥	

续表 1

2022-05-08—2022-05-13 **使用文物清洗机进行脱盐除氯** 将铁器放进清洗箱，加入去离子水和用稀碱、还原剂、渗透剂共同配成的脱盐材料，适当加热，浸泡一段时间后更换溶液，直到氯离子浓度低于50ppm。脱盐结束后的器物用去离子水反复清洗，之后放入烘箱进行干燥	
2022-06-02—2022-06-03 **除锈** 脱盐后的器物，用錾子和锤子等工具，再次剔除器表铁锈	
2022-06-02—2022-06-03 **除锈** 脱盐后的器物，用錾子和锤子等工具，再次剔除器表铁锈	
2022-07-04 **缓蚀** 将铁器浸泡在2%BTA乙醇溶液中进行缓蚀，之后待铁器自然干燥	
2022-07-04 **封护** 将铁器浸泡在3%B72丙酮溶液中对其进行表面封护，使铁器表面形成致密保护膜	

馆藏金属文物修复档案79

文物保存现状表

名称	铁帐杆		
文物编号	ZJ0100	年代	魏晋
保护修复前尺寸（厘米）	长 14.3，宽 3.7，高 3.5	保护处理前重量（千克）	0.84
文物保护环境	目前此铁器存于洛阳市文物考古研究院库房中，保存条件有限，很容易发生析氢腐蚀和耗氧腐蚀，加之大部分器物已有通体锈蚀、瘤状物、残缺等病害，随着温湿度变化，文物病害有加重趋势		
病害状况	铁帐杆上有较厚的表面硬结物。器物呈全面腐蚀状态，质地脆弱，表面有层状堆积、瘤状物		
文物病害图			

图例： 表面硬结物 层状堆积 全面腐蚀 瘤状物 残缺

绘图单位	洛阳市文物考古研究院
文物名称	铁帐杆ZJ0100
绘制人	胡楠 时间 2018年11月

保护修复前影像资料

文物保护修复记录表

文物保护修复情况综述（材料、工艺、步骤及操作条件，附保护修复后影像资料）：

1. 提取文物建立文物修复档案，采集文物信息并照相等。
2. 清理器表污染物。用刻刀、锤子等工具，剔除铁器表面硬结物、较疏松锈蚀层等。
3. 超声波除锈。将初步清理后的铁器放入超声波清洗机中，加入去离子水超声清洗。
4. 脱盐除氯。在文物清洗机中加入稀碱、还原剂、渗透剂共同配成的脱盐材料及去离子水，搅拌均匀，再放入文物进行脱盐除氯。
5. 缓蚀。将铁器浸泡在2%BTA乙醇溶液中来进行缓蚀。
6. 封护。将铁器浸泡在3%B72丙酮溶液中对其进行表面封护

保护修复后尺寸（厘米）	长 13.5，宽 3.6，高 3.5	保护修复后重量（千克）	0.68
修复人员	刘高琛、王昱元	审核人	陈谊
完成日期	2022-07-04		

保护修复后影像资料	

保护修复日志

2022-04-27—2022-04-28 清理器表污染物 用刻刀、锤子等工具，剔除铁器表面硬结物、较疏松锈蚀层等	
2022-04-29 超声波除锈 将手动除锈后的铁器放入超声波清洗机，加入去离子水后加热进行超声清洗，完成后用去离子水再对铁器表面反复冲洗。然后放入烘箱进行干燥	

续表 1

2022-05-08—2022-05-13 **使用文物清洗机进行脱盐除氯** 将铁器放进清洗箱，加入去离子水和用稀碱、还原剂、渗透剂共同配成的脱盐材料，适当加热，浸泡一段时间后更换溶液，直到氯离子浓度低于 50ppm。脱盐结束后的器物用去离子水反复清洗，之后放入烘箱进行干燥	
2022-06-03—2022-06-04 **除锈** 脱盐后的器物，用錾子和锤子等工具，再次剔除器表铁锈	
2022-07-04 **缓蚀** 将铁器浸泡在 2%BTA 乙醇溶液中进行缓蚀，之后待铁器自然干燥	
2022-07-04 **封护** 将铁器浸泡在 3%B72 丙酮溶液中对其进行表面封护，使铁器表面形成致密保护膜	

馆藏金属文物修复档案80

文物保存现状表

名称	铁帐杆		
文物编号	ZJ0101	年代	魏晋
保护修复前尺寸（厘米）	长 10.7，宽 4.3，高 4.0	保护处理前重量（千克）	0.48
文物保护环境	目前此铁器存于洛阳市文物考古研究院库房中，保存条件有限，很容易发生析氢腐蚀和耗氧腐蚀，加之大部分器物已有通体锈蚀、瘤状物、残缺等病害，随着温湿度变化，文物病害有加重趋势		
病害状况	器壁表面覆盖硬结物。器物呈全面腐蚀状态，整体矿化严重，表面有较多瘤状物及层状堆积，还有明显残缺		
文物病害图			
保护修复前影像资料			

文物保护修复记录表

文物保护修复情况综述（材料、工艺、步骤及操作条件，附保护修复后影像资料）：

1. 提取文物建立文物修复档案，采集文物信息并照相等。
2. 清理器表污染物。用刻刀、锤子等工具，剔除铁器表面硬结物、较疏松锈蚀层等。
3. 超声波除锈。将初步清理后的铁器放入超声波清洗机中，加入去离子水超声清洗。
4. 脱盐除氯。在文物清洗机中加入稀碱、还原剂、渗透剂共同配成的脱盐材料及去离子水，搅拌均匀，再放入文物进行脱盐除氯。
5. 缓蚀。将铁器浸泡在2%BTA乙醇溶液中来进行缓蚀。
6. 封护。将铁器浸泡在3%B72丙酮溶液中对其进行表面封护

保护修复后尺寸（厘米）	长10.7，宽4.3，高4.0	保护修复后重量（千克）	0.34
修复人员	刘高琛、杨琦	审核人	陈谊
完成日期	2022-07-04		

保护修复后影像资料	

保护修复日志

2022-04-29—2022-05-02 清理器表污染物 用刻刀、锤子等工具，剔除铁器表面硬结物、较疏松锈蚀层等	
2022-05-13 超声波除锈 将手动除锈后的铁器放入超声波清洗机，加入去离子水后加热进行超声清洗，完成后用去离子水再对铁器表面反复冲洗。然后放入烘箱进行干燥	

续表 1

2022-05-16—2022-05-20 使用文物清洗机进行脱盐除氯 将铁器放进清洗箱，加入去离子水和用稀碱、还原剂、渗透剂共同配成的脱盐材料，适当加热，浸泡一段时间后更换溶液，直到氯离子浓度低于50ppm。脱盐结束后的器物用去离子水反复清洗，之后放入烘箱进行干燥	
2022-06-03—2022-06-04 除锈 脱盐后的器物，用錾子和锤子等工具，再次剔除器表铁锈	
2022-07-04 缓蚀 将铁器浸泡在2%BTA乙醇溶液中进行缓蚀，之后待铁器自然干燥	
2022-07-04 封护 将铁器浸泡在3%B72丙酮溶液中对其进行表面封护，使铁器表面形成致密保护膜	

馆藏金属文物修复档案81

文物保存现状表

名称	铁钳		
文物编号	ZJ0118	年代	唐
保护修复前尺寸（厘米）	长15.0，宽4.7，高0.4	保护处理前重量（千克）	0.08
文物保护环境	目前此铁器存于洛阳市文物考古研究院库房中，保存条件有限，很容易发生析氢腐蚀和耗氧腐蚀，加之大部分器物已有通体锈蚀、瘤状物、残缺等病害，随着温湿度变化，文物病害有加重趋势		
病害状况	器型较为完整但器壁上有较厚的土质硬结物，呈全面腐蚀状态，整体矿化严重，表面有较多瘤状物		
文物病害图	 图例： 表面硬结物 层状堆积 全面腐蚀 全面腐蚀 绘图单位 洛阳市文物考古研究院 文物名称 铁钳ZJ0118 绘制人 胡楠 时间 2018年11月		
保护修复前影像资料	  		

文物保护修复记录表

文物保护修复情况综述（材料、工艺、步骤及操作条件，附保护修复后影像资料）：

1. 提取文物建立文物修复档案，采集文物信息并照相等。
2. 清理器表污染物。用刻刀、锤子等工具，剔除铁器表面硬结物、较疏松锈蚀层等。
3. 超声波除锈。将初步清理后的铁器放入超声波清洗机中，加入去离子水超声清洗。
4. 脱盐除氯。在文物清洗机中加入稀碱、还原剂、渗透剂共同配成的脱盐材料及去离子水，搅拌均匀，再放入文物进行脱盐除氯。
5. 缓蚀。将铁器浸泡在2%BTA乙醇溶液中来进行缓蚀。
6. 封护。将铁器浸泡在3%B72丙酮溶液中对其进行表面封护

保护修复后尺寸（厘米）	长14.5，宽4.7，高0.3	保护修复后重量（千克）	0.07
修复人员	郭海龙、王昱元	审核人	陈谊
完成日期	2022-07-04		
保护修复后影像资料			

保护修复日志

2022-04-29—2022-05-02 清理器表污染物 用刻刀、锤子等工具，剔除铁器表面硬结物、较疏松锈蚀层等	
2022-05-13 超声波除锈 将手动除锈后的铁器放入超声波清洗机，加入去离子水后加热进行超声清洗，完成后用去离子水再对铁器表面反复冲洗。然后放入烘箱进行干燥	

续表 1

2022-05-16—2022-05-20 **使用文物清洗机进行脱盐除氯** 将铁器放进清洗箱，加入去离子水和用稀碱、还原剂、渗透剂共同配成的脱盐材料，适当加热，浸泡一段时间后更换溶液，直到氯离子浓度低于50ppm。脱盐结束后的器物用去离子水反复清洗，之后放入烘箱进行干燥	
2022-06-03—2022-06-04 **除锈** 脱盐后的器物，用錾子和锤子等工具，再次剔除器表铁锈	
2022-07-04 **缓蚀** 将铁器浸泡在2%BTA乙醇溶液中进行缓蚀，之后待铁器自然干燥	
2022-07-04 **封护** 将铁器浸泡在3%B72丙酮溶液中对其进行表面封护，使铁器表面形成致密保护膜	

馆藏金属文物修复档案82

文物保存现状表

名称	铁剪		
文物编号	ZJ0119	年代	唐
保护修复前尺寸（厘米）	长 24.9，宽 4.3，高 0.1	保护处理前重量（千克）	0.08
文物保护环境	目前此铁器存于洛阳市文物考古研究院库房中，保存条件有限，很容易发生析氢腐蚀和耗氧腐蚀，加之大部分器物已有通体锈蚀、瘤状物、残缺等病害，随着温湿度变化，文物病害有加重趋势		
病害状况	器壁上尤其是刃部有较厚的表面硬结物。器物呈全面腐蚀状态，整体矿化严重，表面有较多瘤状物		
文物病害图			

图例：

表面硬结物　　层状堆积　　全面腐蚀

绘图单位	洛阳市文物考古研究院		
文物名称	铁剪ZJ0119		
绘制人	胡楠	时间	2018年11月

保护修复前影像资料	

文物保护修复记录表

文物保护修复情况综述（材料、工艺、步骤及操作条件，附保护修复后影像资料）：
1. 提取文物建立文物修复档案，采集文物信息并照相等。
2. 清理器表污染物。用刻刀、锤子等工具，剔除铁器表面硬结物、较疏松锈蚀层等。
3. 超声波除锈。将初步清理后的铁器放入超声波清洗机中，加入去离子水超声清洗。
4. 脱盐除氯。在文物清洗机中加入稀碱、还原剂、渗透剂共同配成的脱盐材料及去离子水，搅拌均匀，再放入文物进行脱盐除氯。
5. 缓蚀。将铁器浸泡在2%BTA乙醇溶液中来进行缓蚀。
6. 封护。将铁器浸泡在3%B72丙酮溶液中对其进行表面封护

保护修复后尺寸（厘米）	长24.2，宽4.3，高0.1	保护修复后重量（千克）	0.06
修复人员	郭海龙、杨琦	审核人	陈谊
完成日期	2022-07-04		
保护修复后影像资料			

保护修复日志

2022-05-02—2022-05-03 清理器表污染物 用刻刀、锤子等工具，剔除铁器表面硬结物、较疏松锈蚀层等	
2022-05-13 超声波除锈 将手动除锈后的铁器放入超声波清洗机，加入去离子水后加热进行超声清洗，完成后用去离子水再对铁器表面反复冲洗。然后放入烘箱进行干燥	

续表 1

2022-05-16—2022-05-20 **使用文物清洗机进行脱盐除氯** 将铁器放进清洗箱，加入去离子水和用稀碱、还原剂、渗透剂共同配成的脱盐材料，适当加热，浸泡一段时间后更换溶液，直到氯离子浓度低于50ppm。脱盐结束后的器物用去离子水反复清洗，之后放入烘箱进行干燥	
2022-06-04—2022-06-05 **除锈** 脱盐后的器物，用錾子和锤子等工具，再次剔除器表铁锈	
2022-07-04 **缓蚀** 将铁器浸泡在2%BTA乙醇溶液中进行缓蚀，之后待铁器自然干燥	
2022-07-04 **封护** 将铁器浸泡在3%B72丙酮溶液中对其进行表面封护，使铁器表面形成致密保护膜	

馆藏金属文物修复档案83

文物保存现状表

名称	铁匕		
文物编号	ZJ0120	年代	唐
保护修复前尺寸（厘米）	长 28.3，宽 1.4，高 0.1	保护处理前重量（千克）	0.08
文物保护环境	目前此铁器存于洛阳市文物考古研究院库房中，保存条件有限，很容易发生析氢腐蚀和耗氧腐蚀，加之大部分器物已有通体锈蚀、瘤状物、残缺等病害，随着温湿度变化，文物病害有加重趋势		
病害状况	器壁上有较厚的表面硬结物。器物呈全面腐蚀状态，整体矿化严重，表面有层状堆积和较多瘤状物		
文物病害图	 图例： 表面硬结物 层状堆积 全面腐蚀 变形 绘图单位：洛阳市文物考古研究院 文物名称：铁匕ZJ0120 绘制人：胡楠　时间：2018年11月		
保护修复前影像资料	 		

文物保护修复记录表

文物保护修复情况综述（材料、工艺、步骤及操作条件，附保护修复后影像资料）：

1. 提取文物建立文物修复档案，采集文物信息并照相等。
2. 清理器表污染物。用刻刀、锤子等工具，剔除铁器表面硬结物、较疏松锈蚀层等。
3. 超声波除锈。将初步清理后的铁器放入超声波清洗机中，加入去离子水超声清洗。
4. 脱盐除氯。在文物清洗机中加入稀碱、还原剂、渗透剂共同配成的脱盐材料及去离子水，搅拌均匀，再放入文物进行脱盐除氯。
5. 缓蚀。将铁器浸泡在2%BTA乙醇溶液中来进行缓蚀。
6. 封护。将铁器浸泡在3%B72丙酮溶液中对其进行表面封护

保护修复后尺寸（厘米）	长28.3，宽1.4，高0.1	保护修复后重量（千克）	0.06
修复人员	郭海龙、杨琦	审核人	陈谊
完成日期	2022-07-04		
保护修复后影像资料			

保护修复日志

2022-05-03-2022-05-04 清理器表污染物 用刻刀、锤子等工具，剔除铁器表面硬结物、较疏松锈蚀层等	
2022-05-13 超声波除锈 将手动除锈后的铁器放入超声波清洗机，加入去离子水后加热进行超声清洗，完成后用去离子水再对铁器表面反复冲洗。然后放入烘箱进行干燥	

续表 1

2022-05-16—2022-05-20 **使用文物清洗机进行脱盐除氯** 将铁器放进清洗箱，加入去离子水和用稀碱、还原剂、渗透剂共同配成的脱盐材料，适当加热，浸泡一段时间后更换溶液，直到氯离子浓度低于50ppm。脱盐结束后的器物用去离子水反复清洗，之后放入烘箱进行干燥	
2022-06-04—2022-06-05 **除锈** 脱盐后的器物，用錾子和锤子等工具，再次剔除器表铁锈	
2022-07-04 **缓蚀** 将铁器浸泡在2%BTA乙醇溶液中进行缓蚀，之后待铁器自然干燥	
2022-07-04 **封护** 将铁器浸泡在3%B72丙酮溶液中对其进行表面封护，使铁器表面形成致密保护膜	

馆藏金属文物修复档案84

文物保存现状表

名称	铁钉		
文物编号	ZJ0123	年代	唐
保护修复前尺寸（厘米）	长 16.0，宽 17.0，高 0.4	保护处理前重量（千克）	0.06
文物保护环境	目前此铁器存于洛阳市文物考古研究院库房中，保存条件有限，很容易发生析氢腐蚀和耗氧腐蚀，加之大部分器物已有通体锈蚀、瘤状物、残缺等病害，随着温湿度变化，文物病害有加重趋势		
病害状况	器型较为完整但器壁上有较厚的土质硬结物。器物呈全面腐蚀状态，整体矿化严重，表面有层状堆积和较多瘤状物		
文物病害图			
保护修复前影像资料			

图例：

表面硬结物	层状堆积	全面腐蚀	残缺

绘图单位	洛阳市文物考古研究院		
文物名称	铁钉ZJ0123		
绘制人	胡楠	时间	2018年11月

文物保护修复记录表

文物保护修复情况综述（材料、工艺、步骤及操作条件，附保护修复后影像资料）：
1. 提取文物建立文物修复档案，采集文物信息并照相等。
2. 清理器表污染物。用刻刀、锤子等工具，剔除铁器表面硬结物、较疏松锈蚀层等。
3. 超声波除锈。将初步清理后的铁器放入超声波清洗机中，加入去离子水超声清洗。
4. 脱盐除氯。在文物清洗机中加入稀碱、还原剂、渗透剂共同配成的脱盐材料及去离子水，搅拌均匀，再放入文物进行脱盐除氯。
5. 缓蚀。将铁器浸泡在2%BTA乙醇溶液中来进行缓蚀。
6. 封护。将铁器浸泡在3%B72丙酮溶液中对其进行表面封护

保护修复后尺寸（厘米）	长 15.5，宽 17.0，高 0.4	保护修复后重量（千克）	0.06
修复人员	郭海龙、杨琦	审核人	陈谊
完成日期	2022-07-04		
保护修复后影像资料			

保护修复日志

2022-05-03—2022-05-04 清理器表污染物 用刻刀、锤子等工具，剔除铁器表面硬结物、较疏松锈蚀层等	
2022-05-13 超声波除锈 将手动除锈后的铁器放入超声波清洗机，加入去离子水后加热进行超声清洗，完成后用去离子水再对铁器表面反复冲洗。然后放入烘箱进行干燥	

续表 1

2022-05-16—2022-05-20 使用文物清洗机进行脱盐除氯 将铁器放进清洗箱，加入去离子水和用稀碱、还原剂、渗透剂共同配成的脱盐材料，适当加热，浸泡一段时间后更换溶液，直到氯离子浓度低于 50ppm。脱盐结束后的器物用去离子水反复清洗，之后放入烘箱进行干燥	
2022-06-05—2022-06-06 除锈 脱盐后的器物，用錾子和锤子等工具，再次剔除器表铁锈	
2022-07-04 缓蚀 将铁器浸泡在 2%BTA 乙醇溶液中进行缓蚀，之后待铁器自然干燥	
2022-07-04 封护 将铁器浸泡在 3%B72 丙酮溶液中对其进行表面封护，使铁器表面形成致密保护膜	

馆藏金属文物修复档案85

文物保存现状表

名称	铁筷		
文物编号	ZJ0126	年代	唐
保护修复前尺寸（厘米）	长23.0，宽0.3，高0.3	保护处理前重量（千克）	0.02
文物保护环境	目前此铁器存于洛阳市文物考古研究院库房中，保存条件有限，很容易发生析氢腐蚀和耗氧腐蚀，加之大部分器物已有通体锈蚀、瘤状物、残缺等病害，随着温湿度变化，文物病害有加重趋势		
病害状况	器壁上有较厚的土质硬结物。器物呈全面腐蚀状态，整体矿化严重，表面有层状堆积和较大瘤状物。有轻微变形		
文物病害图	 图例： 表面硬结物 层状堆积 全面腐蚀 全面腐蚀 残缺 瘤状物 绘图单位：洛阳市文物考古研究院 文物名称：铁筷J0126 绘制人：胡楠　时间：2018年11月		
保护修复前影像资料			

文物保护修复记录表

文物保护修复情况综述（材料、工艺、步骤及操作条件，附保护修复后影像资料）：
1. 提取文物建立文物修复档案，采集文物信息并照相等。
2. 清理器表污染物。用刻刀、锤子等工具，剔除铁器表面硬结物、较疏松锈蚀层等。
3. 超声波除锈。将初步清理后的铁器放入超声波清洗机中，加入去离子水超声清洗。
4. 脱盐除氯。在文物清洗机中加入稀碱、还原剂、渗透剂共同配成的脱盐材料及去离子水，搅拌均匀，再放入文物进行脱盐除氯。
5. 缓蚀。将铁器浸泡在2%BTA乙醇溶液中来进行缓蚀。
6. 封护。用纳米材料防护剂均匀喷涂在铁器表面

保护修复后尺寸（厘米）	长23.0，宽0.3，高0.3	保护修复后重量（千克）	0.02
修复人员	郭海龙、杨琦	审核人	陈谊
完成日期	2022-07-04		
保护修复后影像资料			

保护修复日志

2022-05-04—2022-05-05 清理器表污染物 用刻刀、锤子等工具，剔除铁器表面硬结物、较疏松锈蚀层等	
2022-05-13 超声波除锈 将手动除锈后的铁器放入超声波清洗机，加入去离子水后加热进行超声清洗，完成后用去离子水再对铁器表面反复冲洗。然后放入烘箱进行干燥	

续表 1

2022-05-16—2022-05-20 **使用文物清洗机进行脱盐除氯** 将铁器放进清洗箱，加入去离子水和用稀碱、还原剂、渗透剂共同配成的脱盐材料，适当加热，浸泡一段时间后更换溶液，直到氯离子浓度低于50ppm。脱盐结束后的器物用去离子水反复清洗，之后放入烘箱进行干燥	
2022-06-05—2022-06-06 **除锈** 脱盐后的器物，用錾子和锤子等工具，再次剔除器表铁锈	
2022-07-04 **缓蚀** 将铁器浸泡在2%BTA乙醇溶液中进行缓蚀，之后待铁器自然干燥	
2022-07-04 **封护** 将纳米材料防护剂均匀喷涂在铁器表面，使表面形成一层保护膜	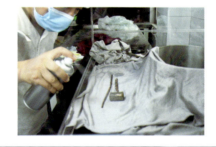

馆藏金属文物修复档案86

文物保存现状表

名称	铁锤		
文物编号	ZJ0127	年代	唐
保护修复前尺寸（厘米）	长 16.3，宽 4.5，高 2.3	保护处理前重量（千克）	0.16
文物保护环境	目前此铁器存于洛阳市文物考古研究院库房中，保存条件有限，很容易发生析氢腐蚀和耗氧腐蚀，加之大部分器物已有通体锈蚀、瘤状物、残缺等病害，随着温湿度变化，文物病害有加重趋势		
病害状况	器型完整，表面有较厚的土质硬结物。器物呈全面腐蚀状态，整体矿化严重，表面有层状堆积		
文物病害图			
保护修复前影像资料			

文物保护修复记录表

文物保护修复情况综述（材料、工艺、步骤及操作条件，附保护修复后影像资料）：

1. 提取文物建立文物修复档案，采集文物信息并照相等。
2. 清理器表污染物。用刻刀、锤子等工具，剔除铁器表面硬结物、较疏松锈蚀层等。
3. 超声波除锈。将初步清理后的铁器放入超声波清洗机中，加入去离子水超声清洗。
4. 脱盐除氯。在文物清洗机中加入稀碱、还原剂、渗透剂共同配成的脱盐材料及去离子水，搅拌均匀，再放入文物进行脱盐除氯。
5. 缓蚀。将铁器浸泡在2%BTA乙醇溶液中来进行缓蚀。
6. 封护。将铁器浸泡在3%B72丙酮溶液中对其进行表面封护

保护修复后尺寸（厘米）	长16.3，宽4.2，高2.2	保护修复后重量（千克）	0.15
修复人员	郭海龙、王昱元	审核人	陈谊
完成日期	2022-07-04		

保护修复后影像资料	

保护修复日志

2022-05-04—2022-05-05 清理器表污染物 用刻刀、锤子等工具，剔除铁器表面硬结物、较疏松锈蚀层等	
2022-05-13 超声波除锈 将手动除锈后的铁器放入超声波清洗机，加入去离子水后加热进行超声清洗，完成后用去离子水再对铁器表面反复冲洗。然后放入烘箱进行干燥	

续表 1

2022-05-16—2022-05-20 使用文物清洗机进行脱盐除氯 将铁器放进清洗箱，加入去离子水和用稀碱、还原剂、渗透剂共同配成的脱盐材料，适当加热，浸泡一段时间后更换溶液，直到氯离子浓度低于50ppm。脱盐结束后的器物用去离子水反复清洗，之后放入烘箱进行干燥	
2022-06-05—2022-06-06 除锈 脱盐后的器物，用錾子和锤子等工具，再次剔除器表铁锈	
2022-07-04 缓蚀 将铁器浸泡在2%BTA乙醇溶液中进行缓蚀，之后待铁器自然干燥	
2022-07-04 封护 将纳米材料防护剂均匀喷涂在铁器表面，使表面形成一层保护膜	

馆藏金属文物修复档案87

文物保存现状表

名称	铁灯		
文物编号	ZJ0130	年代	唐
保护修复前尺寸（厘米）	长8.3，宽5.6，高6.0	保护处理前重量（千克）	0.2
文物保护环境	目前此铁器存于洛阳市文物考古研究院库房中，保存条件有限，很容易发生析氢腐蚀和耗氧腐蚀，加之大部分器物已有通体锈蚀、瘤状物、残缺等病害，随着温湿度变化，文物病害有加重趋势		
病害状况	器壁上有较厚的土质硬结物。器物呈全面腐蚀状态，整体矿化严重，表面有层状堆积和较多瘤状物有明显残缺		

文物病害图

图例：

表面硬结物　层状堆积　全面腐蚀　瘤状物　通体矿化　残缺

绘图单位	洛阳市文物考古研究院	
文物名称	铁灯0130	
绘制人	胡楠	时间 2018年11月

保护修复前影像资料

文物保护修复记录表

文物保护修复情况综述（材料、工艺、步骤及操作条件，附保护修复后影像资料）：

1. 提取文物建立文物修复档案，采集文物信息并照相等。
2. 清理器表污染物。用刻刀、锤子等工具，剔除铁器表面硬结物、较疏松锈蚀层等。
3. 超声波除锈。将初步清理后的铁器放入超声波清洗机中，加入去离子水超声清洗。
4. 脱盐除氯。在文物清洗机中加入稀碱、还原剂、渗透剂共同配成的脱盐材料及去离子水，搅拌均匀，再放入文物进行脱盐除氯。
5. 补配。使用速成铜胶棒捏塑成形，填入残缺处随形捏塑。
6. 做旧。用脱盐铁锈土和矿物颜料混合，调配出与铁器相近的颜色，涂刷在需要做旧的部位。
7. 缓蚀。将铁器浸泡在2%BTA乙醇溶液中来进行缓蚀。
8. 封护。将铁器浸泡在3%B72丙酮溶液中对其进行表面封护

保护修复后尺寸（厘米）	长8.1，宽8.0，高4.5	保护修复后重量（千克）	0.15
修复人员	郭海龙、王昱元	审核人	陈谊
完成日期	2022-07-04		
保护修复后影像资料			

保护修复日志

2022-05-04-2022-05-05 清理器表污染物 用刻刀、锤子等工具，剔除铁器表面硬结物、较疏松锈蚀层等	
2022-05-13 超声波除锈 将手动除锈后的铁器放入超声波清洗机，加入去离子水后加热进行超声清洗，完成后用去离子水再对铁器表面反复冲洗。然后放入烘箱进行干燥	

续表 1

2022-05-16—2022-05-20 **使用文物清洗机进行脱盐除氯** 将铁器放进清洗箱，加入去离子水和用稀碱、还原剂、渗透剂共同配成的脱盐材料，适当加热，浸泡一段时间后更换溶液，直到氯离子浓度低于 50ppm。脱盐结束后的器物用去离子水反复清洗，之后放入烘箱进行干燥	
2022-06-06—2022-06-07 **除锈** 脱盐后的器物，用錾子和锤子等工具，再次剔除器表铁锈	
2022-06-08 **补配** 大面积部位的补配使用速成铜胶棒捏塑成形。用美工刀整体割下大致等体积的速成铜胶棒，快速反复揉搓直至均匀混合，填入残缺处随形捏塑，等待固化。待补配的材料固化后，用打磨机把多余的材料打磨掉，并按铁器原有形状进行打磨修整	
2022-06-10 **做旧** 用脱盐铁锈土和矿物颜料混合，调配出与铁器相近的颜色，涂刷在需要做旧的部位	
2022-07-04 **缓蚀** 将铁器浸泡在 2%BTA 乙醇溶液中进行缓蚀，之后待铁器自然干燥	
2022-07-04 **封护** 将铁器浸泡在 3%B72 丙酮溶液中对其进行表面封护，使铁器表面形成致密保护膜	

馆藏金属文物修复档案88

文物保存现状表

名称	铁漏勺		
文物编号	ZJ0133	年代	唐
保护修复前尺寸（厘米）	长 35.5，宽 10.5，高 0.5	保护处理前重量（千克）	0.4
文物保护环境	目前此铁器存于洛阳市文物考古研究院库房中，保存条件有限，很容易发生析氢腐蚀和耗氧腐蚀，加之大部分器物已有通体锈蚀、瘤状物、残缺等病害，随着温湿度变化，文物病害有加重趋势		
病害状况	器表有较厚的土质硬结物。器物呈全面腐蚀状态，整体矿化严重，表面有层状堆积和较多瘤状物，质地脆弱。器物残缺较为严重		
文物病害图			
保护修复前影像资料			

图例：

表面硬结物　层状堆积　全面腐蚀／全面腐蚀　残缺

绘图单位	洛阳市文物考古研究院
文物名称	铁漏勺 ZJ0133
绘制人	胡楠　时　间　2018年11月

文物保护修复记录表

文物保护修复情况综述（材料、工艺、步骤及操作条件，附保护修复后影像资料）：

1. 提取文物建立文物修复档案，采集文物信息并照相等。
2. 清理器表污染物。用刻刀、锤子等工具，剔除铁器表面硬结物、较疏松锈蚀层等。
3. 超声波除锈。将初步清理后的铁器放入超声波清洗机中，加入去离子水超声清洗。
4. 脱盐除氯。在文物清洗机中加入稀碱、还原剂、渗透剂共同配成的脱盐材料及去离子水，搅拌均匀，再放入文物进行脱盐除氯。
5. 缓蚀。将铁器浸泡在2%BTA乙醇溶液中来进行缓蚀。
6. 封护。将铁器浸泡在3%B72丙酮溶液中对其进行表面封护

保护修复后尺寸（厘米）	长 35.0，宽 10.0，高 0.5	保护修复后重量（千克）	0.3
修复人员	郭海龙、王昱元	审核人	陈谊
完成日期	2022-07-04		
保护修复后影像资料			

保护修复日志

2022-05-05—2022-05-06 清理器表污染物 用刻刀、锤子等工具，剔除铁器表面硬结物、较疏松锈蚀层等	
2022-05-13 超声波除锈 将手动除锈后的铁器放入超声波清洗机，加入去离子水后加热进行超声清洗，完成后用去离子水再对铁器表面反复冲洗。然后放入烘箱进行干燥	

续表 1

2022-05-16—2022-05-20 使用文物清洗机进行脱盐除氯 将铁器放进清洗箱，加入去离子水和用稀碱、还原剂、渗透剂共同配成的脱盐材料，适当加热，浸泡一段时间后更换溶液，直到氯离子浓度低于50ppm。脱盐结束后的器物用去离子水反复清洗，之后放入烘箱进行干燥	
2022-06-07—2022-06-08 除锈 脱盐后的器物，用錾子和锤子等工具，再次剔除器表铁锈	
2022-07-04 缓蚀 将铁器浸泡在2%BTA乙醇溶液中进行缓蚀，之后待铁器自然干燥	
2022-07-04 封护 将铁器浸泡在3%B72丙酮溶液中对其进行表面封护，使铁器表面形成致密保护膜	

馆藏金属文物修复档案89

文物保存现状表

名称	铁铲		
文物编号	ZJ0135	年代	唐
保护修复前尺寸（厘米）	长 27.8，宽 8.8，高 0.2	保护处理前重量（千克）	0.22
文物保护环境	目前此铁器存于洛阳市文物考古研究院库房中，保存条件有限，很容易发生析氢腐蚀和耗氧腐蚀，加之大部分器物已有通体锈蚀、瘤状物、残缺等病害，随着温湿度变化，文物病害有加重趋势		
病害状况	器壁上布满较厚的土锈和硬结物。器物呈全面腐蚀状态，整体矿化严重，表面有层状堆积。质地脆弱，有残缺		
文物病害图			

图例： 表面硬结物 层状堆积 全面腐蚀 残缺 瘤状物 通体矿化

绘图单位	洛阳市文物考古研究院
文物名称	铁铲0135
绘制人	胡楠	时间	2018年11月

保护修复前影像资料	

文物保护修复记录表

文物保护修复情况综述（材料、工艺、步骤及操作条件，附保护修复后影像资料）：

1. 提取文物建立文物修复档案，采集文物信息并照相等。
2. 清理器表污染物。用刻刀、锤子等工具，剔除铁器表面硬结物、较疏松锈蚀层等。
3. 超声波除锈。将初步清理后的铁器放入超声波清洗机中，加入去离子水超声清洗。
4. 脱盐除氯。在文物清洗机中加入稀碱、还原剂、渗透剂共同配成的脱盐材料及去离子水，搅拌均匀，再放入文物进行脱盐除氯。
5. 补配。使用速成铜胶棒捏塑成形，填入残缺处随形捏塑。
6. 做旧。用脱盐铁锈土和矿物颜料混合，调配出与铁器相近的颜色，涂刷在需要做旧的部位。
7. 缓蚀。将铁器浸泡在2%BTA乙醇溶液中来进行缓蚀。
8. 封护。将铁器浸泡在3%B72丙酮溶液中对其进行表面封护

保护修复后尺寸（厘米）	长 26.1，宽 8.8，高 0.2	保护修复后重量（千克）	0.17
修复人员	郭海龙、王昱元	审核人	陈谊
完成日期	2022-07-04		

保护修复后影像资料	

保护修复日志

2022-05-04—2022-05-05 清理器表污染物 用刻刀、锤子等工具，剔除铁器表面硬结物、较疏松锈蚀层等	
2022-05-13 超声波除锈 将手动除锈后的铁器放入超声波清洗机，加入去离子水后加热进行超声清洗，完成后用去离子水再对铁器表面反复冲洗。然后放入烘箱进行干燥	

续表 1

2022-05-16—2022-05-20 使用文物清洗机进行脱盐除氯 将铁器放进清洗箱，加入去离子水和用稀碱、还原剂、渗透剂共同配成的脱盐材料，适当加热，浸泡一段时间后更换溶液，直到氯离子浓度低于 50ppm。脱盐结束后的器物用去离子水反复清洗，之后放入烘箱进行干燥	
2022-06-08—2022-06-09 除锈 脱盐后的器物，用錾子和锤子等工具，再次剔除器表铁锈	
2022-06-10 补配 大面积部位的补配使用速成铜胶棒捏塑成形。用美工刀整体割下大致等体积的速成铜胶棒，快速反复揉搓直至均匀混合，填入残缺处随形捏塑，等待固化。待补配的材料固化后，用打磨机把多余的材料打磨掉，并按铁器原有形状进行打磨修整	
2022-06-11 做旧 用脱盐铁锈土和矿物颜料混合，调配出与铁器相近的颜色，涂刷在需要做旧的部位	
2022-07-04 缓蚀 将铁器浸泡在 2%BTA 乙醇溶液中进行缓蚀，之后待铁器自然干燥	
2022-07-04 封护 将铁器浸泡在 3%B72 丙酮溶液中对其进行表面封护，使铁器表面形成致密保护膜	

馆藏金属文物修复档案90

文物保存现状表

名称	铁锤		
文物编号	ZJ0137	年代	唐
保护修复前尺寸（厘米）	长 17.8，宽 5.9，高 3.6	保护处理前重量（千克）	1.76
文物保护环境	目前此铁器存于洛阳市文物考古研究院库房中，保存条件有限，很容易发生析氢腐蚀和耗氧腐蚀，加之大部分器物已有通体锈蚀、瘤状物、残缺等病害，随着温湿度变化，文物病害有加重趋势		
病害状况	器壁表面覆盖硬结物。器物呈全面腐蚀状态，整体矿化严重，表面有较多瘤状物，有明显的层状堆积，还有明显裂痕		
文物病害图			
保护修复前影像资料			

图例：

表面硬结物	层状堆积	全面腐蚀	瘤状物

绘图单位	洛阳市文物考古研究院	
文物名称	铁锤0137	
绘制人	胡楠	时间 2018年11月

文物保护修复记录表

文物保护修复情况综述（材料、工艺、步骤及操作条件，附保护修复后影像资料）：
1. 提取文物建立文物修复档案，采集文物信息并照相等。
2. 清理器表污染物。用刻刀、锤子等工具，剔除铁器表面硬结物、较疏松锈蚀层等。
3. 超声波除锈。将初步清理后的铁器放入超声波清洗机中，加入去离子水超声清洗。
4. 脱盐除氯。在文物清洗机中加入稀碱、还原剂、渗透剂共同配成的脱盐材料及去离子水，搅拌均匀，再放入文物进行脱盐除氯。
5. 缓蚀。将铁器浸泡在 2%BTA 乙醇溶液中来进行缓蚀。
6. 封护。将铁器浸泡在 3%B72 丙酮溶液中对其进行表面封护

保护修复后尺寸（厘米）	长 17.0，宽 5.9，高 3.6	保护修复后重量（千克）	1.67
修复人员	郭海龙、王昱元	审核人	陈谊
完成日期	2022-07-04		

保护修复后影像资料	

保护修复日志

2022-05-05—2022-05-06 清理器表污染物 用刻刀、锤子等工具，剔除铁器表面硬结物、较疏松锈蚀层等	
2022-05-27 超声波除锈 将手动除锈后的铁器放入超声波清洗机，加入去离子水后加热进行超声清洗，完成后用去离子水再对铁器表面反复冲洗。然后放入烘箱进行干燥	

续表 1

2022-05-30—2022-06-02 使用文物清洗机进行脱盐除氯 将铁器放进清洗箱，加入去离子水和用稀碱、还原剂、渗透剂共同配成的脱盐材料，适当加热，浸泡一段时间后更换溶液，直到氯离子浓度低于 50ppm。脱盐结束后的器物用去离子水反复清洗，之后放入烘箱进行干燥	
2022-06-08 除锈 脱盐后的器物，用錾子和锤子等工具，再次剔除器表铁锈	
2022-07-04 缓蚀 将铁器浸泡在 2%BTA 乙醇溶液中进行缓蚀，之后待铁器自然干燥	
2022-07-04 封护 将铁器浸泡在 3%B72 丙酮溶液中对其进行表面封护，使铁器表面形成致密保护膜	

馆藏金属文物修复档案91

文物保存现状表

名称	铁剪		
文物编号	ZJ0138	年代	唐
保护修复前尺寸（厘米）	长 38.2，宽 4.3，高 0.2	保护处理前重量（千克）	0.22
文物保护环境	目前此铁器存于洛阳市文物考古研究院库房中，保存条件有限，很容易发生析氢腐蚀和耗氧腐蚀，加之大部分器物已有通体锈蚀、瘤状物、残缺等病害，随着温湿度变化，文物病害有加重趋势		
病害状况	器型较为完整但器壁上有较厚的土质硬结物，呈全面腐蚀状态，整体矿化严重，表面有较多瘤状物及层状堆积		

文物病害图	

图例：

表面硬结物　层状堆积　全面腐蚀　瘤状物　残缺

绘图单位	洛阳市文物考古研究院		
文物名称	铁剪0138		
绘制人	胡楠	时间	2018年11月

保护修复前影像资料

文物保护修复记录表

文物保护修复情况综述（材料、工艺、步骤及操作条件，附保护修复后影像资料）：

1. 提取文物建立文物修复档案，采集文物信息并照相等。
2. 清理器表污染物。用刻刀、锤子等工具，剔除铁器表面硬结物、较疏松锈蚀层等。
3. 超声波除锈。将初步清理后的铁器放入超声波清洗机中，加入去离子水超声清洗。
4. 脱盐除氯。在文物清洗机中加入稀碱、还原剂、渗透剂共同配成的脱盐材料及去离子水，搅拌均匀，再放入文物进行脱盐除氯。
5. 缓蚀。将铁器浸泡在2%BTA乙醇溶液中来进行缓蚀。
6. 封护。将铁器浸泡在3%B72丙酮溶液中对其进行表面封护

保护修复后尺寸（厘米）	长 36.5，宽 4.0，高 0.2	保护修复后重量（千克）	0.16
修复人员	刘高琛、杨琦	审核人	陈谊
完成日期	2022-07-04		

保护修复后影像资料	

保护修复日志

2022-05-05—2022-05-06 清理器表污染物 用刻刀、锤子等工具，剔除铁器表面硬结物、较疏松锈蚀层等	
2022-05-27 超声波除锈 将手动除锈后的铁器放入超声波清洗机，加入去离子水后加热进行超声清洗，完成后用去离子水再对铁器表面反复冲洗。然后放入烘箱进行干燥	

续表 1

2022-05-30—2022-06-02 **使用文物清洗机进行脱盐除氯** 将铁器放进清洗箱，加入去离子水和用稀碱、还原剂、渗透剂共同配成的脱盐材料，适当加热，浸泡一段时间后更换溶液，直到氯离子浓度低于50ppm。脱盐结束后的器物用去离子水反复清洗，之后放入烘箱进行干燥	
2022-06-08—2022-06-09 **除锈** 脱盐后的器物，用打磨机再次剔除器表铁锈	
2022-07-04 **缓蚀** 将铁器浸泡在2%BTA乙醇溶液中进行缓蚀，之后待铁器自然干燥	
2022-07-04 **封护** 将铁器浸泡在3%B72丙酮溶液中对其进行表面封护，使铁器表面形成致密保护膜	

馆藏金属文物修复档案92

文物保存现状表

名称	铁支架		
文物编号	ZJ0139	年代	唐
保护修复前尺寸（厘米）	长 17.4，宽 16.9，高 0.8	保护处理前重量（千克）	0.34
文物保护环境	目前此铁器存于洛阳市文物考古研究院库房中，保存条件有限，很容易发生析氢腐蚀和耗氧腐蚀，加之大部分器物已有通体锈蚀、瘤状物、残缺等病害，随着温湿度变化，文物病害有加重趋势		
病害状况	器壁上尤其是刃部有较厚的表面硬结物。器物呈全面腐蚀状态，整体矿化严重，表面有较多瘤状物。一角有残缺		
文物病害图			
保护修复前影像资料			

图例：

表面硬结物	层状堆积	全面腐蚀	瘤状物	残缺	通体矿化

绘图单位	洛阳市文物考古研究院
文物名称	铁支架0139z
绘制人	胡楠	时 间	2018年11月

文物保护修复记录表

文物保护修复情况综述（材料、工艺、步骤及操作条件，附保护修复后影像资料）：
1. 提取文物建立文物修复档案，采集文物信息并照相等。
2. 清理器表污染物。用刻刀、锤子等工具，剔除铁器表面硬结物、较疏松锈蚀层等。
3. 超声波除锈。将初步清理后的铁器放入超声波清洗机中，加入去离子水超声清洗。
4. 脱盐除氯。在文物清洗机中加入稀碱、还原剂、渗透剂共同配成的脱盐材料及去离子水，搅拌均匀，再放入文物进行脱盐除氯。
5. 缓蚀。将铁器浸泡在 2%BTA 乙醇溶液中来进行缓蚀。
6. 封护。将铁器浸泡在 3%B72 丙酮溶液中对其进行表面封护

保护修复后尺寸（厘米）	长 16.5，宽 16.97，高 0.8	保护修复后重量（千克）	0.31
修复人员	刘高琛、杨琦	审核人	陈谊
完成日期	2022-07-04		

保护修复后影像资料	

保护修复日志

2022-05-06—2022-05-09 清理器表污染物 用刻刀、锤子等工具，剔除铁器表面硬结物、较疏松锈蚀层等	
2022-05-27 超声波除锈 将手动除锈后的铁器放入超声波清洗机，加入去离子水后加热进行超声清洗，完成后用去离子水再对铁器表面反复冲洗。然后放入烘箱进行干燥	

续表 1

2022-05-30—2022-06-02 **使用文物清洗机进行脱盐除氯** 将铁器放进清洗箱，加入去离子水和用稀碱、还原剂、渗透剂共同配成的脱盐材料，适当加热，浸泡一段时间后更换溶液，直到氯离子浓度低于 50ppm。脱盐结束后的器物用去离子水反复清洗，之后放入烘箱进行干燥	
2022-06-09—2022-06-10 **除锈** 脱盐后的器物，用錾子和锤子等工具，再次剔除器表铁锈	
2022-07-04 **缓蚀** 将铁器浸泡在 2%BTA 乙醇溶液中进行缓蚀，之后待铁器自然干燥	
2022-07-04 **封护** 将铁器浸泡在 3%B72 丙酮溶液中对其进行表面封护，使铁器表面形成致密保护膜	

馆藏金属文物修复档案93

文物保存现状表

名称	铁刀		
文物编号	ZJ0140	年代	唐
保护修复前尺寸（厘米）	长22.0，宽10.8，高0.5	保护处理前重量（千克）	1.04
文物保护环境	目前此铁器存于洛阳市文物考古研究院库房中，保存条件有限，很容易发生析氢腐蚀和耗氧腐蚀，加之大部分器物已有通体锈蚀、瘤状物、残缺等病害，随着温湿度变化，文物病害有加重趋势		
病害状况	器壁上有较厚的表面硬结物。器物呈全面腐蚀状态，整体矿化严重，表面有层状堆积和较多瘤状物。器体轻微变形		
文物病害图			
保护修复前影像资料			

图例：

表面硬结物　层状堆积　全面腐蚀　瘤状物

绘图单位	洛阳市文物考古研究院	
文物名称	铁刀ZJ0140	
绘制人	胡楠	时间 2018年11月

文物保护修复记录表

文物保护修复情况综述（材料、工艺、步骤及操作条件，附保护修复后影像资料）：

1. 提取文物建立文物修复档案，采集文物信息并照相等。
2. 清理器表污染物。用刻刀、锤子等工具，剔除铁器表面硬结物、较疏松锈蚀层等。
3. 超声波除锈。将初步清理后的铁器放入超声波清洗机中，加入去离子水超声清洗。
4. 脱盐除氯。在文物清洗机中加入稀碱、还原剂、渗透剂共同配成的脱盐材料及去离子水，搅拌均匀，再放入文物进行脱盐除氯。
5. 缓蚀。将纳米材料的缓蚀剂均匀喷涂在铁器表面。
6. 封护。将铁器浸泡在3%B72丙酮溶液中对其进行表面封护

保护修复后尺寸（厘米）	长22.0，宽10.2，高0.5	保护修复后重量（千克）	0.94
修复人员	刘高琛、杨琦	审核人	陈谊
完成日期	2022-07-04		

保护修复后影像资料	

保护修复日志

2022-05-06—2022-05-09 清理器表污染物 用刻刀、锤子等工具，剔除铁器表面硬结物、较疏松锈蚀层等	
2022-05-27 超声波除锈 将手动除锈后的铁器放入超声波清洗机，加入去离子水后加热进行超声清洗，完成后用去离子水再对铁器表面反复冲洗。然后放入烘箱进行干燥	

续表 1

2022-05-30—2022-06-02 **使用文物清洗机进行脱盐除氯** 将铁器放进清洗箱，加入去离子水和用稀碱、还原剂、渗透剂共同配成的脱盐材料，适当加热，浸泡一段时间后更换溶液，直到氯离子浓度低于 50ppm。脱盐结束后的器物用去离子水反复清洗，之后放入烘箱进行干燥	
2022-06-09—2022-06-10 **除锈** 脱盐后的器物，用錾子和锤子等工具，再次剔除器表铁锈	
2022-07-04 **缓蚀** 将纳米材料的缓蚀剂均匀喷涂在铁器表面，使表面形成一层保护膜	
2022-07-04 **封护** 将铁器浸泡在 3%B72 丙酮溶液中对其进行表面封护，使铁器表面形成致密保护膜	

馆藏金属文物修复档案94

文物保存现状表

名称	铁铲		
文物编号	ZJ0141	年代	唐
保护修复前尺寸（厘米）	长 27.3，宽 7.4，高 0.7	保护处理前重量（千克）	0.22
文物保护环境	目前此铁器存于洛阳市文物考古研究院库房中，保存条件有限，很容易发生析氢腐蚀和耗氧腐蚀，加之大部分器物已有通体锈蚀、瘤状物、残缺等病害，随着温湿度变化，文物病害有加重趋势		
病害状况	器型较为完整但器壁上有较厚的土质硬结物。器物呈全面腐蚀状态，整体矿化严重，表面有层状堆积和较多瘤状物有较为明显的缺损		
文物病害图			
保护修复前影像资料			

图例：

表面硬结物	层状堆积	全面腐蚀	瘤状物	残缺	孔洞

绘图单位	洛阳市文物考古研究院	
文物名称	铁铲ZJ0141	
绘制人	胡楠	时间 2018年11月

文物保护修复记录表

文物保护修复情况综述（材料、工艺、步骤及操作条件，附保护修复后影像资料）：

1. 提取文物建立文物修复档案，采集文物信息并照相等。
2. 清理器表污染物。用刻刀、锤子等工具，剔除铁器表面硬结物、较疏松锈蚀层等。
3. 超声波除锈。将初步清理后的铁器放入超声波清洗机中，加入去离子水超声清洗。
4. 脱盐除氯。在文物清洗机中加入稀碱、还原剂、渗透剂共同配成的脱盐材料及去离子水，搅拌均匀，再放入文物进行脱盐除氯。
5. 补配。使用速成铜胶棒捏塑成形，填入残缺处随形捏塑。
6. 做旧。用脱盐铁锈土和矿物颜料混合，调配出与铁器相近的颜色，涂刷在需要做旧的部位。
7. 缓蚀。将铁器浸泡在 2%BTA 乙醇溶液中来进行缓蚀。
8. 封护。将铁器浸泡在 3%B72 丙酮溶液中对其进行表面封护

保护修复后尺寸（厘米）	长 27.5，宽 7.3，高 0.5	保护修复后重量（千克）	0.18
修复人员	刘高琛、杨琦	审核人	陈谊
完成日期	2022-07-04		

保护修复后影像资料	

保护修复日志

2022-05-09—2022-05-10 清理器表污染物 用刻刀、锤子等工具，剔除铁器表面硬结物、较疏松锈蚀层等	
2022-05-27 超声波除锈 将手动除锈后的铁器放入超声波清洗机，加入去离子水后加热进行超声清洗，完成后用去离子水再对铁器表面反复冲洗。然后放入烘箱进行干燥	

续表 1

2022-05-30—2022-06-02 **使用文物清洗机进行脱盐除氯** 将铁器放进清洗箱，加入去离子水和用稀碱、还原剂、渗透剂共同配成的脱盐材料，适当加热，浸泡一段时间后更换溶液，直到氯离子浓度低于 50ppm。脱盐结束后的器物用去离子水反复清洗，之后放入烘箱进行干燥	
2022-06-09-2022-06-10 **除锈** 脱盐后的器物，用錾子和锤子等工具，再次剔除器表铁锈	
2022-06-11 **补配** 大面积部位的补配使用速成铜胶棒捏塑成形。用美工刀整体割下大致等体积的速成铜胶棒，快速反复揉搓直至均匀混合，填入残缺处随形捏塑，等待固化。待补配的材料固化后，用打磨机把多余的材料打磨掉，并按铁器原有形状进行打磨修整	
2022-06-11 **做旧** 用脱盐铁锈土和矿物颜料混合，调配出与铁器相近的颜色，涂刷在需要做旧的部位	
2022-07-04 **缓蚀** 将铁器浸泡在 2%BTA 乙醇溶液中进行缓蚀，之后待铁器自然干燥	

续表 2

2022-07-04 封护 将铁器浸泡在 3%B72 丙酮溶液中对其进行表面封护，使铁器表面形成致密保护膜	

馆藏金属文物修复档案95

文物保存现状表

名称	铁钩		
文物编号	ZJ0142	年代	唐
保护修复前尺寸（厘米）	长 15.3，宽 10.6，高 1.7	保护处理前重量（千克）	0.40
文物保护环境	目前此铁器存于洛阳市文物考古研究院库房中，保存条件有限，很容易发生析氢腐蚀和耗氧腐蚀，加之大部分器物已有通体锈蚀、瘤状物、残缺等病害，随着温湿度变化，文物病害有加重趋势		
病害状况	器壁上有较厚的土质硬结物。器物呈全面腐蚀状态，整体矿化严重，表面有层状堆积和较大的瘤状物。器身有缺损		
文物病害图			
保护修复前影像资料			

图例：
表面硬结物　层状堆积　全面腐蚀　瘤状物　残缺

绘图单位	洛阳市文物考古研究院
文物名称	铁钩ZJ0142
绘制人	胡楠　时间 2018年11月

文物保护修复记录表

文物保护修复情况综述（材料、工艺、步骤及操作条件，附保护修复后影像资料）：

1. 提取文物建立文物修复档案，采集文物信息并照相等。
2. 清理器表污染物。用刻刀、锤子等工具，剔除铁器表面硬结物、较疏松锈蚀层等。
3. 超声波除锈。将初步清理后的铁器放入超声波清洗机中，加入去离子水超声清洗。
4. 脱盐除氯。在文物清洗机中加入稀碱、还原剂、渗透剂共同配成的脱盐材料及去离子水，搅拌均匀，再放入文物进行脱盐除氯。
5. 缓蚀。将铁器浸泡在2%BTA乙醇溶液中来进行缓蚀。
6. 封护。将铁器浸泡在3%B72丙酮溶液中对其进行表面封护

保护修复后尺寸（厘米）	长15.3，宽10.5，高1.7	保护修复后重量（千克）	0.28
修复人员	刘高琛、杨琦	审核人	陈谊
完成日期	2022-07-04		

保护修复后影像资料	

保护修复日志

2022-05-16—2022-05-17 清理器表污染物 用刻刀、锤子等工具，剔除铁器表面硬结物、较疏松锈蚀层等	
2022-05-27 超声波除锈 将手动除锈后的铁器放入超声波清洗机，加入去离子水后加热进行超声清洗，完成后用去离子水再对铁器表面反复冲洗。然后放入烘箱进行干燥	

续表 1

2022-05-30—2022-06-02 使用文物清洗机进行脱盐除氯 将铁器放进清洗箱，加入去离子水和用稀碱、还原剂、渗透剂共同配成的脱盐材料，适当加热，浸泡一段时间后更换溶液，直到氯离子浓度低于50ppm。脱盐结束后的器物用去离子水反复清洗，之后放入烘箱进行干燥	
2022-06-10—2022-06-11 除锈 脱盐后的器物，用錾子和锤子等工具，再次剔除器表铁锈	
2022-07-04 缓蚀 将铁器浸泡在2%BTA乙醇溶液中进行缓蚀，之后待铁器自然干燥	
2022-07-04 封护 将铁器浸泡在3%B72丙酮溶液中对其进行表面封护，使铁器表面形成致密保护膜	

馆藏金属文物修复档案96

文物保存现状表

名称	铁灯		
文物编号	ZJ0146	年代	汉
保护修复前尺寸（厘米）	长11.0，宽9.4，高3.3	保护处理前重量（千克）	0.36
文物保护环境	目前此铁器存于洛阳市文物考古研究院库房中，保存条件有限，很容易发生析氢腐蚀和耗氧腐蚀，加之大部分器物已有通体锈蚀、瘤状物、残缺等病害，随着温湿度变化，文物病害有加重趋势		
病害状况	器型完整，表面有较厚的土质硬结物。器物呈全面腐蚀状态，整体矿化严重，表面有层状堆积。有明显的缺损		

文物病害图

图例： 表面硬结物　 层状堆积　 全面腐蚀　 残缺

绘图单位	洛阳市文物考古研究院		
文物名称	铁灯ZJ0146		
绘制人	胡楠	时间	2018年11月

保护修复前影像资料

文物保护修复记录表

文物保护修复情况综述（材料、工艺、步骤及操作条件，附保护修复后影像资料）：

1. 提取文物建立文物修复档案，采集文物信息并照相等。
2. 清理器表污染物。用刻刀、锤子等工具，剔除铁器表面硬结物、较疏松锈蚀层等。
3. 超声波除锈。将初步清理后的铁器放入超声波清洗机中，加入去离子水超声清洗。
4. 脱盐除氯。在文物清洗机中加入稀碱、还原剂、渗透剂共同配成的脱盐材料及去离子水，搅拌均匀，再放入文物进行脱盐除氯。
5. 补配。使用速成铜胶棒捏塑成形，填入残缺处随形捏塑。
6. 做旧。用脱盐铁锈土和矿物颜料混合，调配出与铁器相近的颜色，涂刷在需要做旧的部位。
7. 缓蚀。将铁器浸泡在2%BTA乙醇溶液中来进行缓蚀。
8. 封护。将铁器浸泡在3%B72丙酮溶液中对其进行表面封护

保护修复后尺寸（厘米）	长11.2，宽9.4，高2.7	保护修复后重量（千克）	0.34
修复人员	郭海龙、王昱元	审核人	陈谊
完成日期	2022-07-04		

保护修复后影像资料

保护修复日志

2022-05-18—2022-05-19 清理器表污染物 用刻刀、锤子等工具，剔除铁器表面硬结物、较疏松锈蚀层等	
2022-05-27 超声波除锈 将手动除锈后的铁器放入超声波清洗机，加入去离子水后加热进行超声清洗，完成后用去离子水再对铁器表面反复冲洗。然后放入烘箱进行干燥	

续表 1

2022-05-30—2022-06-02 **使用文物清洗机进行脱盐除氯** 将铁器放进清洗箱，加入去离子水和用稀碱、还原剂、渗透剂共同配成的脱盐材料，适当加热，浸泡一段时间后更换溶液，直到氯离子浓度低于 50ppm。脱盐结束后的器物用去离子水反复清洗，之后放入烘箱进行干燥	
2022-06-11—2022-06-12 **除锈** 脱盐后的器物，用錾子和锤子等工具，再次剔除器表铁锈	
2022-06-13 **补配** 大面积部位的补配使用速成铜胶棒捏塑成形。用美工刀整体割下大致等体积的速成铜胶棒，快速反复揉搓直至均匀混合，填入残缺处随形捏塑，等待固化。待补配的材料固化后，用打磨机把多余的材料打磨掉，并按铁器原有形状进行打磨修整	
2022-06-14 **做旧** 用脱盐铁锈土和矿物颜料混合，调配出与铁器相近的颜色，涂刷在需要做旧的部位	
2022-07-04 **缓蚀** 将铁器浸泡在 2%BTA 乙醇溶液中进行缓蚀，之后待铁器自然干燥	

续表 2

2022-07-04 封护 将铁器浸泡在 3%B72 丙酮溶液中对其进行表面封护，使铁器表面形成致密保护膜	

馆藏金属文物修复档案97

文物保存现状表

名称	铁剑		
文物编号	ZJ0147	年代	唐
保护修复前尺寸（厘米）	长 40.5，宽 2.5，高 0.8	保护处理前重量（千克）	0.3
文物保护环境	目前此铁器存于洛阳市文物考古研究院库房中，保存条件有限，很容易发生析氢腐蚀和耗氧腐蚀，加之大部分器物已有通体锈蚀、瘤状物、残缺等病害，随着温湿度变化，文物病害有加重趋势		
病害状况	器壁上有较厚的土质硬结物。器物呈全面腐蚀状态，整体矿化严重，表面有层状堆积和较多瘤状物		
文物病害图			
保护修复前影像资料			

图例：

表面硬结物	层状堆积	全面腐蚀	残缺	通体矿化	瘤状物

绘图单位	洛阳市文物考古研究院
文物名称	铁剑ZJ0147
绘制人	胡楠	时 间	2018年11月

文物保护修复记录表

文物保护修复情况综述（材料、工艺、步骤及操作条件，附保护修复后影像资料）：
1. 提取文物建立文物修复档案，采集文物信息并照相等。
2. 清理器表污染物。用刻刀、锤子等工具，剔除铁器表面硬结物、较疏松锈蚀层等。
3. 超声波除锈。将初步清理后的铁器放入超声波清洗机中，加入去离子水超声清洗。
4. 脱盐除氯。在文物清洗机中加入稀碱、还原剂、渗透剂共同配成的脱盐材料及去离子水，搅拌均匀，再放入文物进行脱盐除氯。
5. 缓蚀。将铁器浸泡在2%BTA乙醇溶液中来进行缓蚀。
6. 封护。将铁器浸泡在3%B72丙酮溶液中对其进行表面封护

保护修复后尺寸（厘米）	长40.5，宽2.5，高0.7	保护修复后重量（千克）	0.25
修复人员	郭海龙、王昱元	审核人	陈谊
完成日期	2022-07-04		
保护修复后影像资料			

保护修复日志

2022-05-18—2022-05-19 清理器表污染物 用刻刀、锤子等工具，剔除铁器表面硬结物、较疏松锈蚀层等	
2022-05-27 超声波除锈 将手动除锈后的铁器放入超声波清洗机，加入去离子水后加热进行超声清洗，完成后用去离子水再对铁器表面反复冲洗。然后放入烘箱进行干燥	

续表 1

日期与说明	图片
2022-05-30—2022-06-02 **使用文物清洗机进行脱盐除氯** 将铁器放进清洗箱，加入去离子水和用稀碱、还原剂、渗透剂共同配成的脱盐材料，适当加热，浸泡一段时间后更换溶液，直到氯离子浓度低于50ppm。脱盐结束后的器物用去离子水反复清洗，之后放入烘箱进行干燥	
2022-06-12—2022-06-13 **除锈** 脱盐后的器物，用錾子和锤子等工具，再次剔除器表铁锈	
2022-07-04 **缓蚀** 将铁器浸泡在2%BTA乙醇溶液中进行缓蚀，之后待铁器自然干燥	
2022-07-04 **封护** 将铁器浸泡在3%B72丙酮溶液中对其进行表面封护，使铁器表面形成致密保护膜	

馆藏金属文物修复档案98

文物保存现状表

名称	铁支架		
文物编号	ZJ0148	年代	唐
保护修复前尺寸（厘米）	长 16.2，宽 16，高 1.8	保护处理前重量（千克）	0.4
文物保护环境	目前此铁器存于洛阳市文物考古研究院库房中，保存条件有限，很容易发生析氢腐蚀和耗氧腐蚀，加之大部分器物已有通体锈蚀、瘤状物、残缺等病害，随着温湿度变化，文物病害有加重趋势		
病害状况	器表有较厚的土质硬结物。器物呈全面腐蚀状态，整体矿化严重，表面有层状堆积和较多瘤状物，质地脆弱。器身有轻微变形		
文物病害图			
保护修复前影像资料			

图例：

表面硬结物	层状堆积	全面腐蚀	瘤状物

绘图单位	洛阳市文物考古研究院
文物名称	铁支架ZJ0148
绘制人	胡楠	时 间	2018年11月

文物保护修复记录表

文物保护修复情况综述（材料、工艺、步骤及操作条件，附保护修复后影像资料）：
1. 提取文物建立文物修复档案，采集文物信息并照相等。
2. 清理器表污染物。用刻刀、锤子等工具，剔除铁器表面硬结物、较疏松锈蚀层等。
3. 超声波除锈。将初步清理后的铁器放入超声波清洗机中，加入去离子水超声清洗。
4. 脱盐除氯。在文物清洗机中加入稀碱、还原剂、渗透剂共同配成的脱盐材料及去离子水，搅拌均匀，再放入文物进行脱盐除氯。
5. 缓蚀。将铁器浸泡在2%BTA乙醇溶液中来进行缓蚀。
6. 封护。将铁器浸泡在3%B72丙酮溶液中对其进行表面封护

保护修复后尺寸（厘米）	长15.8，宽15.8，高1.8	保护修复后重量（千克）	0.37
修复人员	郭海龙、王昱元	审核人	陈谊
完成日期	2022-07-04		

保护修复后影像资料	

保护修复日志

2022-05-19—2022-05-20 清理器表污染物 用刻刀、锤子等工具，剔除铁器表面硬结物、较疏松锈蚀层等	
2022-05-27 超声波除锈 将手动除锈后的铁器放入超声波清洗机，加入去离子水后加热进行超声清洗，完成后用去离子水再对铁器表面反复冲洗。然后放入烘箱进行干燥	

续表 1

2022-05-30—2022-06-02 使用文物清洗机进行脱盐除氯 将铁器放进清洗箱，加入去离子水和用稀碱、还原剂、渗透剂共同配成的脱盐材料，适当加热，浸泡一段时间后更换溶液，直到氯离子浓度低于 50ppm。脱盐结束后的器物用去离子水反复清洗，之后放入烘箱进行干燥	
2022-06-13—2022-06-14 除锈 脱盐后的器物，用錾子和锤子等工具，再次剔除器表铁锈	
2022-07-04 缓蚀 将铁器浸泡在 2%BTA 乙醇溶液中进行缓蚀，之后待铁器自然干燥	
2022-07-04 封护 将铁器浸泡在 3%B72 丙酮溶液中对其进行表面封护，使铁器表面形成致密保护膜	

馆藏金属文物修复档案99

文物保存现状表

名称	铁器		
文物编号	ZJ0182	年代	唐
保护修复前尺寸（厘米）	长 21.0，宽 1.2，高 0.5	保护处理前重量（千克）	0.5
文物保护环境	目前此铁器存于洛阳市文物考古研究院库房中，保存条件有限，很容易发生析氢腐蚀和耗氧腐蚀，加之大部分器物已有通体锈蚀、瘤状物、残缺等病害，随着温湿度变化，文物病害有加重趋势		
病害状况	铁器上有较厚的土质硬结物。器物呈全面腐蚀状态，整体矿化严重，表面有多处瘤状物。连接环处断裂缺损		
文物病害图	 图例： 表面硬结物　 层状堆积　 全面腐蚀　 瘤状物　残缺　 绘图单位：洛阳市文物考古研究院　文物名称：铁器ZJ0182　绘制人：胡楠　时间：2018年11月		
保护修复前影像资料			

文物保护修复记录表

文物保护修复情况综述（材料、工艺、步骤及操作条件，附保护修复后影像资料）：

1. 提取文物建立文物修复档案，采集文物信息并照相等。
2. 清理器表污染物。用刻刀、锤子等工具，剔除铁器表面硬结物、较疏松锈蚀层等。
3. 超声波除锈。将初步清理后的铁器放入超声波清洗机中，加入去离子水超声清洗。
4. 脱盐除氯。在文物清洗机中加入稀碱、还原剂、渗透剂共同配成的脱盐材料及去离子水，搅拌均匀，再放入文物进行脱盐除氯。
5. 缓蚀。将铁器浸泡在2%BTA乙醇溶液中来进行缓蚀。
6. 封护。将铁器浸泡在3%B72丙酮溶液中对其进行表面封护

保护修复后尺寸（厘米）	长21.0，宽1.2，高0.5	保护修复后重量（千克）	0.45
修复人员	郭海龙、王昱元	审核人	陈谊
完成日期	2022-07-04		

保护修复后影像资料	

保护修复日志

2022-05-23—2022-05-24 清理器表污染物 用刻刀、锤子等工具，剔除铁器表面硬结物、较疏松锈蚀层等	
2022-05-27 超声波除锈 将手动除锈后的铁器放入超声波清洗机，加入去离子水后加热进行超声清洗，完成后用去离子水再对铁器表面反复冲洗。然后放入烘箱进行干燥	

续表 1

2022-05-30—2022-06-02 **使用文物清洗机进行脱盐除氯** 将铁器放进清洗箱，加入去离子水和用稀碱、还原剂、渗透剂共同配成的脱盐材料，适当加热，浸泡一段时间后更换溶液，直到氯离子浓度低于 50ppm。脱盐结束后的器物用去离子水反复清洗，之后放入烘箱进行干燥	
2022-06-13—2022-06-14 **除锈** 脱盐后的器物，用錾子和锤子等工具，再次剔除器表铁锈	
2022-07-04 **缓蚀** 将铁器浸泡在 2%BTA 乙醇溶液中进行缓蚀，之后待铁器自然干燥	
2022-07-04 **封护** 将铁器浸泡在 3%B72 丙酮溶液中对其进行表面封护，使铁器表面形成致密保护膜	

馆藏金属文物修复档案100

文物保存现状表

名称	铁链		
文物编号	ZJ0184	年代	宋
保护修复前尺寸（厘米）	长32.0，宽3.0，高3.1	保护处理前重量（千克）	0.46
文物保护环境	目前此铁器存于洛阳市文物考古研究院库房中，保存条件有限，很容易发生析氢腐蚀和耗氧腐蚀，加之大部分器物已有通体锈蚀、瘤状物、残缺等病害，随着温湿度变化，文物病害有加重趋势		
病害状况	器身上有较厚的土质硬结物。器物呈全面腐蚀状态，整体矿化严重，表面有瘤状物		
文物病害图			
保护修复前影像资料			

图例：表面硬结物　层状堆积　全面腐蚀／全面腐蚀　瘤状物　裂隙

绘图单位	洛阳市文物考古研究院
文物名称	铁链ZJ0184
绘制人	胡楠　时间　2018年11月

文物保护修复记录表

文物保护修复情况综述（材料、工艺、步骤及操作条件，附保护修复后影像资料）：
1. 提取文物建立文物修复档案，采集文物信息并照相等。
2. 清理器表污染物。用刻刀、锤子等工具，剔除铁器表面硬结物、较疏松锈蚀层等。
3. 超声波除锈。将初步清理后的铁器放入超声波清洗机中，加入去离子水超声清洗。
4. 脱盐除氯。在文物清洗机中加入稀碱、还原剂、渗透剂共同配成的脱盐材料及去离子水，搅拌均匀，再放入文物进行脱盐除氯。
5. 缓蚀。将铁器浸泡在2%BTA乙醇溶液中来进行缓蚀。
6. 封护。将铁器浸泡在3%B72丙酮溶液中对其进行表面封护

保护修复后尺寸（厘米）	长32.0，宽3.0，高3.0	保护修复后重量（千克）	0.39
修复人员	郭海龙、王昱元	审核人	陈谊
完成日期	2022-07-04		
保护修复后影像资料			

保护修复日志

2022-05-23—2022-05-24 清理器表污染物 用刻刀、锤子等工具，剔除铁器表面硬结物、较疏松锈蚀层等	
2022-05-27 超声波除锈 将手动除锈后的铁器放入超声波清洗机，加入去离子水后加热进行超声清洗，完成后用去离子水再对铁器表面反复冲洗。然后放入烘箱进行干燥	

续表 1

2022-05-30—2022-06-02 使用文物清洗机进行脱盐除氯 将铁器放进清洗箱，加入去离子水和用稀碱、还原剂、渗透剂共同配成的脱盐材料，适当加热，浸泡一段时间后更换溶液，直到氯离子浓度低于50ppm。脱盐结束后的器物用去离子水反复清洗，之后放入烘箱进行干燥	
2022-06-11-2022-06-12 除锈 脱盐后的器物，用錾子和锤子等工具，再次剔除器表铁锈	
2022-07-04 缓蚀 将铁器浸泡在2%BTA乙醇溶液中进行缓蚀，之后待铁器自然干燥	
2022-07-04 封护 将铁器浸泡在3%B72丙酮溶液中对其进行表面封护，使铁器表面形成致密保护膜	

馆藏金属文物修复档案101

文物保存现状表

名称	铁箍		
文物编号	ZJ0185	年代	宋
保护修复前尺寸（厘米）	长15.5，宽14.7，高3.0	保护处理前重量（千克）	0.32
文物保护环境	目前此铁器存于洛阳市文物考古研究院库房中，保存条件有限，很容易发生析氢腐蚀和耗氧腐蚀，加之大部分器物已有通体锈蚀、瘤状物、残缺等病害，随着温湿度变化，文物病害有加重趋势		
病害状况	器壁上有较厚的表面硬结物。器物呈全面腐蚀状态，整体矿化严重，表面有较多瘤状物。器身边沿处有缺损		
文物病害图	 图例：表面硬结物 层状堆积 全面腐蚀 瘤状物 残缺 绘图单位 洛阳市文物考古研究院 文物名称 铁箍ZJ0185 绘制人 胡楠 时间 2018年11月		
保护修复前影像资料			

文物保护修复记录表

文物保护修复情况综述（材料、工艺、步骤及操作条件，附保护修复后影像资料）：

1. 提取文物建立文物修复档案，采集文物信息并照相等。
2. 清理器表污染物。用刻刀、锤子等工具，剔除铁器表面硬结物、较疏松锈蚀层等。
3. 超声波除锈。将初步清理后的铁器放入超声波清洗机中，加入去离子水超声清洗。
4. 脱盐除氯。在文物清洗机中加入稀碱、还原剂、渗透剂共同配成的脱盐材料及去离子水，搅拌均匀，再放入文物进行脱盐除氯。
5. 缓蚀。将铁器浸泡在2%BTA乙醇溶液中来进行缓蚀。
6. 封护。将铁器浸泡在3%B72丙酮溶液中对其进行表面封护

保护修复后尺寸（厘米）	长 15.5，宽 14.9，高 3.0	保护修复后重量（千克）	0.23
修复人员	郭海龙、杨琦	审核人	陈谊
完成日期	2022-07-05		
保护修复后影像资料			

保护修复日志

2022-05-23—2022-05-24 清理器表污染物 用刻刀、锤子等具，剔除铁器表面硬结物、较疏松锈蚀层等	
2022-05-27 超声波除锈 将手动除锈后的铁器放入超声波清洗机，加入去离子水后加热进行超声清洗，完成后用去离子水再对铁器表面反复冲洗。然后放入烘箱进行干燥	

续表 1

2022-05-30—2022-06-02 使用文物清洗机进行脱盐除氯 将铁器放进清洗箱，加入去离子水和用稀碱、还原剂、渗透剂共同配成的脱盐材料，适当加热，浸泡一段时间后更换溶液，直到氯离子浓度低于 50ppm。脱盐结束后的器物用去离子水反复清洗，之后放入烘箱进行干燥	
2022-06-14—2022-06-15 除锈 脱盐后的器物，用錾子和锤子等工具，再次剔除器表铁锈	
2022-07-05 缓蚀 将铁器浸泡在 2%BTA 乙醇溶液中进行缓蚀，之后待铁器自然干燥	
2022-07-05 封护 将铁器浸泡在 3%B72 丙酮溶液中对其进行表面封护，使铁器表面形成致密保护膜	

馆藏金属文物修复档案102

文物保存现状表

名称	铁箍		
文物编号	ZJ0186	年代	宋
保护修复前尺寸（厘米）	长23.5，宽22.2，高2.9	保护处理前重量（千克）	0.60
文物保护环境	目前此铁器存于洛阳市文物考古研究院库房中，保存条件有限，很容易发生析氢腐蚀和耗氧腐蚀，加之大部分器物已有通体锈蚀、瘤状物、残缺等病害，随着温湿度变化，文物病害有加重趋势		
病害状况	器壁上有较厚的表面硬结物。器物呈全面腐蚀状态，整体矿化严重，表面有层状堆积和较多瘤状物。边沿处有缺损		
文物病害图			
保护修复前影像资料			

图例：

表面硬结物	层状堆积	全面腐蚀	瘤状物

绘图单位	洛阳市文物考古研究院
文物名称	铁箍ZJ0186
绘制人	胡楠 时 间 2018年11月

文物保护修复记录表

文物保护修复情况综述（材料、工艺、步骤及操作条件，附保护修复后影像资料）：
1. 提取文物建立文物修复档案，采集文物信息并照相等。
2. 清理器表污染物。用刻刀、锤子等工具，剔除铁器表面硬结物、较疏松锈蚀层等。
3. 超声波除锈。将初步清理后的铁器放入超声波清洗机中，加入去离子水超声清洗。
4. 脱盐除氯。在文物清洗机中加入稀碱、还原剂、渗透剂共同配成的脱盐材料及去离子水，搅拌均匀，再放入文物进行脱盐除氯。
5. 缓蚀。将铁器浸泡在2%BTA乙醇溶液中来进行缓蚀。
6. 封护。将铁器浸泡在3%B72丙酮溶液中对其进行表面封护

保护修复后尺寸（厘米）	长23.0，宽22.2，高3.0	保护修复后重量（千克）	0.36
修复人员	郭海龙、杨琦	审核人	陈谊
完成日期	2022-07-05		

保护修复后影像资料	

保护修复日志

2022-05-24—2022-05-25 清理器表污染物 用刻刀、锤子等工具，剔除铁器表面硬结物、较疏松锈蚀层等	
2022-05-27 超声波除锈 将手动除锈后的铁器放入超声波清洗机，加入去离子水后加热进行超声清洗，完成后用去离子水再对铁器表面反复冲洗。然后放入烘箱进行干燥	

续表 1

2022-05-30—2022-06-02 使用文物清洗机进行脱盐除氯 将铁器放进清洗箱，加入去离子水和用稀碱、还原剂、渗透剂共同配成的脱盐材料，适当加热，浸泡一段时间后更换溶液，直到氯离子浓度低于50ppm。脱盐结束后的器物用去离子水反复清洗，之后放入烘箱进行干燥	
2022-06-14—2022-06-15 除锈 脱盐后的器物，用錾子和锤子等工具，再次剔除器表铁锈	
2022-07-05—2022-07-05 缓蚀 将铁器浸泡在2%BTA乙醇溶液中进行缓蚀，之后待铁器自然干燥	
2022-07-05 封护 将铁器浸泡在3%B72丙酮溶液中对其进行表面封护，使铁器表面形成致密保护膜	

馆藏金属文物修复档案103

文物保存现状表

名称	铁三足炉		
文物编号	ZJ0250	年代	汉
保护修复前尺寸（厘米）	长 16.7，宽 13.0，高 15.9	保护处理前重量（千克）	2.00
文物保护环境	目前此铁器存于洛阳市文物考古研究院库房中，保存条件有限，很容易发生析氢腐蚀和耗氧腐蚀，加之大部分器物已有通体锈蚀、瘤状物、残缺等病害，随着温湿度变化，文物病害有加重趋势		
病害状况	器壁上有较厚的土质硬结物。器物呈全面腐蚀状态，整体矿化严重，表面有层状堆积和较多瘤状物足底有缺失		
文物病害图	 图例：表面硬结物 层状堆积 全面腐蚀 瘤状物 通体矿化 残缺		

绘图单位	洛阳市文物考古研究院
文物名称	铁三足炉ZJ0250
绘制人	胡楠	时 间	2018年11月

保护修复前影像资料	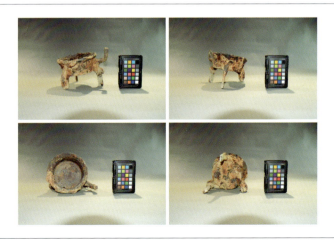

文物保护修复记录表

文物保护修复情况综述（材料、工艺、步骤及操作条件，附保护修复后影像资料）：

1. 提取文物建立文物修复档案，采集文物信息并照相等。
2. 清理器表污染物。用刻刀、锤子等工具，剔除铁器表面硬结物、较疏松锈蚀层等。
3. 超声波除锈。将初步清理后的铁器放入超声波清洗机中，加入去离子水超声清洗。
4. 脱盐除氯。在文物清洗机中加入稀碱、还原剂、渗透剂共同配成的脱盐材料及去离子水，搅拌均匀，再放入文物进行脱盐除氯。
5. 缓蚀。将铁器浸泡在 2%BTA 乙醇溶液中来进行缓蚀。
6. 封护。将铁器浸泡在 3%B72 丙酮溶液中对其进行表面封护

保护修复后尺寸（厘米）	长 16.5，宽 13.0，高 15.8	保护修复后重量（千克）	1.55
修复人员	郭海龙、杨琦	审核人	陈谊
完成日期	2022-07-05		
保护修复后影像资料			

保护修复日志

2022-05-24—2022-05-25

清理器表污染物
用刻刀、锤子等工具，剔除铁器表面硬结物、较疏松锈蚀层等

续表 1

2022-05-27 超声波除锈 将手动除锈后的铁器放入超声波清洗机，加入去离子水后加热进行超声清洗，完成后用去离子水再对铁器表面反复冲洗。然后放入烘箱进行干燥	
2022-05-30—2022-06-02 使用文物清洗机进行脱盐除氯 将铁器放进清洗箱，加入去离子水和用稀碱、还原剂、渗透剂共同配成的脱盐材料，适当加热，浸泡一段时间后更换溶液，直到氯离子浓度低于50ppm。脱盐结束后的器物用去离子水反复清洗，之后放入烘箱进行干燥	
2022-06-15 除锈 脱盐后的器物，用打磨机再次剔除器表铁锈	
2022-07-05 缓蚀 将铁器浸泡在2%BTA乙醇溶液中进行缓蚀，之后待铁器自然干燥	
2022-07-05 封护 将铁器浸泡在3%B72丙酮溶液中对其进行表面封护，使铁器表面形成致密保护膜	

续表 2

2022-07-20 补配 大面积部位的补配使用速成铜胶棒捏塑成形。用美工刀整体割下大致等体积的速成铜胶棒，快速反复揉搓直至均匀混合，填入残缺处随形捏塑，等待固化。待补配的材料固化后，用打磨机把多余的材料打磨掉，并按铁器原有形状进行打磨修整	
2022-07-21 做旧 用脱盐铁锈土和矿物颜料混合，调配出与铁器相近的颜色，涂刷在需要做旧的部位	

馆藏金属文物修复档案104

文物保存现状表

名称	铁鼎		
文物编号	ZJ0251	年代	汉
保护修复前尺寸（厘米）	长17.7，宽6.7，高19.4	保护处理前重量（千克）	1.84
文物保护环境	目前此铁器存于洛阳市文物考古研究院库房中，保存条件有限，很容易发生析氢腐蚀和耗氧腐蚀，加之大部分器物已有通体锈蚀、瘤状物、残缺等病害，随着温湿度变化，文物病害有加重趋势		
病害状况	器壁上有较厚的土质硬结物，呈红褐色。器物呈全面腐蚀状态，整体矿化严重，表面有层状堆积和较大的瘤状物		
文物病害图	 图例： 表面硬结物 层状堆积 全面腐蚀 瘤状物		

绘图单位	洛阳市文物考古研究院
文物名称	铁鼎ZJ0251
绘制人	胡楠　时间　2018年11月

保护修复前影像资料	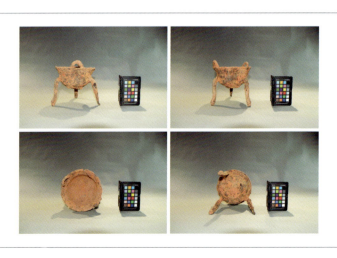

文物保护修复记录表

文物保护修复情况综述（材料、工艺、步骤及操作条件，附保护修复后影像资料）：

1. 提取文物建立文物修复档案，采集文物信息并照相等。
2. 清理器表污染物。用刻刀、锤子等工具，剔除铁器表面硬结物、较疏松锈蚀层等。
3. 超声波除锈。将初步清理后的铁器放入超声波清洗机中，加入去离子水超声清洗。
4. 脱盐除氯。在文物清洗机中加入稀碱、还原剂、渗透剂共同配成的脱盐材料及去离子水，搅拌均匀，再放入文物进行脱盐除氯。
5. 缓蚀。将铁器浸泡在2%BTA乙醇溶液中来进行缓蚀。
6. 封护。将铁器浸泡在3%B72丙酮溶液中对其进行表面封护

保护修复后尺寸（厘米）	长17.7，宽6.7，高20.0	保护修复后重量（千克）	1.70
修复人员	郭海龙、杨琦	审核人	陈谊
完成日期	2022-07-05		

保护修复后影像资料	

保护修复日志

2022-05-25—2022-05-26 清理器表污染物 用刻刀、锤子等工具，剔除铁器表面硬结物、较疏松锈蚀层等	
2022-05-27 超声波除锈 将手动除锈后的铁器放入超声波清洗机，加入去离子水后加热进行超声清洗，完成后用去离子水再对铁器表面反复冲洗。然后放入烘箱进行干燥	

续表 1

2022-05-30—2022-06-02 **使用文物清洗机进行脱盐除氯** 将铁器放进清洗箱，加入去离子水和用稀碱、还原剂、渗透剂共同配成的脱盐材料，适当加热，浸泡一段时间后更换溶液，直到氯离子浓度低于50ppm。脱盐结束后的器物用去离子水反复清洗，之后放入烘箱进行干燥	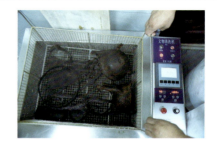
2022-06-15-2022-06-16 **除锈** 脱盐后的器物，用錾子和锤子等工具，再次剔除器表铁锈	
2022-07-05 **缓蚀** 将铁器浸泡在2%BTA乙醇溶液中进行缓蚀，之后待铁器自然干燥	
2022-07-05 **封护** 将铁器浸泡在3%B72丙酮溶液中对其进行表面封护，使铁器表面形成致密保护膜	

馆藏金属文物修复档案105

文物保存现状表

名称	铁鼎		
文物编号	ZJ0252	年代	汉
保护修复前尺寸（厘米）	长18.0，宽14.6，高12.0	保护处理前重量（千克）	1.44
文物保护环境	目前此铁器存于洛阳市文物考古研究院库房中，保存条件有限，很容易发生析氢腐蚀和耗氧腐蚀，加之大部分器物已有通体锈蚀、瘤状物、残缺等病害，随着温湿度变化，文物病害有加重趋势		
病害状况	器壁上有较厚的土质硬结物。器物呈全面腐蚀状态，整体矿化严重，表面有层状堆积和瘤状物，足底有缺损		
文物病害图	图例： 表面硬结物　层状堆积　全面腐蚀　瘤状物		
	绘图单位：洛阳市文物考古研究院 / 文物名称：铁鼎ZJ0252 / 绘制人：胡楠　时间：2018年11月		
保护修复前影像资料			

文物保护修复记录表

文物保护修复情况综述（材料、工艺、步骤及操作条件，附保护修复后影像资料）：

1. 提取文物建立文物修复档案，采集文物信息并照相等。
2. 清理器表污染物。用刻刀、锤子等工具，剔除铁器表面硬结物、较疏松锈蚀层等。
3. 超声波除锈。将初步清理后的铁器放入超声波清洗机中，加入去离子水超声清洗。
4. 脱盐除氯。在文物清洗机中加入稀碱、还原剂、渗透剂共同配成的脱盐材料及去离子水，搅拌均匀，再放入文物进行脱盐除氯。
5. 缓蚀。将铁器浸泡在2%BTA乙醇溶液中来进行缓蚀。
6. 封护。将铁器浸泡在3%B72丙酮溶液中对其进行表面封护

保护修复后尺寸（厘米）	长18.3，宽14.6，高12.0	保护修复后重量（千克）	1.35
修复人员	郭海龙、杨琦	审核人	陈谊
完成日期	2022-07-05		

保护修复后影像资料

保护修复日志

2022-05-25—2022-05-26 清理器表污染物 用刻刀、锤子等工具，剔除铁器表面硬结物、较疏松锈蚀层等	
2022-05-27 超声波除锈 将手动除锈后的铁器放入超声波清洗机，加入去离子水后加热进行超声清洗，完成后用去离子水再对铁器表面反复冲洗。然后放入烘箱进行干燥	

续表 1

2022-05-30—2022-06-02 使用文物清洗机进行脱盐除氯 将铁器放进清洗箱，加入去离子水和用稀碱、还原剂、渗透剂共同配成的脱盐材料，适当加热，浸泡一段时间后更换溶液，直到氯离子浓度低于 50ppm。脱盐结束后的器物用去离子水反复清洗，之后放入烘箱进行干燥	
2022-06-16—2022-06-17 除锈 脱盐后的器物，用錾子和锤子等工具，再次剔除器表铁锈	
2022-07-05 缓蚀 将铁器浸泡在 2%BTA 乙醇溶液中进行缓蚀，之后待铁器自然干燥	
2022-07-05 封护 将铁器浸泡在 3%B72 丙酮溶液中对其进行表面封护，使铁器表面形成致密保护膜	

馆藏金属文物修复档案106

文物保存现状表

名称	铁瓦形器		
文物编号	ZJ0253	年代	汉
保护修复前尺寸（厘米）	长32.7，宽25.2，高1.7	保护处理前重量（千克）	3.32
文物保护环境	目前此铁器存于洛阳市文物考古研究院库房中，保存条件有限，很容易发生析氢腐蚀和耗氧腐蚀，加之大部分器物已有通体锈蚀、瘤状物、残缺等病害，随着温湿度变化，文物病害有加重趋势		
病害状况	铁器表面上有较厚的土质硬结物。器物呈全面腐蚀状态，整体矿化严重，表面有层状堆积和较多瘤状物		
文物病害图	　　　　　　　　　　　　　　　　　　　　　　　　　　图例：表面硬结物　层状堆积　全面腐蚀　全面腐蚀　残缺　　　		
保护修复前影像资料			

绘图单位　洛阳市文物考古研究院
文物名称　铁瓦形器ZJ0253
绘制人　胡楠　时间　2018年11月

文物保护修复记录表

文物保护修复情况综述（材料、工艺、步骤及操作条件，附保护修复后影像资料）：
1. 提取文物建立文物修复档案，采集文物信息并照相等。
2. 清理器表污染物。用刻刀、锤子等工具，剔除铁器表面硬结物、较疏松锈蚀层等。
3. 超声波除锈。将初步清理后的铁器放入超声波清洗机中，加入去离子水超声清洗。
4. 脱盐除氯。在文物清洗机中加入稀碱、还原剂、渗透剂共同配成的脱盐材料及去离子水，搅拌均匀，再放入文物进行脱盐除氯。
5. 缓蚀。将铁器浸泡在2%BTA乙醇溶液中来进行缓蚀。
6. 封护。将纳米材料防护剂均匀喷涂在铁器表面

保护修复后尺寸（厘米）	长32.7，宽25.1，高1.7	保护修复后重量（千克）	3.2
修复人员	郭海龙、王昱元	审核人	陈谊
完成日期	2022-07-05		

保护修复后影像资料	

保护修复日志

2022-05-27—2022-05-30 清理器表污染物 用刻刀、锤子等工具，剔除铁器表面硬结物、较疏松锈蚀层等	
2022-06-03 超声波除锈 将手动除锈后的铁器放入超声波清洗机，加入去离子水后加热进行超声清洗，完成后用去离子水再对铁器表面反复冲洗。然后放入烘箱进行干燥	

续表 1

2022-06-06—2022-06-10 使用文物清洗机进行脱盐除氯 将铁器放进清洗箱，加入去离子水和用稀碱、还原剂、渗透剂共同配成的脱盐材料，适当加热，浸泡一段时间后更换溶液，直到氯离子浓度低于50ppm。脱盐结束后的器物用去离子水反复清洗，之后放入烘箱进行干燥	
2022-06-16—2022-06-17 除锈 脱盐后的器物，用錾子和锤子、打磨机等工具，再次剔除器表铁锈	
2022-07-05 缓蚀 将铁器浸泡在2%BTA乙醇溶液中进行缓蚀，之后待铁器自然干燥	
2022-07-05 封护 将纳米材料防护剂均匀喷涂在铁器表面，使表面形成一层保护膜	

馆藏金属文物修复档案107

文物保存现状表

名称	铁瓦形器		
文物编号	ZJ0254	年代	汉
保护修复前尺寸（厘米）	长 29.7，宽 27.2，高 2.1	保护处理前重量（千克）	5.84
文物保护环境	目前此铁器存于洛阳市文物考古研究院库房中，保存条件有限，很容易发生析氢腐蚀和耗氧腐蚀，加之大部分器物已有通体锈蚀、瘤状物、残缺等病害，随着温湿度变化，文物病害有加重趋势		
病害状况	铁器表面有硬结物。器物呈全面腐蚀状态，整体矿化严重，表面，尤其是背面有层状堆积和较多瘤状物		
文物病害图	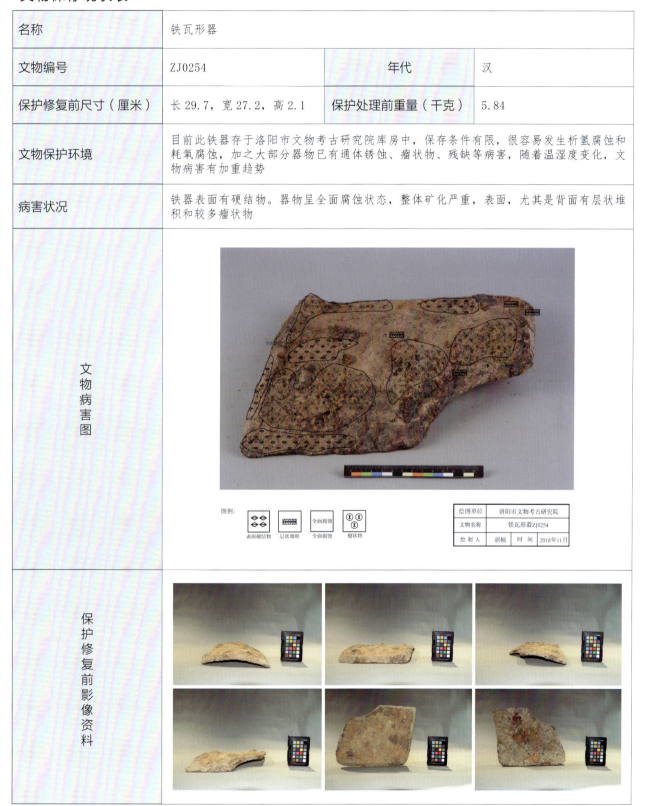		

文物保护修复记录表

文物保护修复情况综述（材料、工艺、步骤及操作条件，附保护修复后影像资料）：
1. 提取文物建立文物修复档案，采集文物信息并照相等。
2. 清理器表污染物。用刻刀、锤子等工具，剔除铁器表面硬结物、较疏松锈蚀层等。
3. 超声波除锈。将初步清理后的铁器放入超声波清洗机中，加入去离子水超声清洗。
4. 脱盐除氯。在文物清洗机中加入稀碱、还原剂、渗透剂共同配成的脱盐材料及去离子水，搅拌均匀，再放入文物进行脱盐除氯。
5. 补配。用 914 环氧树脂胶和脱盐后的铁锈调和，填补裂缝及残缺处。
6. 缓蚀。将铁器浸泡在 2%BTA 乙醇溶液中来进行缓蚀。
7. 封护。在铁器表面涂刷 3%B72 丙酮溶液中对其进行表面封护

保护修复后尺寸（厘米）	长 29.7，宽 27.2，高 2.1	保护修复后重量（千克）	5.45
修复人员	郭海龙、王昱元	审核人	陈谊
完成日期	2022-07-05		

保护修复后影像资料	

保护修复日志

2022-05-30—2022-05-31 清理器表污染物 用刻刀、锤子等工具，剔除铁器表面硬结物、较疏松锈蚀层等	
2022-06-03 超声波除锈 将手动除锈后的铁器放入超声波清洗机，加入去离子水后加热进行超声清洗，完成后用去离子水再对铁器表面反复冲洗。然后放入烘箱进行干燥	

续表 1

2022-06-06—2022-06-10 使用文物清洗机进行脱盐除氯 将铁器放进清洗箱，加入去离子水和用稀碱、还原剂、渗透剂共同配成的脱盐材料，适当加热，浸泡一段时间后更换溶液，直到氯离子浓度低于50ppm。脱盐结束后的器物用去离子水反复清洗，之后放入烘箱进行干燥	
2022-06-17—2022-06-18 除锈 脱盐后的器物，用錾子和锤子、洁牙机等工具，再次剔除器表铁锈	
2022-06-19 补配 用914环氧树脂胶和脱盐后的铁锈调和，填补裂缝及残缺处，自然阴干后，用打磨机将多余的914环氧树脂胶打磨掉	
2022-07-05 缓蚀 将铁器浸泡在2%BTA乙醇溶液中进行缓蚀，之后待铁器自然干燥	
2022-07-05 封护 在铁器表面涂刷3%B72丙酮溶液对其进行表面封护，使铁器表面形成致密保护膜	

馆藏金属文物修复档案108

文物保存现状表

名称	铁炭盆		
文物编号	ZJ0255	年代	汉
保护修复前尺寸（厘米）	长 37.0，宽 22.5，高 12.0	保护处理前重量（千克）	12.66
文物保护环境	目前此铁器存于洛阳市文物考古研究院库房中，保存条件有限，很容易发生析氢腐蚀和耗氧腐蚀，加之大部分器物已有通体锈蚀、瘤状物、残缺等病害，随着温湿度变化，文物病害有加重趋势		
病害状况	器壁上布满较厚的土锈和硬结物。器物呈全面腐蚀状态，整体矿化严重，表面有层状堆积。器表，尤其是盆底有瘤状物		
文物病害图	 图例： 表面硬结物　层状堆积　全面腐蚀　瘤状物		

绘图单位	洛阳市文物考古研究院
文物名称	铁炭盆ZJ0255
绘制人	胡楠　时间　2018年11月

保护修复前影像资料	   

文物保护修复记录表

文物保护修复情况综述（材料、工艺、步骤及操作条件，附保护修复后影像资料）：

1. 提取文物建立文物修复档案，采集文物信息并照相等。
2. 清理器表污染物。用刻刀、锤子等工具，剔除铁器表面硬结物、较疏松锈蚀层等。
3. 超声波除锈。将初步清理后的铁器放入超声波清洗机中，加入去离子水超声清洗。
4. 脱盐除氯。在文物清洗机中加入稀碱、还原剂、渗透剂共同配成的脱盐材料及去离子水，搅拌均匀，再放入文物进行脱盐除氯。
5. 缓蚀。在铁器表面涂刷 2%BTA 乙醇溶液来进行缓蚀。
6. 封护。在铁器表面均匀喷涂纳米材料防护剂

保护修复后尺寸（厘米）	长 37.0，宽 22.5，高 11.5	保护修复后重量（千克）	12.10
修复人员	郭海龙、王昱元	审核人	陈谊
完成日期	2022-09-27		
保护修复后影像资料			

保护修复日志

2022-05-30—2022-05-31 清理器表污染物 用刻刀、锤子等工具，剔除铁器表面硬结物、较疏松锈蚀层等	
2022-06-03 超声波除锈 将手动除锈后的铁器放入超声波清洗机，加入去离子水后加热进行超声清洗，完成后用去离子水再对铁器表面反复冲洗。然后放入烘箱进行干燥	

续表 1

2022-09-05—2022-09-09 使用文物清洗机进行脱盐除氯 将铁器放进清洗箱，加入去离子水和用稀碱、还原剂、渗透剂共同配成的脱盐材料，适当加热，浸泡一段时间后更换溶液，直到氯离子浓度低于50ppm。脱盐结束后的器物用去离子水反复清洗，之后放入烘箱进行干燥	
2022-09-10—2022-09-12 除锈 脱盐后的器物，用錾子和锤子等工具，再次剔除器表铁锈	
2022-09-27 缓蚀 在铁器表面涂刷2%BTA乙醇溶液来进行缓蚀，之后待铁器自然干燥	
2022-09-27 封护 将纳米材料防护剂均匀喷涂在铁器表面，使表面形成一层保护膜	

馆藏金属文物修复档案109

文物保存现状表

名称	铁鏊		
文物编号	ZJ0256	年代	汉
保护修复前尺寸（厘米）	长45.0，宽45.0，高11.6	保护处理前重量（千克）	9.14
文物保护环境	目前此铁器存于洛阳市文物考古研究院库房中，保存条件有限，很容易发生析氢腐蚀和耗氧腐蚀，加之大部分器物已有通体锈蚀、瘤状物、残缺等病害，随着温湿度变化，文物病害有加重趋势		
病害状况	铁器表面有较厚的土质硬结物、较多瘤状物及明显裂隙和残缺。器物呈全面腐蚀状态，整体矿化严重		
文物病害图			
保护修复前影像资料			

图例：

表面硬结物　层状堆积　全面腐蚀　裂隙　残缺　瘤状物

绘图单位	洛阳市文物考古研究院
文物名称	铁鏊ZJ0256
绘制人	胡楠　时间　2018年11月

文物保护修复记录表

文物保护修复情况综述（材料、工艺、步骤及操作条件，附保护修复后影像资料）：

1. 提取文物建立文物修复档案，采集文物信息并照相等。
2. 清理器表污染物。用刻刀、锤子等工具，剔除铁器表面硬结物、较疏松锈蚀层等。
3. 超声波除锈。将初步清理后的铁器放入超声波清洗机中，加入去离子水超声清洗。
4. 脱盐除氯。在文物清洗机中加入稀碱、还原剂、渗透剂共同配成的脱盐材料及去离子水，搅拌均匀，再放入文物进行脱盐除氯。
5. 补配。用914环氧树脂胶和脱盐后的铁锈调和，填补裂缝及残缺处。
6. 缓蚀。在铁器表面涂刷2%BTA乙醇溶液来进行缓蚀。
7. 封护。将纳米材料防护剂均匀喷涂在铁器表面

保护修复后尺寸（厘米）	长45.0，宽45.0，高11.0	保护修复后重量（千克）	8.85
修复人员	郭海龙、王昱元	审核人	陈谊
完成日期	2022-09-27		
保护修复后影像资料			

保护修复日志

2022-05-31—2022-06-01 清理器表污染物 用刻刀、锤子等工具，剔除铁器表面硬结物、较疏松锈蚀层等	
2022-06-03 超声波除锈 将手动除锈后的铁器放入超声波清洗机，加入去离子水后加热进行超声清洗，完成后用去离子水再对铁器表面反复冲洗。然后放入烘箱进行干燥	

续表 1

2022-09-05—2022-09-09 使用文物清洗机进行脱盐除氯 将铁器放进清洗箱，加入去离子水和用稀碱、还原剂、渗透剂共同配成的脱盐材料，适当加热，浸泡一段时间后更换溶液，直到氯离子浓度低于50ppm。脱盐结束后的器物用去离子水反复清洗，之后放入烘箱进行干燥	
2022-09-15—2022-09-16 除锈 脱盐后的器物，用錾子和锤子等工具，再次剔除器表铁锈	
2022-09-17—2022-09-18 补配 用914环氧树脂胶和脱盐后的铁锈调和，填补裂缝及残缺处，自然阴干后，用打磨机将多余的914环氧树脂胶打磨掉	
2022-09-27 缓蚀 在铁器表面涂刷2%BTA乙醇溶液来进行缓蚀，之后待铁器自然干燥	
2022-09-27 封护 将纳米材料防护剂均匀喷涂在铁器表面，使表面形成一层保护膜	

馆藏金属文物修复档案110

文物保存现状表

名称	铁鏊		
文物编号	ZJ0257	年代	汉
保护修复前尺寸（厘米）	长 43.5，宽 43.5，高 12.0	保护处理前重量（千克）	6.94
文物保护环境	目前此铁器存于洛阳市文物考古研究院库房中，保存条件有限，很容易发生析氢腐蚀和耗氧腐蚀，加之大部分器物已有通体锈蚀、瘤状物、残缺等病害，随着温湿度变化，文物病害有加重趋势		
病害状况	器表上有较厚的土质硬结物。表面有明显裂缝。器物呈全面腐蚀状态，整体矿化严重。表面，尤其是背面有较多瘤状物		
文物病害图	 图例： 表面硬结物 层状堆积 全面腐蚀 全面腐蚀 裂隙 残缺		

绘图单位	洛阳市文物考古研究院
文物名称	铁鏊ZJ0257
绘制人	胡楠	时间	2018年11月

保护修复前影像资料	

文物保护修复记录表

文物保护修复情况综述（材料、工艺、步骤及操作条件，附保护修复后影像资料）：

1. 提取文物建立文物修复档案，采集文物信息并照相等。
2. 清理器表污染物。用刻刀、锤子等工具，剔除铁器表面硬结物、较疏松锈蚀层等。
3. 超声波除锈。将初步清理后的铁器放入超声波清洗机中，加入去离子水超声清洗。
4. 脱盐除氯。在文物清洗机中加入稀碱、还原剂、渗透剂共同配成的脱盐材料及去离子水，搅拌均匀，再放入文物进行脱盐除氯。
5. 补配。用914环氧树脂胶和脱盐后的铁锈调和，填补裂缝及残缺处。
6. 缓蚀。在铁器表面涂刷2%BTA乙醇溶液来进行缓蚀，之后待铁器自然干燥。
7. 封护。将纳米材料防护剂均匀喷涂在铁器表面

保护修复后尺寸（厘米）	长 43.5，宽 43.5，高 11.5	保护修复后重量（千克）	6.45
修复人员	郭海龙、王昱元	审核人	陈谊
完成日期	2022-09-27		
保护修复后影像资料			

保护修复日志

2022-06-01—2022-06-02 清理器表污染物 用刻刀、锤子等工具，剔除铁器表面硬结物、较疏松锈蚀层等	
2022-06-03 超声波除锈 将手动除锈后的铁器放入超声波清洗机，加入去离子水后加热进行超声清洗，完成后用去离子水再对铁器表面反复冲洗。然后放入烘箱进行干燥	

续表 1

2022-09-05—2022-09-09 **使用文物清洗机进行脱盐除氯** 将铁器放进清洗箱，加入去离子水和用稀碱、还原剂、渗透剂共同配成的脱盐材料，适当加热，浸泡一段时间后更换溶液，直到氯离子浓度低于50ppm。脱盐结束后的器物用去离子水反复清洗，之后放入烘箱进行干燥	
2022-09-18—2022-09-19 **除锈** 脱盐后的器物，用錾子和锤子等工具，再次剔除器表铁锈	
2022-09-20—2022-09-21 **补配** 用914环氧树脂胶和脱盐后的铁锈调和，填补裂缝及残缺处，自然阴干后，用打磨机将多余的914环氧树脂胶打磨掉	
2022-09-27 **缓蚀** 在铁器表面涂刷2%BTA乙醇溶液来进行缓蚀，之后待铁器自然干燥	
2022-09-27 **封护** 将纳米材料防护剂均匀喷涂在铁器表面，使表面形成一层保护膜	

馆藏金属文物修复档案111

文物保存现状表

名称	铁砚形器		
文物编号	ZJ0258	年代	汉
保护修复前尺寸（厘米）	长 27.5，宽 22.0，高 6.0	保护处理前重量（千克）	2.10
文物保护环境	目前此铁器存于洛阳市文物考古研究院库房中，保存条件有限，很容易发生析氢腐蚀和耗氧腐蚀，加之大部分器物已有通体锈蚀、瘤状物、残缺等病害，随着温湿度变化，文物病害有加重趋势		
病害状况	器壁上有较厚的表面硬结物。器物呈全面腐蚀状态，整体矿化严重。表面有较多瘤状物，背面较为明显		
文物病害图			
保护修复前影像资料			

图例：

表面硬结物	层状堆积	全面腐蚀 全面腐蚀

绘图单位	洛阳市文物考古研究院
文物名称	铁砚形器ZJ0258
绘制人	胡楠　　时间　2018年11月

文物保护修复记录表

文物保护修复情况综述（材料、工艺、步骤及操作条件，附保护修复后影像资料）：

1. 提取文物建立文物修复档案，采集文物信息并照相等。
2. 清理器表污染物。用刻刀、锤子等工具，剔除铁器表面硬结物、较疏松锈蚀层等。
3. 超声波除锈。将初步清理后的铁器放入超声波清洗机中，加入去离子水超声清洗。
4. 脱盐除氯。在文物清洗机中加入稀碱、还原剂、渗透剂共同配成的脱盐材料及去离子水，搅拌均匀，再放入文物进行脱盐除氯。
5. 缓蚀。将铁器浸泡在2%BTA乙醇溶液中来进行缓蚀。
6. 封护。将有机氟硅纳米材料的封护剂均匀喷涂在铁器表面

保护修复后尺寸（厘米）	长27.5，宽22.0，高5.9	保护修复后重量（千克）	1.90
修复人员	郭海龙、王昱元	审核人	陈谊
完成日期	2022-07-05		

保护修复后影像资料	

保护修复日志

2022-06-01—2022-06-02 清理器表污染物 用刻刀、锤子等工具，剔除铁器表面硬结物、较疏松锈蚀层等	
2022-06-03 超声波除锈 将手动除锈后的铁器放入超声波清洗机，加入去离子水后加热进行超声清洗，完成后用去离子水再对铁器表面反复冲洗。然后放入烘箱进行干燥	

续表 1

2022-06-06—2022-06-10 使用文物清洗机进行脱盐除氯 将铁器放进清洗箱,加入去离子水和用稀碱、还原剂、渗透剂共同配成的脱盐材料,适当加热,浸泡一段时间后更换溶液,直到氯离子浓度低于50ppm。脱盐结束后的器物用去离子水反复清洗,之后放入烘箱进行干燥	
2022-07-01—2022-07-02 除锈 脱盐后的器物,用錾子和锤子等工具,再次剔除器表铁锈	
2022-07-05 缓蚀 将铁器浸泡在2%BTA乙醇溶液中进行缓蚀,之后待铁器自然干燥	
2022-07-05 封护 将有机氟硅纳米材料的封护剂均匀喷涂在铁器表面,使表面形成一层保护膜	

馆藏金属文物修复档案112

文物保存现状表

名称	铁双系釜		
文物编号	ZJ0259	年代	汉
保护修复前尺寸（厘米）	长20.3，宽31.0，高25.7	保护处理前重量（千克）	6.16
文物保护环境	目前此铁器存于洛阳市文物考古研究院库房中，保存条件有限，很容易发生析氢腐蚀和耗氧腐蚀，加之大部分器物已有通体锈蚀、瘤状物、残缺等病害，随着温湿度变化，文物病害有加重趋势		
病害状况	器壁上有较厚的表面硬结物。器物呈全面腐蚀状态，整体矿化严重，表面有层状堆积和瘤状物，耳附近有裂隙		
文物病害图			
保护修复前影像资料			

图例：表面硬结物 层状堆积 全面腐蚀 通体矿化 裂隙 瘤状物

绘图单位：洛阳市文物考古研究院　文物名称：铁双系釜ZJ0259　绘制人：胡楠　时间：2018年11月

文物保护修复记录表

文物保护修复情况综述（材料、工艺、步骤及操作条件，附保护修复后影像资料）：

1. 提取文物建立文物修复档案，采集文物信息并照相等。
2. 清理器表污染物。用刻刀、锤子等工具，剔除铁器表面硬结物、较疏松锈蚀层等。
3. 超声波除锈。将初步清理后的铁器放入超声波清洗机中，加入去离子水超声清洗。
4. 脱盐除氯。在文物清洗机中加入稀碱、还原剂、渗透剂共同配成的脱盐材料及去离子水，搅拌均匀，再放入文物进行脱盐除氯。
5. 补配。用 914 环氧树脂胶和脱盐后的铁锈调和，填补裂缝及残缺处。
6. 缓蚀。将铁器浸泡在 2%BTA 乙醇溶液中来进行缓蚀。
7. 封护。在铁器表面涂刷 3%B72 丙酮溶液对其进行表面封护

保护修复后尺寸（厘米）	长 20.3，宽 31.0，高 25.0	保护修复后重量（千克）	5.70
修复人员	郭海龙、杨琦	审核人	陈谊
完成日期	2022-09-27		

保护修复后影像资料	

保护修复日志

2022-09-01—2022-09-03 清理器表污染物 用刻刀、锤子等工具，剔除铁器表面硬结物、较疏松锈蚀层等	
2022-09-05 超声波除锈 将手动除锈后的铁器放入超声波清洗机，加入去离子水后加热进行超声清洗，完成后用去离子水再对铁器表面反复冲洗。然后放入烘箱进行干燥	

续表 1

2022-09-10—2022-09-15 使用文物清洗机进行脱盐除氯 将铁器放进清洗箱，加入去离子水和用稀碱、还原剂、渗透剂共同配成的脱盐材料，适当加热，浸泡一段时间后更换溶液，直到氯离子浓度低于50ppm。脱盐结束后的器物用去离子水反复清洗，之后放入烘箱进行干燥	
2022-09-20—2022-09-21 除锈 脱盐后的器物，用錾子和锤子等工具，再次剔除器表铁锈	
2022-09-23—2022-09-24 补配 用914环氧树脂胶和脱盐后的铁锈调和，填补裂缝及残缺处，自然阴干后，用打磨机将多余的914环氧树脂胶打磨掉	
2022-09-27 缓蚀 将铁器浸泡在2%BTA乙醇溶液中进行缓蚀，之后待铁器自然干燥	
2022-09-27 封护 在铁器表面涂刷3%B72丙酮溶液对其进行表面封护，使铁器表面形成致密保护膜	

馆藏金属文物修复档案113

文物保存现状表

名称	铁釜		
文物编号	ZJ0260	年代	汉
保护修复前尺寸（厘米）	长 28.0，宽 46.8，高 35.0	保护处理前重量（千克）	18.84
文物保护环境	目前此铁器存于洛阳市文物考古研究院库房中，保存条件有限，很容易发生析氢腐蚀和耗氧腐蚀，加之大部分器物已有通体锈蚀、瘤状物、残缺等病害，随着温湿度变化，文物病害有加重趋势		
病害状况	器壁上有较厚的土质硬结物。器物表面有层状堆积，整体呈全面腐蚀状态。		
文物病害图			
保护修复前影像资料			

图例：

| 表面硬结物 | 层状堆积 | 全面腐蚀 全面腐蚀 |

绘图单位	洛阳市文物考古研究院
文物名称	铁釜ZJ0260
绘制人	胡楠	时间	2018年11月

文物保护修复记录表

文物保护修复情况综述（材料、工艺、步骤及操作条件，附保护修复后影像资料）：

1. 提取文物建立文物修复档案，采集文物信息并照相等。
2. 清理器表污染物。用刻刀、锤子等工具，剔除铁器表面硬结物、较疏松锈蚀层等。
3. 超声波除锈。将初步清理后的铁器放入超声波清洗机中，加入去离子水超声清洗。
4. 脱盐除氯。在文物清洗机中加入稀碱、还原剂、渗透剂共同配成的脱盐材料及去离子水，搅拌均匀，再放入文物进行脱盐除氯。
5. 缓蚀。在铁器表面涂刷 2%BTA 乙醇溶液来进行缓蚀，之后待铁器自然干燥。
6. 封护。将有机氟硅纳米材料的封护剂均匀喷涂在铁器表面，使表面形成一层保护膜

保护修复后尺寸（厘米）	长 28.0，宽 46.0，高 35.0	保护修复后重量（千克）	17.85
修复人员	郭海龙、杨琦	审核人	陈谊
完成日期	2022-09-27		

保护修复后影像资料	

保护修复日志

2022-09-03—2022-09-05 清理器表污染物 用刻刀、锤子等工具，剔除铁器表面硬结物、较疏松锈蚀层等	
2022-09-08 超声波除锈 将手动除锈后的铁器放入超声波清洗机，加入去离子水后加热进行超声清洗，完成后用去离子水再对铁器表面反复冲洗。然后放入烘箱进行干燥	

续表 1

2022-09-10—2022-09-15 使用文物清洗机进行脱盐除氯 将铁器放进清洗箱，加入去离子水和用稀碱、还原剂、渗透剂共同配成的脱盐材料，适当加热，浸泡一段时间后更换溶液，直到氯离子浓度低于 50ppm。脱盐结束后的器物用去离子水反复清洗，之后放入烘箱进行干燥	
2022-09-16—2022-09-17 除锈 脱盐后的器物，用錾子和锤子等工具，再次剔除器表铁锈	
2022-09-27 缓蚀 将铁器浸泡在 2%BTA 乙醇溶液中进行缓蚀，之后待铁器自然干燥	
2022-09-27 封护 将有机氟硅纳米材料的封护剂均匀喷涂在铁器表面，使表面形成一层保护膜	

馆藏金属文物修复档案114

文物保存现状表

名称	铁釜		
文物编号	ZJ0261	年代	汉
保护修复前尺寸（厘米）	长 42.3，宽 53.0，高 28.3	保护处理前重量（千克）	19.56
文物保护环境	目前此铁器存于洛阳市文物考古研究院库房中，保存条件有限，很容易发生析氢腐蚀和耗氧腐蚀，加之大部分器物已有通体锈蚀、瘤状物、残缺等病害，随着温湿度变化，文物病害有加重趋势		
病害状况	器壁上有较厚的土质硬结物。器物呈全面腐蚀状态，整体矿化严重，表面有层状堆积和瘤状物		

文物病害图	

图例： 表面硬结物　 层状堆积　 全面腐蚀

绘图单位	洛阳市文物考古研究院
文物名称	铁釜ZJ0261
绘制人	胡楠	时 间	2018年11月

保护修复前影像资料	

文物保护修复记录表

文物保护修复情况综述（材料、工艺、步骤及操作条件，附保护修复后影像资料）：

1. 提取文物建立文物修复档案，采集文物信息并照相等。
2. 清理器表污染物。用刻刀、锤子等工具，剔除铁器表面硬结物、较疏松锈蚀层等。
3. 超声波除锈。将初步清理后的铁器放入超声波清洗机中，加入去离子水超声清洗。
4. 脱盐除氯。在文物清洗机中加入稀碱、还原剂、渗透剂共同配成的脱盐材料及去离子水，搅拌均匀，再放入物进行脱盐除氯。
5. 缓蚀。在铁器表面涂刷2%BTA乙醇溶液来进行缓蚀，之后待铁器自然干燥。
6. 封护。将有机氟硅纳米材料的封护剂均匀喷涂在铁器表面，使表面形成一层保护膜

保护修复后尺寸（厘米）	长42.3，宽52.0，高27.5	保护修复后重量（千克）	17.95
修复人员	郭海龙、杨琦	审核人	陈谊
完成日期	2022-09-27		

保护修复后影像资料	

保护修复日志

2022-09-06—2022-09-10 清理器表污染物 用刻刀、锤子等工具，剔除铁器表面硬结物、较疏松锈蚀层等	
2022-09-14 超声波除锈 将手动除锈后的铁器放入超声波清洗机，加入去离子水后加热进行超声清洗，完成后用去离子水再对铁器表面反复冲洗。然后放入烘箱进行干燥	

续表 1

2022-09-15—2022-09-19 使用文物清洗机进行脱盐除氯 将铁器放进清洗箱，加入去离子水和用稀碱、还原剂、渗透剂共同配成的脱盐材料，适当加热，浸泡一段时间后更换溶液，直到氯离子浓度低于50ppm。脱盐结束后的器物用去离子水反复清洗，之后放入烘箱进行干燥	
2022-09-20—2022-09-23 除锈 脱盐后的器物，用錾子和锤子等工具，再次剔除器表铁锈	
2022-09-27 缓蚀 在铁器表面涂刷2%BTA乙醇溶液来进行缓蚀，之后待铁器自然干燥	
2022-09-27 封护 将有机氟硅纳米材料的封护剂均匀喷涂在铁器表面，使表面形成一层保护膜	

馆藏金属文物修复档案115

文物保存现状表

名称	铁釜		
文物编号	ZJ0262	年代	汉
保护修复前尺寸（厘米）	长 30.7，宽 57.3，高 37.6	保护处理前重量（千克）	25.68
文物保护环境	目前此铁器存于洛阳市文物考古研究院库房中，保存条件有限，很容易发生析氢腐蚀和耗氧腐蚀，加之大部分器物已有通体锈蚀、瘤状物、残缺等病害，随着温湿度变化，文物病害有加重趋势		
病害状况	器壁上有较厚的土质硬结物。器物呈全面腐蚀状态，整体矿化严重，表面有层状堆积和瘤状物。器身表面有孔洞		
文物病害图			
保护修复前影像资料			

文物保护修复记录表

文物保护修复情况综述（材料、工艺、步骤及操作条件，附保护修复后影像资料）：

1. 提取文物建立文物修复档案，采集文物信息并照相等。
2. 清理器表污染物。用刻刀、锤子等工具，剔除铁器表面硬结物、较疏松锈蚀层等。
3. 超声波除锈。将初步清理后的铁器放入超声波清洗机中，加入去离子水超声清洗。
4. 脱盐除氯。在文物清洗机中加入稀碱、还原剂、渗透剂共同配成的脱盐材料及去离子水，搅拌均匀，再放入文物进行脱盐除氯。
5. 缓蚀。在铁器表面涂刷 2%BTA 乙醇溶液来进行缓蚀，之后待铁器自然干燥。
6. 封护。将有机氟硅纳米材料的封护剂均匀喷涂在铁器表面，使表面形成一层保护膜

保护修复后尺寸（厘米）	长 30.7，宽 57.0，高 38.0	保护修复后重量（千克）	22.95
修复人员	郭海龙、杨琦	审核人	陈谊
完成日期	2022-09-27		

保护修复后影像资料	![修复后影像](four photos of iron vessel)

保护修复日志

2022-09-05—2022-09-09 清理器表污染物 用刻刀、锤子等工具，剔除铁器表面硬结物、较疏松锈蚀层等	
2022-09-15 超声波除锈 将手动除锈后的铁器放入超声波清洗机，加入去离子水后加热进行超声清洗，完成后用去离子水再对铁器表面反复冲洗。然后放入烘箱进行干燥	

续表 1

2022-09-19—2022-09-22 **使用文物清洗机进行脱盐除氯** 将铁器放进清洗箱，加入去离子水和用稀碱、还原剂、渗透剂共同配成的脱盐材料，适当加热，浸泡一段时间后更换溶液，直到氯离子浓度低于50ppm。脱盐结束后的器物用去离子水反复清洗，之后放入烘箱进行干燥	
2022-09-23—2022-09-25 **除锈** 脱盐后的器物，用錾子和锤子等工具，再次剔除器表铁锈	
2022-09-27 **缓蚀** 在铁器表面涂刷2%BTA乙醇溶液来进行缓蚀，之后待铁器自然干燥	
2022-09-27 **封护** 将有机氟硅纳米材料的封护剂均匀喷涂在铁器表面，使表面形成一层保护膜	

馆藏金属文物修复档案116

文物保存现状表

名称	铁釜		
文物编号	ZJ0263	年代	汉
保护修复前尺寸（厘米）	长 34.3，宽 55.0，高 39.5	保护处理前重量（千克）	26.30
文物保护环境	目前此铁器存于洛阳市文物考古研究院库房中，保存条件有限，很容易发生析氢腐蚀和耗氧腐蚀，加之大部分器物已有通体锈蚀、瘤状物、残缺等病害，随着温湿度变化，文物病害有加重趋势		
病害状况	器壁上有较厚的土质硬结物。器物呈全面腐蚀状态，整体矿化严重，表面有层状堆积和较多瘤状物腹部有残缺。		
文物病害图			

图例：　表面硬结物　层状堆积　全面腐蚀　通体矿化　瘤状物　残缺

绘图单位	洛阳市文物考古研究院
文物名称	铁釜ZJ0263
绘制人	胡楠　时间　2018年11月

保护修复前影像资料	

文物保护修复记录表

文物保护修复情况综述（材料、工艺、步骤及操作条件，附保护修复后影像资料）：

1. 提取文物建立文物修复档案，采集文物信息并照相等。
2. 清理器表污染物。用刻刀、锤子等工具，剔除铁器表面硬结物、较疏松锈蚀层等。
3. 超声波除锈。将初步清理后的铁器放入超声波清洗机中，加入去离子水超声清洗。
4. 脱盐除氯。在文物清洗机中加入稀碱、还原剂、渗透剂共同配成的脱盐材料及去离子水，搅拌均匀，再放入文物进行脱盐除氯。
5. 缓蚀。在铁器表面涂刷2%BTA乙醇溶液来进行缓蚀，之后待铁器自然干燥。
6. 封护。将有机氟硅纳米材料的封护剂均匀喷涂在铁器表面，使表面形成一层保护膜。
7. 补配。用914环氧树脂胶和脱盐后的铁锈调和，填补裂缝及残缺处。
8. 做旧。用脱盐铁锈土和矿物颜料混合，调配出与铁器相近的颜色，涂刷在需要做旧的部位

保护修复后尺寸（厘米）	长34.3，宽55.0，高39.4	保护修复后重量（千克）	24.20
修复人员	郭海龙、杨琦	审核人	陈谊
完成日期	2022-09-29		
保护修复后影像资料			

保护修复日志

2022-09-10—2022-09-13 清理器表污染物 用刻刀、锤子等工具，剔除铁器表面硬结物、较疏松锈蚀层等	

续表 1

2022-09-17 超声波除锈 将手动除锈后的铁器放入超声波清洗机，加入去离子水后加热进行超声清洗，完成后用去离子水再对铁器表面反复冲洗。然后放入烘箱进行干燥	
2022-09-21—2022-09-23 使用文物清洗机进行脱盐除氯 将铁器放进清洗箱，加入去离子水和用稀碱、还原剂、渗透剂共同配成的脱盐材料，适当加热，浸泡一段时间后更换溶液，直到氯离子浓度低于 50ppm。脱盐结束后的器物用去离子水反复清洗，之后放入烘箱进行干燥	
2022-09-23—2022-09-24 除锈 脱盐后的器物，用錾子和锤子等工具，再次剔除器表铁锈	
2022-09-27 缓蚀 在铁器表面涂刷 2%BTA 乙醇溶液来进行缓蚀，之后待铁器自然干燥	
2022-09-27 封护 将有机氟硅纳米材料的封护剂均匀喷涂在铁器表面，使表面形成一层保护膜	

续表 2

2022-09-28 补配 用914环氧树脂胶和脱盐后的铁锈调和,填补裂缝及残缺处, 自然阴干后, 用打磨机将多余的914环氧树脂胶打磨掉	
2022-09-29 做旧 用脱盐铁锈土和矿物颜料混合, 调配出与铁器相近的颜色, 涂刷在需要做旧的部位	

后记

本书是"洛阳市文物考古研究院铁器文物保护修复"项目的重要成果之一。

2019年4月洛阳市文物考古研究院自行编制了《洛阳市文物考古研究院铁器文物保护修复方案》，同年5月河南省文物局豫文物科〔2019〕9号通过了《洛阳市文物考古研究院铁器文物保护修复方案》的批复，2020年河南省文物局拨付了文物科技保护经费，2022年开始实施该项目的保护与修复工作。2023年6月，项目通过了河南省文物局的验收。

参与保护修复的主要工作人员有李巧霞、胡冰、胡楠、郭海龙、刘高琛、杨琦、王昱元。文物的科技检测部分得到了中国社会科学院考古研究所王浩天的指导和大力支持。项目的脱盐、缓蚀、封护过程得到了郑州大学的技术指导，其中"铁质文物新型含氟疏水封护材料技术研究及应用"被确认为科学技术成果。

本书由主编陈谊、孟晨负责统稿与校对等工作，执行主编李巧霞、胡冰负责内容撰写。第一编第一、二、三节由李巧霞执笔；第四、五节由胡冰执笔；第六、七节由李巧霞执笔；第八、九节由胡楠执笔；第二编中的馆藏金属文物修复档案1—15由胡冰执笔；馆藏金属文物修复档案16—25由胡楠执笔；馆藏金属文物修复档案26—116由李巧霞执笔。

由于时间仓促、水平有限，疏漏不妥之处在所难免，诚请各位读者海涵指正。